Le Ramat de la typographie

Aurel Ramat

Le Ramat de la typographie

Édition 2008
ISBN 978-2-922366-04-4
Neuvième édition
© Aurel Ramat 2008
Tous droits réservés
Dépôt légal :
Bibliothèque et Archives Canada, 2008
Bibliothèque et Archives nationales du Québec, 2008
La première édition est parue en 1982.

Couverture : Marc-André Baribeau, élève en Procédés infographiques au centre de formation professionnelle L'Émergence de Deux-Montagnes, commission scolaire de la Seigneurie-des-Mille-Îles, sous la supervision de Pierrette Coiteux, enseignante. Je remercie Josée Garneau, enseignante, et tous les étudiants des groupes 09 et 10 pour leur participation.

Illustrations des chapitres : Catherine Ramat.

Éditeur :
Aurel Ramat éditeur
400, rue De Rigaud, porte 1600
Montréal (Québec) H2L 4S9
Téléphone :   514-499-1142 ou 450-672-4651
Courriel :   aurel.ramat@videotron.ca

Diffuseur pour le Canada :
Diffusion Dimédia inc.
539, boulevard Lebeau
Saint-Laurent (Québec) H4N 1S2
Téléphone :   514-336-3941
Télécopie :   514-331-3916
Courriel :   general@dimedia.qc.ca

• J'ai rédigé le contenu de ce livre avec le plus grand soin. Je décline donc toute responsabilité pour toute erreur ou omission qui aurait pu être préjudiciable à qui que ce soit.

Aurel Ramat

Les chapitres de ce livre
Les titres de chapitres (en majuscules) dans les entêtes sont par ordre alphabétique.

	Page	Nombre de pages
ABC DE TYPOGRAPHIE	7	36
ABRÉVIATIONS	43	24
CAPITALES	67	36
COUPURES	103	4
ITALIQUE	107	10
NOMBRES	117	8
ORTHOGRAPHE	125	42
PONCTUATION	167	20
TYPOGRAPHIE ANGLAISE	187	6
Annexes	193	9
Exercices	202	8
Table des matières	210	4
Index	214	10

www.**orthographe-recommandee**.info
nouvelle orthographe
Ce livre est conforme à la

Introduction

La typographie

Aujourd'hui, le mot *typographie* a deux significations.

D'abord, il désigne la présentation visuelle d'un imprimé : on qualifiera donc de «belle typographie» un imprimé agréable à regarder, où les caractères ont été judicieusement choisis et les espaces blancs harmonieusement répartis. Plaisir des yeux : tel est le but d'une belle typographie.

Le mot *typographie* désigne aussi les règles typographiques, c'est-à-dire celles qui sont présentées dans ce livre. Ces règles, quand elles sont bien appliquées, donnent au texte une évidente distinction et rendent la lecture facile et agréable. Leur bon emploi évite souvent des incertitudes et des contresens.

Clarté, simplicité et efficacité

La clarté a été encore améliorée grâce à l'aide de deux linguistes, Anne-Marie Benoit et Chantal Contant, qui ont épluché mon livre dans ses moindres détails, pour en vérifier l'exactitude des règles, la compréhension du langage et la précision des termes.

La simplicité a été mon premier souci. En orthographe, je n'ai pas voulu enseigner des règles trop compliquées et inutiles. Je n'ai choisi que les règles essentielles, celles indispensables à une écriture correcte. La présentation de ces règles dans une typographie soignée en facilite la compréhension.

L'efficacité, enfin, est le fruit d'une longue carrière devant un clavier. Pour l'obtenir, voici les principes que j'ai appliqués : chaque règle est autonome et peut se lire séparément ; aucun paragraphe ne s'étale sur deux pages ; toutes les pages commencent par un titre ou un sous-titre ; quand deux pages concernent un seul thème, elles sont en vis-à-vis ; les seuls textes qui sont en retrait de deux picas sont les exemples ; l'index n'a qu'un seul numéro pour une seule question ; enfin, la table des matières peut servir de plan pour un cours.

Remerciements

Un grand merci à Anne-Marie Benoit, Chantal Contant, Joceleyn Lavoie, Paul Morisset, Romain Muller, Guy Robert et Anne-Marie Théorêt pour leurs précieux conseils.

Cette neuvième édition a été augmentée

- Il existe une section *Exercices* et leur corrigé, réalisée par Anne-Marie Benoit.
- Afin d'ajouter du texte, j'ai réduit l'espacement des titres (voir *Statistiques*, p. 41).
- L'index est maintenant composé sur trois colonnes, pour en augmenter les entrées.
- Dans l'index, on obtient une réponse immédiate pour :
  – les mots qui restent toujours écrits avec des majuscules ;
  – le pluriel des noms en apposition : *bénéfice*, avec t.u., inv. = *déjeuners-bénéfice* ;
  – le pluriel des mots composés : *arc-en-ciel, s n l* (ces trois lettres sont les dernières de chaque élément quand le mot est au pluriel = *arcs-en-ciel*).
- Sont par ordre alphabétique :
  – les chapitres dans les entêtes : *Abc de typographie, Abréviations, Capitales...*
  – la Ponctuation : *Accolades, Apostrophe, Arobas, Astérisque, Barre oblique...*
  – les Difficultés orthographiques : *Accaparer, Accents, Aide-, Attendu, Aucun...*
- Pour la sixième année consécutive, le prix du livre n'a pas changé : 19,95 $.
- Enfin, Opi est toujours là : pas question que je le *lèche* de côté !

Aurel Ramat

Nouvelle orthographe

Un rappel officiel

Aucune des deux graphies (l'orthographe traditionnelle et la nouvelle orthographe) ne peut être considérée comme fautive.

Aspect visuel

Aux personnes qui m'avouent que la disparition de l'accent circonflexe sur des mots comme *connaitre* est la règle de la nouvelle orthographe qui les dérange le plus, je réponds que si elles avaient vécu en 1762, quand la quatrième édition du *Dictionnaire de l'Académie française* a écrit *vu* et *reçu* pour remplacer *vû* et *reçû,* ces personnes auraient rechigné à accepter le changement. Aujourd'hui, je ne pense pas qu'elles aient l'intention de revenir en arrière.

Pas de dérangement

La nouvelle orthographe ne change pas la longueur des textes, elle n'en dérange pas la compréhension, elle n'affecte aucune règle grammaticale, elle n'altère aucune règle typographique. Elle supprime uniquement des pièges inutiles. Dans ce livre, les mots rectifiés sont de l'ordre d'une centaine, soit un mot rectifié toutes les deux pages.

Depuis 1990, c'est long

Certains prétendent que, depuis 1990, la nouvelle orthographe ne s'est pas encore implantée complètement. Je vois la chose autrement. Depuis 1990, non seulement la nouvelle orthographe n'a pas été abandonnée, mais elle fait son chemin inexorablement. Les changements ont toujours pris du temps à s'installer.

Nous avons appris l'orthographe

Aux personnes qui disent : «Nous avons appris l'orthographe, que les jeunes fassent l'effort de l'apprendre aussi», je réponds que je suis d'accord pour que les langagiers apprennent l'orthographe traditionnelle avec toutes ses difficultés. Mais la société a aussi besoin de personnes qui ne soient pas langagiers. Le menuisier, le maçon, le travailleur manuel ont la passion de leur métier, mais pas celle de l'orthographe. Et pourtant, la langue française leur appartient aussi. Nettoyons-la donc de tous ses pièges, afin que ces travailleurs soient jugés non pas sur des anomalies qu'ils ignorent, mais sur leur compétence du métier qu'ils ont choisi. Je pense que les immigrants de chaque pays y trouveront aussi une satisfaction.

Oui, notre orthographe est trop compliquée

Au lieu de nous effarer que les élèves francophones font des fautes, demandons-nous plutôt si ce n'est pas la langue qui est trop compliquée. Quand j'étais enfant, j'ai appris la langue française avec une grammaire Larousse de 150 pages. Puis, j'ai grandi et j'ai choisi d'être imprimeur. Je me suis alors aperçu que ma grammaire Larousse ne suffisait plus. J'ai donc acheté les *Difficultés de la langue française* de 450 pages. La langue française comprend donc 150 pages de règles et 450 pages de difficultés!

Les exceptions

Certains prétendent que la nouvelle orthographe a supprimé des exceptions, mais en a créé d'autres. Selon les statistiques des rectifications, 2 410 exceptions ont été supprimées. Or, les nouvelles exceptions créées sont de l'ordre d'une soixantaine.

Les accents inutiles

Je pense que le fait de rappeler par un accent circonflexe que tel mot vient du latin devrait s'estomper. Depuis plus de mille ans que la langue française existe, il est temps de cesser de répéter qu'elle est la fille du latin et de souligner cela par des accents circonflexes. Je pense qu'elle est maintenant une grande fille adulte et indépendante.

Les progrès des Rectifications

Les ouvrages de référence suivants intègrent la nouvelle orthographe dans leurs plus récentes éditions, les uns complètement, les autres progressivement : Antidote, le correcteur de Word, le *Dictionnaire Hachette,* le *Bescherelle L'art de conjuguer,* le *Multidictionnaire* et *Le bon usage.* Les grands organismes aussi l'acceptent : le ministère de l'Éducation de France, celui de la Belgique et celui du Québec, l'Université de Montréal, l'Université du Québec à Montréal, l'Association québécoise des professeurs de français, le Bureau de normalisation du Québec, l'Office québécois de la langue française, etc.

Yves Garnier, directeur éditorial des Éditions Larousse

En 2007, le directeur éditorial, Yves Garnier, a fait la déclaration suivante :

> ...Dans un grand dictionnaire à paraitre en 2008 chez Larousse, l'orthographe rectifiée se verra systématiquement signalée à chaque entrée concernée. Il en sera de même dans un dictionnaire scolaire destiné aux élèves du cycle 3, pour lesquels le *Bulletin officiel de l'Éducation nationale* hors-série n° 5 du 12 avril 2007 recommande d'inscrire l'enseignement dans le cadre de l'orthographe rectifiée. Pour le *Petit Larousse,* nous envisageons d'introduire dans le millésime 2009 (dans l'ouvrage lui-même donc) la liste des mots touchés par la nouvelle orthographe. [...] L'étape suivante sera le signalement systématique à chaque entrée.

Le Robert publie un vérificateur d'orthographe

Le Robert a fait un grand pas en avant avec un ouvrage comprenant toute la nouvelle orthographe ! On peut se procurer en librairie l'ouvrage *Vérifiez votre orthographe – 64 000 mots* (7,95 $). Ce petit correcteur de poche (liste de mots avec leur catégorie, leur genre, leur pluriel, comme dans un dictionnaire, mais sans les définitions) intègre toutes les graphies rectifiées ! Presque toute la préface est consacrée à la présentation des rectifications. Les graphies nouvelles (ex. *bruler,* sans accent) figurent en gras aux côtés des graphies traditionnelles, et un astérisque permet de les repérer.

Michelle Courchesne, ministre de l'Éducation du Québec

Le 6 février 2008, la ministre de l'Éducation du Québec a annoncé 22 mesures destinées à améliorer l'apprentissage du français à l'école. Ce plan d'action est basé sur le rapport du Comité d'experts présidé par le président du Conseil supérieur de la langue française du Québec, Conrad Ouellon. Voici un extrait de la section 4.4. de ce rapport :

> Il semble que l'usage de la nouvelle orthographe progresse lentement, mais de façon irréversible, dans toute la francophonie. Il ne s'agit nullement d'une réduction des exigences quant à la langue écrite, mais d'une adaptation normale suivant l'évolution historique de la langue. Le Comité considère qu'il convient donc de fournir aux futures enseignantes et aux futurs enseignants toute l'information utile sur les rectifications de l'orthographe. Il insiste également pour qu'aucune des graphies relevant de l'orthographe ancienne ou de l'orthographe rectifiée ne soit considérée comme fautive au moment de la correction des travaux des élèves. Cette demande s'adresse également à tous les intervenants et intervenantes déjà en exercice dans le milieu scolaire.

En conclusion

Les trois bonnes nouvelles ci-dessus, provenant des Éditions Larousse, des Éditions Le Robert et du ministère de l'Éducation du Québec, marquent un progrès pour la nouvelle orthographe, puisque le public attendait un premier pas de leur part. C'est maintenant au tour des journaux d'emboiter le pas. Nous profiterons alors d'une orthographe plus logique, plus cohérente, épurée de ses erreurs, de ses anomalies et de ses pièges.

Je remercie mes lectrices et mes lecteurs, qui ne m'ont pas quitté et qui m'ont fait confiance. Je fais le vœu que cette nouvelle écriture apporte à nos jeunes une incitation à aimer et à respecter notre langue française, et à en assurer ainsi sa survie.

Aurel Ramat

Bibliographie

Abrégé du Code typographique à l'usage de la presse, 2e édition, Paris, CFPJ, 1989.

Antidote RX, Montréal, Druide informatique, 2006.

ARCHAMBAULT, Ariane, et Jean-Claude CORBEIL. *La cuisine au fil des mots,* Montréal, Québec Amérique.

ASSELIN, Claire, et Anne McLAUGHLIN. *Apprentissage de la grammaire du français écrit. Méthode pratique.* Module 1, 2e édition, Éditions Grammatix inc., 2003.

Au féminin : guide de féminisation des titres de fonction et des textes, 1re édition, OQLF, Les Publications du Québec, 1991.

BRODEUR, France. *Vocabulaire du prépresse,* Montréal, Institut des communications graphiques du Québec, 2001.

Code typographique, 16e édition, Paris, Fédération CGC de la communication, 1989.

De l'emploi de la majuscule, 2e édition, Fichier français de Berne, 1973.

DOPPAGNE, Albert. *Majuscules, abréviations, symboles et sigles,* Duculot, 1991.

DREYFUS, John, et François RICHAUDEAU. *La chose imprimée,* Paris, CEPL, 1977.

Grand dictionnaire terminologique (Le), Office québécois de la langue française.

GREVISSE, Maurice, et André GOOSSE. *Le bon usage,* 14e édition, Bruxelles, Éditions De Boeck Université, 2007.

GREVISSE, Maurice. *Le français correct : guide pratique,* 5e édition, révisée et actualisée par Michèle Lenoble-Pinson, Paris, Éditions Duculot, 1998.

Guide du rédacteur (Le), Ottawa, Bureau de la traduction, 1996.

GUILLOTON, Noëlle, et Hélène CAJOLET-LAGANIÈRE. *Le français au bureau,* 6e édition, Montréal, Les Publications du Québec, 2005.

HACHETTE, dictionnaire 2006, Paris.

LEJEUNE, Paule. *Les reines de France,* Éditions Vernal/Philippe Lebaud, 1989.

Lexique des règles typographiques en usage à l'Imprimerie nationale, 3e édition, Paris, 2002.

MALO, Marie. *Guide de la communication écrite,* Montréal, Québec Amérique, 1996.

MASSON, Michel. *L'orthographe : guide pratique de la réforme,* Paris, Éditions du Seuil, 1991.

PÉCHOIN, Daniel, et Bernard DAUPHIN. *Dictionnaire des difficultés du français,* Librairie Larousse, 2001.

Petit Larousse illustré (Le), Librairie Larousse, 2008.

Répertoire des avis linguistiques et terminologiques (mai 1979 à septembre 1989), Office québécois de la langue française, Les Publications du Québec.

ROUX, Paul. *Lexique des difficultés du français dans les médias,* 3e édition, Montréal, Les Éditions *La Presse,* 2004.

Système international d'unités (SI), Bureau de normalisation du Québec, norme NQ 9990-901, 92-10-10.

TANGUAY, Bernard. *L'art de ponctuer,* 3e édition, Montréal, Québec Amérique, 2006.

Vadémécum de l'orthographe recommandée, Renouvo, 2005, réimprimé en 2008.

Vérifiez votre orthographe (incluant la nouvelle orthographe), Le Robert, 2008.

VILLERS, Marie-Éva de. *Multidictionnaire de la langue française,* 4e édition, Montréal, Québec Amérique, 2003.

Abc de typographie

Abrégé historique

La langue française

- LE ROMAN. En 58 avant Jésus-Christ, Jules César envahit la Gaule. Vaincus, les Gaulois adoptent la langue des Romains, le latin. Après 400 ans de paix, les Francs, les Huns et les Arabes envahissent tour à tour la Gaule et apportent avec eux des mots nouveaux. Ainsi prend naissance une nouvelle langue : le roman.

- TRAITÉ DE VERDUN. Après la mort de Charlemagne, roi des Francs, son petit-fils Charles le Chauve reçoit la partie occidentale de l'empire au traité de Verdun en 843. C'est la première fois que le mot *France* est prononcé.

- SERMENTS DE STRASBOURG. En 842, Charles le Chauve avait signé avec son frère Louis le Germanique un pacte d'assistance, les serments de Strasbourg. C'est le premier texte historique écrit en langue romane, qui deviendra le français.

Le livre manuscrit

- PÉRIODE MONASTIQUE (842-1257). Ce sont les moines qui possèdent le monopole du livre. Dans chaque monastère existe un *scriptorium,* c'est-à-dire un atelier dans lequel les scribes écrivent sous la dictée d'un des leurs. Leur écriture est gothique. Les enlumineurs décorent les livres. On écrit sur du parchemin. L'orthographe des moines est phonétique : ils écrivent *doi, lou, ier.*

- PÉRIODE LAÏQUE (1257-1440). La Sorbonne est créée en 1257. Les praticiens (fonctionnaires, greffiers et écrivains publics) vont remplacer les moines dans le domaine de l'écriture. Ils utilisent alors le papier, apparu en France vers 1250. Les lunettes sont inventées en 1280, facilitant ainsi la lecture. Les scribes sont maintenant payés à la lettre. Pour augmenter leur salaire, ils ajoutent de nombreuses lettres inutiles et ils écrivent *avecques, deffense, chappelle.* Enfin, pour montrer leur grande connaissance du latin, ils écrivent *doigt* (digitus), *loup* (lupus), *hier* (heri).

Le quinzième siècle

- GUTENBERG. Né à Mayence (Allemagne), Gutenberg s'installe à Strasbourg, où il invente la typographie en 1440, c'est-à-dire l'impression par caractères mobiles en plomb. De retour à Mayence, il y imprime la Bible en caractères gothiques.

- INCUNABLES. Les incunables sont les livres imprimés avant l'an 1500. Premier livre imprimé : la Bible, à Mayence, par Gutenberg en 1455. En Italie : *De Oratore,* de Cicéron, à Subiaco en 1465 (première utilisation du caractère romain, qui remplacera le gothique). En France, en latin : *Epistolarum libri,* de Gasparin de Bergame, à la Sorbonne en 1470. La première pièce de théâtre imprimée en France : *La farce de maitre Pathelin,* d'un auteur inconnu, jouée en 1464, imprimée en 1470.

- ALDE MANUCE, typographe à Venise, invente en 1500 (avec Francesco Griffo) les premiers caractères penchés, appelés *lettres vénitiennes,* ou *aldines,* puis *italiques.*

Le seizième siècle

- GEOFROY TORY, typographe, écrit en 1529 le premier code typographique français, le *Champ fleury,* dans lequel il dessine des caractères basés sur le visage humain. Il y suggère les accents, la cédille et le *point crochu,* qui deviendra l'apostrophe.

- JACQUES DUBOIS, grammairien français, propose en 1531 qu'on distingue **i** et **j,** ainsi que **u** et **v.** À cette époque, les lettres **u** et **v** en bas-de-casse s'écrivent **u,** et on prononce selon la position de la lettre dans le mot (*subjet, scauoir*). En capitales, les lettres **U** et **V** s'écrivent **V.** En outre, en 1532, Jacques Dubois invente l'accent circonflexe, d'abord pour marquer les diphtongues (les *boîs*). Peu de temps après, l'accent circonflexe sera utilisé pour remplacer des **s** non prononcés (*teste* = *tête*).

Les Égyptiens écrivaient sur du papier russe.

- ROBERT ESTIENNE, le plus célèbre d'une famille d'imprimeurs, introduit les accents en 1530. Il épouse la jolie Perrette Bade, dont il aime la ligne, la taille et le caractère. En 1539, il publie un dictionnaire français-latin contenant pour la première fois tous les mots de la langue française. Il est le premier lexicographe français.

- ÉTIENNE DOLET, typographe, écrit *La punctuation de la langue francoyse* en 1540. Il y propose la ponctuation moderne et les accents diacritiques : *a/à, la/là, du/dû.*

- LE LIVRE. Jusqu'à 1529, le livre n'a pas de titre. Il est désigné par les premiers mots du texte (*incipit*). Le texte est dense, on fait rarement un retour à la ligne. Les pages ne sont pas numérotées, seule la feuille porte l'indication : FEUIL. L (feuille 50 recto). Les auteurs ne sont pas payés : ils écrivent pour la gloire.

- LE TYPOGRAPHE ne doit pas se marier pendant son apprentissage. Ensuite, il doit faire son tour de France dans différentes imprimeries. Il a le droit de porter l'épée et il a la réputation d'être un coureur de jupons.

- FRANÇOIS Ier, par l'ordonnance de Villers-Cotterêts en 1539, ordonne : «Tous les actes de justice doivent être rédigés en français et non plus en latin.» Le seizième siècle est considéré comme l'âge d'or de l'imprimerie.

Le dix-septième siècle

- LITTÉRATURE. C'est *le Grand Siècle,* le siècle de la langue classique. On admire les anciens et on met l'accent sur la pureté et la clarté du style.

- PREMIER JOURNAL. Le 30 mai 1631, Théophraste Renaudot crée le premier journal hebdomadaire en France : *La Gazette de France* (de l'italien *gazzetta,* monnaie vénitienne qui représente le prix au numéro du premier journal paru à Venise).

- ORTHOGRAPHE. L'Académie française est créée en 1635 par le cardinal de Richelieu. Elle sera l'organisme officiel de l'orthographe et fera paraître un dictionnaire tous les cinquante ans environ. La première édition du dictionnaire sort en 1694.

- GUILLAUME, typographe, invente en 1670 les *crochets courbes,* qu'on appellera plus tard les *guillemets* (d'après son nom).

Le dix-huitième siècle

- LITTÉRATURE. C'est le siècle des philosophes ou *Siècle des Lumières.* On écrit sur les fondements du droit, sur la morale et sur le gouvernement des États.

- QUATRIÈME ÉDITION. En 1762, l'Académie fait entrer les lettres **j** et **v** dans son dictionnaire. Jacques Dubois avait proposé cela 231 ans plus tôt (voir page précédente).

- FRANÇOIS-AMBROISE DIDOT invente le point typographique en 1775. Puis il crée le caractère Didot, qui est à la base de la typographie française. En 1777 parait le premier quotidien français : *Le Journal de Paris.*

- FLEURY MESPLET, typographe à Lyon, arrive à Montréal en 1776. En 1778, il lance *La Gazette du commerce et littéraire,* le premier journal imprimé à Montréal.

Le dix-neuvième siècle

- LITTÉRATURE. Le romantisme triomphe. C'est la victoire du sentiment sur la raison. C'est l'expression de la sensibilité, l'évasion dans le rêve, l'exotisme et l'amour.

- KOENIG invente l'encrage par rouleaux et le cylindre en 1810. La fonderie William Caslon crée le premier caractère bâton en 1816.

- ORTHOGRAPHE. À partir de 1832, sous Louis-Philippe, l'orthographe devient obligatoire pour accéder aux fonctions publiques.

- SIXIÈME ÉDITION. En 1835 parait la sixième édition du dictionnaire de l'Académie. On remplace la graphie **oi** par **ai** partout où elle est prononcée **è** (*avoit = avait*). En 1856, Pierre Larousse écrit son premier dictionnaire, l'ancêtre du *Petit Larousse.*

C'est Richelieu qui fonda la Star Académie française.

Glossaire de la typographie

Note : Dans les sous-titres en caractères gras suivants, quand deux termes sont unis par *ou,* le premier est celui utilisé par Word, le second est le terme traditionnel que l'on peut trouver dans d'autres ouvrages d'imprimerie (ex. *police* dans Word, *fonte* ailleurs).

Famille de caractères

Les caractères typographiques sont classés en plusieurs familles, selon la forme des lettres. Certaines familles ont des lettres qui se terminent par une patte au bout de leur jambage et les autres ont des jambages qui ressemblent à des bâtons. Il est inutile de connaitre tous les noms des familles. Il suffira d'en distinguer deux sortes :

— Caractères **avec empattements.** (Les termes *sérif* et *sansérif* sont des anglicismes.)
— Caractères **sans empattements,** appelés **bâtons** ou de la famille des **linéales.**

Police ou fonte

Une police est déterminée par le nom du caractère, la plupart du temps par le nom de son inventeur. Une police peut être composée dans tous les corps et fractions de corps (demi-point dans Word). Le Palatino Linotype est une police **avec empattements.** Le Verdana, dont les lettres n'ont pas d'empattements, est une police **linéale** (ou **bâton**).

Palatino Linotype   Verdana

Taille ou corps

En général, le corps est déterminé en points et en fractions de points (en demi-points en traitement de texte). C'est l'espace entre la partie la plus haute et la plus basse des lettres. Dans l'exemple qui suit, le corps est la distance entre le haut du **T** et le bas du **g** (plus un petit blanc appelé **talus** qui évitera que ces lettres ne se touchent si elles se trouvent l'une au-dessous de l'autre). Je conseille de ne pas utiliser plusieurs corps différents dans la même ligne.

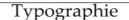

Typographie

Ligne de base

La ligne de base est le trait imaginaire qui longe la partie basse des lettres sans tenir compte de leur jambage inférieur (ou jambage descendant). Ainsi, ces lettres sont : **g j p q y.** Les lettres comprenant un jambage supérieur (ou jambage ascendant) sont : **b d f h k l t.** Les lettres sans jambage sont : **a c e i m n o r s u v w x z.** Tous les caractères, dans tous les corps, s'alignent toujours sur la ligne de base.

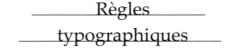

Règles
typographiques

Interligne

L'interligne est la distance verticale entre les lignes de base de deux lignes (dans l'exemple ci-dessus : 20 pt). Il est déterminé en points et en fractions de points, comme le corps. Quand l'interligne est le même que le corps, on dit que la composition est *solide.* L'écriture 10/12,3 signifie un corps de 10 pt interligné à 12,3 pt.

On règle l'interligne par {Format, Paragraphe}. L'interligne **Simple** est toujours de 20 % supérieur au corps employé. On n'a donc pas besoin de le régler. L'interligne **Exactement** est le plus précis et se règle en points et en dixièmes de point. (Ce texte est interligné à exactement 9,6 points.) Les autres choix sont moins utiles.

À la fin, les soldats en avaient assez d'être tués.

Style ou face

Une même police possède plusieurs styles (ou faces). Le caractère peut être droit (romain), penché (italique), plus maigre ou plus gras. Dans Word, le maigre romain se nomme *normal*. Dans ce livre, j'utilise plutôt le mot *face,* car le mot *style* signifie également un style de paragraphe. Voici les différentes faces :

     MAIGRE ROMAIN   *MAIGRE ITALIQUE*   **GRAS ROMAIN**   ***GRAS ITALIQUE***

Œil du caractère

L'œil (pluriel : œils) est le dessin de la lettre qui apparait à l'impression. En typographie, l'œil reçoit l'encre, c'est l'élément imprimant. Les noms des deux polices dans l'exemple ci-dessous sont composés dans le même corps, soit en 10 points. Mais le Verdana semble plus gros que le Garamond. C'est que leur œil est différent.

Garamond   Verdana

Échelle ou chasse

L'échelle (ou chasse) est la largeur d'un caractère. Elle peut être condensée ou élargie par déformation horizontale de la lettre. Elle se définit en pourcentage {Format, Police, Espacement, Échelle}. En traitement de texte, elle est difficile d'emploi, car cela dépend du logiciel et aussi de l'imprimante utilisée. Je ne conseille pas de changer la chasse pour tout un texte, car le fait de déformer les lettres ne produit pas un très bel effet.

Espacement ou approche

L'approche est l'espace entre les lettres d'un mot. Je conseille de ne pas modifier exagérément l'approche originale. Un texte comprenant des mots dont les lettres ont été écartées ou rapprochées est désagréable à lire. En cas de manque de place, il vaut mieux changer la chasse quand le logiciel le permet. L'approche peut aussi se changer pour une lettre seulement ; on l'appelle alors **approche de paire** ou **crénage,** et elle est souvent automatique. L'approche se règle en points et en fractions de points.

Mesures typographiques

Le **pica** (abréviation **pi** invariable) est l'unité de mesure typographique utilisée en Amérique. Il est égal à 4,21 mm. On utilise le pica pour désigner la longueur des lignes, la hauteur des pages et les cellules d'un tableau. Il sert aussi à déterminer les retraits.

Le **point** (abréviation **pt** invariable) est la douzième partie du pica. On utilise le point pour désigner le corps et l'interligne. On l'utilise aussi pour ajouter du blanc avant ou après un titre ou un paragraphe.

• Dans Word, on utilise le pica et le point en système décimal, avec la virgule décimale. Par exemple, un interligne de 10,4 signifie 10 points et 4 dixièmes de point. On peut même utiliser deux décimales pour plus de précision. Un blanc de 2 picas et 6 points devant un paragraphe s'écrit 2,5 picas (ou 30 points), car il y a 12 points dans un pica.

Justification

Ce terme a deux significations. On dit que les lignes sont justifiées quand elles sont pleines. On appelle aussi *justification* la longueur des lignes d'un paragraphe, y compris les retraits. Par exemple, ce paragraphe-ci est justifié sur 26 picas.

Soulignement

Le soulignement servait en dactylographie pour remplacer l'italique. En typographie, on a recours aux différentes faces pour faire ressortir des mots, et aux corps plus gros pour les titres. On utilise très rarement le soulignement, surtout parce que l'on ne peut pas éloigner le trait, et que ce trait coupe les jambages des lettres. De plus, de nos jours, le soulignement est réservé aux hyperliens en informatique.

Adriano était moitié napolitain, moitié grec, moitié libanais.

Cadratin et demi-cadratin

Le cadratin est un carré imaginaire de surface non imprimée. En traitement de texte, il est devenu inutile. Les chiffres de 0 à 9 ont tous la même largeur, et le demi-cadratin a la même largeur que chacun d'eux. On l'emploie donc pour faire des alignements de chiffres de **début** de ligne. Le demi-cadratin se trouve dans les Caractères spéciaux.

Espaces sécables et insécables

En typographie, le mot *espace* est féminin quand il désigne l'espace entre les mots. Il est masculin quand on l'emploie pour désigner un espace non imprimé. Par exemple, il y a **une** espace sécable entre les mots de cette ligne, et il y a **un** espace (ou un **blanc**) de 10 points avant les titres en 8,5 points de cette page.

Espace sécable

On obtient l'espace sécable (ou **justifiante**) en frappant sur la barre d'espacement. Quand le texte est justifié (comme dans le présent paragraphe), les espaces entre les mots n'ont pas toutes la même largeur d'une ligne à l'autre. L'ordinateur **justifie** les lignes à une espace sécable ou à un trait d'union pour en faire des lignes **pleines,** excepté la dernière, qui est une ligne **creuse.**

Espace insécable

Cette espace est appelée ainsi parce qu'elle ne peut pas être coupée en fin de ligne. Par exemple, on utilise une espace insécable entre un nombre et le symbole qui le suit pour éviter que ces deux éléments ne se trouvent sur deux lignes différentes. Exemple : 25 kg (ce qui n'est pas permis). Généralement, l'espace insécable garde la même largeur, même dans une ligne justifiée. Dans un texte en drapeau à gauche ou à droite, l'espace insécable a la même largeur qu'une espace sécable. Sur un PC, on obtient l'insécable avec Ctrl+Maj+barre d'espacement. Sur Macintosh : Com+barre d'espacement.

Dans un courriel, pour ne pas avoir de séparations en fin de ligne, par exemple pour que le guillemet fermant (») ne se trouve pas au début d'une ligne, il faut mettre devant lui une espace insécable. On l'obtient en tapant Ctrl+Maj+barre d'espacement.

Espace fine

L'espace fine (insécable) est égale au quart du cadratin, mais cela dépend des polices. Elle doit se placer devant les signes **! ? ;** et les appels de note, quand il s'agit de typographie de qualité. Voici un moyen de programmer l'espace fine dans Word une fois pour toutes.

1. Nouveau fichier, style Normal. Mettez le zoom à 200 % et faites Ctrl+Maj+8.
2. Tapez une espace insécable : Crtl+Maj+barre d'espacement. Sélectionnez-la.
3. {Format, Police, Espacement, Échelle 40 %}. OK.
4. {Outils, Correction automatique}. L'espace est à droite, on ne la voit pas.
5. Cochez {Texte mis en forme}. On voit l'espace.
6. Dans **Remplace**r, tapez deux fois = ou un autre signe inutilisé deux fois.
7. Cliquez sur Ajouter, puis sur OK.

Pour voir si le chiffre de 40 % est acceptable, vérifiez sur papier, non sur l'écran. Avec l'échelle à environ 40 %, l'espace fine sera proportionnelle au corps employé. Au lieu du signe **=,** vous pouvez choisir un autre signe jamais utilisé en double. Je conseille d'écrire d'abord **bonjour!** et d'insérer l'espace fine entre le **r** et le **!** ensuite. Pour que cette espace fine réduite se maintienne, il est préférable d'aller dans {Outils, Langue} et décocher la ligne *Détecter automatiquement la langue.*

Cadre

Un cadre est le **filet** (bordure) que l'on place autour d'un texte sélectionné ou d'un dessin. Quand il s'agit d'une annonce, on la nomme *un encadré.*

Dans une course de vitesse, il faut pouvoir courir à perdre la laine.

Paragraphe dans Word

Dans Word, un paragraphe est le texte compris entre deux frappes de la touche Entrée. Cette touche est montrée à l'écran par un **pied-de-mouche** (¶), Ctrl+Maj+8. On peut faire un **saut de ligne** (Maj+Entrée) à l'intérieur d'un paragraphe. On se sert d'un saut de ligne à l'intérieur d'un style de paragraphe, quand on veut aller à la ligne sans sortir du style. Ou dans un tri, pour que la ligne suivante reste solidaire et n'aille pas se placer à son rang alphabétique.

Mise en forme de caractères

{Format, Police}. Mettre en forme des caractères, c'est leur affecter :

La police	Arial, Omega, Verdana, Times, Garamond...
La taille ou corps	en points et fractions de points
Le style ou face	normal (romain), italique, gras, gras italique
Le soulignement	aucun, continu, mots, double, pointillés...
La couleur	automatique, noir, bleu, blanc...
Les attributs	barré, exposant, indice, majuscule...
L'espacement	échelle, espacement, position sur la ligne, crénage

Mise en forme de paragraphes

{Format, Paragraphe}. Mettre en forme des paragraphes, c'est leur affecter :

L'alignement	gauche, centré, droite, justifié
Le niveau hiérarchique	corps de texte, niveau 1, niveau 2...
Le retrait	à gauche, à droite, de première ligne
L'espacement	avant et après le paragraphe, en picas ou en points
L'interligne	en points et fractions de points

Hiérarchie des subdivisions

Taille ou corps

En général, on utilise des corps différents par ordre décroissant. Il ne faut pas exagérer le nombre de niveaux et se limiter à six niveaux pour un livre de taille moyenne. Le présent livre comporte quatre niveaux dont les trois premiers paraissent dans la table des matières. Les titres 3 et 4 sont présents dans cette page.

Style ou face

En général, on utilise le gras pour les titres ; le romain maigre y est rarement utilisé. L'italique gras sert à mettre une partie en évidence dans un titre en gras. L'italique gras ou maigre peut aussi être utilisé comme subdivision d'un titre en gras.

Casse

On peut composer les titres de chapitres (à condition qu'ils soient très courts) tout en capitales. Mais il vaut mieux utiliser les bas-de-casse avec une capitale initiale. En effet, maintenant que les sigles en général se composent en capitales sans points abréviatifs, on risquerait de ne pas les reconnaitre dans un titre tout en capitales.

Alignement

Un titre centré a toujours plus d'importance qu'un titre au fer à gauche.

Retrait ou renfoncement

Un retrait (ou renfoncement) est un espace blanc qu'on laisse à gauche, à droite ou des deux côtés pour détacher une partie du texte par rapport à la justification.

> Par exemple, ce texte de trois lignes est en retrait de deux picas à gauche et de deux picas à droite. Sur un PC, le retrait se détermine par {Format, Paragraphe, Retrait}.

À vendre : un pupitre parfait pour un étudiant avec des pattes solides.

Glossaire de l'imprimerie

Voici des termes d'imprimerie qui vous permettront de mieux communiquer avec votre imprimeur quand vous lui donnerez votre manuscrit pour l'impression. Ces entrées sont par ordre alphabétique, et les traductions en anglais sont entre parenthèses.

Accroche (*catching*)
Titre d'une annonce, d'un chapitre ou d'une affiche dont l'impact rédactionnel et visuel permet d'accrocher le lecteur.

Achevé d'imprimer (*colophon*)
Texte situé à la fin d'un ouvrage, dans lequel sont notés l'imprimeur, son adresse et la date de l'impression du livre.

Angle de trame (*screen angle*)
Orientation de la ligne de points de trame. Une orientation correcte permet d'éviter le moirage lorsque deux demi-tons sont superposés.

Antémémoire (*cache memory*)
Mémoire tampon de faible quantité qui sert à réduire le temps de traitement.

Assombrissement (*darkening*)
Synonyme : *surexposition*. Durée d'exposition supérieure à celle requise par la sensibilité du support. Peut être voulue pour faire ressortir des détails dans les zones foncées.

Base de données (*data base*)
Par exemple, une base de données concernant une personne comporte ses nom, prénom, profession, adresse, numéros de téléphone et de télécopie, adresse de courriel, de site, etc. Chaque élément se nomme une donnée et le tout est une base de données.

Blanchir (*whiten*)
On blanchit un texte en ajoutant de l'espace avant et après les titres, et aussi en augmentant l'interligne du texte par des points ou des fractions de points.

Bleus ou tierce (*final proof*)
Jeu d'épreuves que l'imprimeur envoie au client pour que celui-ci en fasse la dernière lecture, vérifie l'ordre des pages et la mise en page. Si le client est satisfait, il signe les bleus en y indiquant le tirage désiré. On appelle aussi les bleus le **bon à tirer.**

Bourdon (*omission*)
Un bourdon est l'omission d'un mot ou d'un passage entier. Sur l'épreuve, le correcteur marque par *voir copie* × (encerclé) l'endroit où l'omission s'est produite. Sur la copie, il entoure le texte omis en le désignant d'une croix encerclée. Si une deuxième omission se produit, il utilise deux croix, etc.

Calandrage (*calendering*)
Action mécanique qui consiste à lisser le papier entre deux rouleaux.

Champ (*field*)
Un champ est un ensemble de codes permettant d'insérer dans un document certains éléments qui seront automatiquement mis à jour. Le champ Page donnera à chaque page son numéro (folio). Pour désactiver un champ (rompre la liaison), on place le curseur n'importe où à l'intérieur du champ et on fait Ctrl+Maj+F9.

Antoine avait 80 ans, mais, par suite des chagrins, il en paraissait le double.

Chapeau (*introductory paragraph*)

Courte introduction en tête d'un article de journal ou de revue. Souvent, le chapeau est composé sur deux ou trois colonnes ; il est parfois en gras.

Chemin de fer (*preview*)

Word appelle cela *Aperçu avant impression.* En réduisant le zoom à 10 %, on peut avoir sur l'écran jusqu'à 24 pages ou plus pour vérifier leur placement et autres détails.

Code barres (*bar code*)

Code utilisant des barres verticales, imprimé sur l'emballage d'un article (ou la couverture d'un livre) et qui permet son identification, l'affichage de son prix et la gestion du stock. Le code barres peut être décodé au moyen d'un lecteur optique.

Contraste (*contrast*)

Réglage des parties sombres et des parties claires, en noir comme en couleurs.

Coquille (*mistake*)

On n'a jamais trouvé de façon certaine l'étymologie de ce mot. Une coquille est une erreur par laquelle des lettres ou des syllabes (ou même des symboles) sont substitués à d'autres, ce qui résulte parfois en une phrase amusante. Synonyme : **perle.**

Cul-de-lampe (*tailpiece*)

Vignette placée à la fin d'un chapitre, et dont la forme triangulaire rappelle le fond des lampes d'église. Un cul-de-lampe a la forme d'un triangle ayant la pointe en bas.

Dégradé (*graduated surface*)

Surface dont la densité des couleurs s'estompe ou se renforce progressivement.

Demi-ton ou simili (*halftone*)

Image composée de points de dimensions très différentes créant l'illusion d'une variation de tonalité.

Dessin au trait (*line work*)

Document prêt à reproduire sans devoir le tramer.

Détourage (*outlining*)

Délimitation du contour d'un objet par élimination du fond.

Doublon (*double*)

Texte qui a été, par erreur, composé deux fois. Le correcteur doit entourer la seconde partie en la marquant du signe de correction *déléatur* (enlever).

Encart (*insert*)

Feuillet, carton ou cahier que l'on imprime à part et que l'on insère à l'intérieur d'une publication après son achèvement. Ne pas confondre avec *hors-texte.*

Épair (*look-through*)

Aspect interne d'une feuille de papier qui est observée par son interposition entre une source lumineuse et l'œil.

Exergue (*epigraph*)

Texte que l'on met en évidence au début d'un ouvrage ou d'un article pour expliquer ce qui suit. Ce texte peut être en retrait. Il peut être composé en romain ou en italique.

Arrêtons de passer du coq à l'âne et revenons à nos moutons.

Filigrane (*watermark*)
Marque d'identification du papier, faite au cours de sa fabrication et visible seulement par transparence.

Fond perdu (*bleed*)
Illustration ou matière imprimée qui excède les repères de coupe du papier.

Gouttière (*gutter*)
Espace blanc séparant les colonnes de journal. La gouttière peut comprendre une *ligne séparatrice,* qu'on appelle aussi *filet vertical.*

Gaufrage (*embossing*)
Impression de motifs ornementaux ou de textes (en relief ou en creux), par exemple sur une couverture de livre.

Grammage (*grammage*)
Masse (poids) en grammes par mètre carré d'un papier ou d'un carton.

Habillage (*wrap around*)
Habiller un hors-texte, c'est permettre au texte de l'entourer. Si c'est un court texte qui est habillé, ce dernier s'appelle une *mortaise.*

Hors-texte (*out-text*)
Dans ce livre, un hors-texte signifie tout ce qui est hors texte. C'est-à-dire les tableaux, les graphiques, les photos, les dessins, les images, les illustrations et les encadrés.

Image vectorielle (*vector graphics*)
Traitement graphique de l'image par segments de lignes ou de courbes par opposition aux points (droites, cercles, rectangles ou courbes).

Imposition (*imposition*)
Les pages sont disposées suivant un plan précis afin de se trouver dans l'ordre naturel quand la feuille de papier imprimée est pliée à son format.

Jaquette (*dust jacket*)
Chemise de protection amovible d'un livre, qui comprend deux rabats et qui est utilisée comme support publicitaire.

Légende (*caption*)
Texte qui accompagne une image, un dessin, une illustration ou une photographie et qui en donne l'explication ou le commentaire. On dit aussi *bas de vignette.*

Logotype (*logo*)
Symbole graphique pour identifier un produit ou une société.

Macro (*macro*)
Quand il faut exécuter une série de commandes pour arriver à un résultat, il est utile de mettre toutes ces opérations en mémoire. L'enregistrement ainsi réalisé se nomme une *macro,* à laquelle on donne un nom. Il suffit alors de la rappeler pour que toutes les commandes enregistrées s'effectuent automatiquement.

Moirage (*moire*)
Surimpression incorrecte des angles de trames des demi-tons.

Avant de traire, le fermier se lave les mains, le pis et le seau.

Numérisation (*scanning*)

Balayage d'un document en deux dimensions et conversion en image par points afin de permettre la manipulation électronique.

Octet (*byte*)

L'octet est l'unité de base en informatique. Son symbole est la lettre **o** minuscule, sans point abréviatif et sans marque du pluriel. Un gigaoctet (Go) = un milliard d'octets.

Offset (*offset*)

Procédé d'impression à plat par double décalque de la forme d'impression, d'abord sur le blanchet de caoutchouc, puis de celui-ci sur le papier.

Pagination (*pagination*)

La pagination est le fait de donner un numéro (folio) à chaque page. En général, on ne met pas de folio au début des chapitres ni aux pages liminaires, mais ce n'est pas une obligation. La *repagination* consiste à remettre en ordre la mise en page après que l'on a réalisé des changements. Les sauts de page *automatiques* sont ceux qui sont insérés par l'ordinateur quand la page est pleine. Les sauts de page *manuels* (Ctrl+Entrée) sont ceux insérés par l'opérateur à l'endroit de son choix.

Pantone (*Pantone matching system*)

Marque déposée d'un échantillon de couleurs étalonnées couramment utilisé.

Quadrichromie (*four color process*)

Pour imprimer des images en couleurs, il faut préparer quatre plaques (cyan, magenta, jaune et noir). Les images sont ensuite imprimées en surimpression.

Recouvrement (*trapping*)

Technique qui consiste à prévoir le chevauchement des couleurs contigües, les plus claires dans les plus foncées, pour compenser les variations de repérage.

Repères (*marks*)

Petits symboles, dans la marge, qui facilitent la superposition des couleurs ou, dans un document, qui indiquent le format, la pliure, etc.

Repérage (*register*)

Superposition parfaite des différents films ou plaques d'impression monochromes pour la reproduction d'une image couleur.

Saturation (*saturation*)

Quantité de blanc ou de gris dans une couleur évaluée par rapport à sa luminosité.

Trame (*screen*)

Structure de points de taille variable utilisée pour simuler une photographie à tons continus, en couleurs ou en noir et blanc.

Vignette (*vignette*)

Ornement typographique, petite illustration ou dessin, que l'on retrouve sur les pages titres, les lettres à entête, ou entre les chapitres.

Wysiwyg (*Wysiwyg*)

Comprend les lettres initiales des mots *What you see is what you get.* (Ce que vous voyez sur l'écran est ce que vous verrez sur le papier.)

Abeille épouserait frelon pour partir en lune de miel.

Correction d'épreuves

Corrections à l'encre

On marque à l'encre noire les fautes commises par rapport à la copie originale. Ces corrections ne sont pas facturées au client. On marque à l'encre rouge les changements que l'auteur effectue par rapport au texte original. Ces changements sont facturés.

Corrections au crayon

Quand un correcteur a un doute sur l'orthographe d'un mot ou sur la construction d'une phrase, il attire l'attention de l'auteur en marquant au crayon effaçable le mot ou le passage en question et en inscrivant dans la marge un point d'interrogation **encerclé**. Si l'auteur considère que la correction se justifie, il la marque à l'encre rouge ; sinon, il efface l'annotation du correcteur.

Place des signes de correction

Les signes de correction se mettent dans la marge, du côté le plus rapproché de la faute. Quand il y a plusieurs fautes dans la même ligne, on marque les signes successivement, en s'éloignant du texte. Cette méthode est la méthode internationale.

• Mais, si les textes à corriger sont généralement peu chargés de fautes, on peut alors utiliser la méthode suivante. Par exemple, si l'on veut un **o** à la place d'un **a,** on barre le **a** et, sans lever le crayon, on marque un **o** dans la marge, sans autre signe.

Nombre de lectures en correction

Il faut faire deux lectures : la première consiste à découvrir les fautes d'orthographe et de typographie. Il faut lire les numéros de téléphone en les prononçant à voix basse. La seconde lecture consiste à relire le texte sans s'occuper des fautes qu'on a déjà mentionnées. Cette seconde lecture permet de s'attacher au fond et non plus à la forme, et elle dure environ le quart du temps de la première. Il ne faut pas se contenter de la lecture sur l'écran, il faut lire sur les épreuves.

Relecture des passages corrigés

Quand la correction d'un mot n'a pas fait changer la fin de la ligne, le *corrigeur,* c'est-à-dire la personne qui exécute les corrections, ne marque aucune indication. Mais si la correction a fait changer la fin de la ligne, il doit marquer d'une accolade le texte jusqu'à la fin du paragraphe. Cela signifiera au correcteur qu'il devra relire les nouvelles lignes pour en vérifier les coupures. Il faut toujours se souvenir que, si le correcteur ne comprend pas un texte, les lecteurs ne comprendront pas non plus.

Indications à l'auteur

Quand le correcteur veut transmettre une indication à l'auteur ou à l'opérateur, il doit s'assurer que cette indication ne sera pas interprétée comme un texte à composer. Toutes ses indications sont donc encerclées. Par exemple, quand il veut que l'opérateur compose le signe **?** dans le texte, il marque le signe **?** non encerclé dans la marge. S'il veut seulement attirer l'attention de l'auteur, il écrit le signe **?** encerclé.

Vérification des pages et des notes

Il faut vérifier si la pagination est correcte, si l'index et la table des matières renvoient aux bonnes pages, et si les notes correspondent bien aux appels de notes. Il est très exaspérant de rencontrer un ***** à la fin d'un mot sans trouver ce qu'il désigne.

Vérification des hors-textes

On doit vérifier si tous les hors-textes (photos, dessins, etc.) sont bien marqués de leur lettre d'identification et si cette dernière correspond à celle de la maquette.

C'est la goutte d'eau qui a mis le feu aux poudres.

Vérification des énumérations

Dans les énumérations horizontales ou verticales, le correcteur doit bien vérifier si les chiffres ou les lettres d'énumération se suivent correctement. Par exemple, dans les énumérations 1. 2. 4. ou bien a) b) d), il y a des erreurs, car 3. et c) ont été sautés. La ponctuation ainsi que la syntaxe de l'énumération doivent aussi être vérifiées.

Vérification des dates

Le correcteur doit prendre garde aux transpositions dans les dates (*1897* au lieu de *1987*). Il doit aussi vérifier si la date est correcte. Par exemple, la date *mardi 28 décembre 1994* comporte une erreur. Si le mot *mardi* est correct, il faudra mettre *27 décembre.* Si c'est *28 décembre* qui est correct, il faudra mettre *mercredi.* Cette vérification des jours de la semaine dans les dates éloignées est maintenant possible avec le logiciel Antidote.

Vérifications diverses

La féminisation des noms de métiers et de fonctions doit être appliquée. Il faut aussi que la quantité des exemples au féminin soit à peu près égale à celle des exemples au masculin. Enfin, il faut s'assurer que le système international d'unités est bien utilisé.

Uniformité des abréviations

Si le texte comporte des abréviations, le correcteur doit s'assurer que le même mot est abrégé de la même façon dans tout l'ouvrage.

Les noms propres

Puisqu'il n'y a pas de règle d'orthographe qui s'applique aux noms propres, il faut donc qu'ils soient bien transcrits la première fois qu'ils figurent dans le texte. Le correcteur surveillera leur uniformité.

Les capitales

Le correcteur doit s'assurer qu'un style d'emploi des capitales est suivi tout le long de l'ouvrage. Les capitales sont une source d'ennuis pour un opérateur, car leur emploi dépend souvent des circonstances.

Soulignement

Casse : lors de la correction, on souligne de deux traits les mots que l'on veut en petites capitales, et de trois traits les mots que l'on veut en capitales.
Face : un trait pour italique et romain, un trait ondulé pour gras et maigre.

Éviter de deviner le texte

Souvent, nous parcourons un texte en ne lisant qu'une partie du mot et en devinant le reste. C'est le défaut qu'un correcteur doit éviter : il doit lire toutes les lettres. Il ne doit jamais changer la copie s'il n'est pas absolument certain de son initiative. Il doit enfin faire approuver par l'auteur tout changement proposé.

Corriger un mot

Après avoir corrigé ou changé un mot dans une phrase (par exemple avoir choisi un synonyme), il faut relire la phrase entière, car ce changement peut avoir modifié les accords dans cette phrase. Il faut aussi vérifier les bourdons et les doublons (p. 14-15).

Doute et humilité

Ce sont deux qualités que doivent posséder un bon correcteur et une bonne correctrice. Ils doivent constamment mettre en doute leurs connaissances afin de toujours s'améliorer. Ils ne doivent surtout pas se vanter de ne jamais faire de fautes.

C'est un poisson qu'il faut cuire au bourt-couillon.

Correction d'épreuves : signes

cadratin	demi-cadratin	espace fine	espace sécable
espace insécable	**trait d'union**	**trait d'union insécable**	**trait d'union conditionnel**
changer une lettre	**changer un mot**	**insérer une lettre**	**insérer un mot**
enlever une lettre	**enlever un mot**	**enlever et espacer**	**point**
virgule	**apostrophe**	**exposant**	**indice**
joindre	**rapprocher sans joindre**	**transposer des mots**	**transposer des lettres**
tiret long	**tiret court**	**faire suivre**	**faire un alinéa**
réduire le blanc de 6 pt	**annuler le blanc**	**augmenter le blanc de 6 pt**	**nettoyer**

À vendre : trous pour planter des arbres.

Correction d'épreuves : signes

pousser à droite	pousser à gauche	centrer	justifier
⌐	⌐	⌐ ⌐	[ ]
retrait à gauche	**retrait à droite**	**retrait des deux côtés**	**supprimer les retraits**
18 pt	18 pt	18 pt 18 pt	| |
sur ligne précédente	**sur ligne suivante**	**sur page précédente**	**sur page suivante**
le	et	⌴	⌐
aligner verticalement	**aligner horizontalement**	**aligner sur la gauche**	**aligner sur la droite**
||	═	⌐	⌐
voir copie	**ne rien changer**	**questionner l'auteur**	**ligaturer**
v. copie x	bon	(?)	œuvre (lig.)
capitales	**bas-de-casse**	**petites capitales**	**capitales et bas-de-casse**
la (cap.)	le (bdc)	Les (p.c.)	cap. bdc
romain	**italique**	**maigre**	**gras**
ceci (rom.)	this (ital.)	sur (m.)	avec (gr.)
augmenter l'approche	**diminuer l'approche**	**lettrine**	**signature du correcteur**
espacer	resserrer	lettrine	OK Untel

Texte à corriger

RECETTES DE CUISINE

Choux d'Espagne à la sauce Picador

Achetez un kilogramme de choux d'Espagne en vous les faisant envoyer franco. Arrosez-les de rhum en « céro » après les avoir coupés en quatre dans un boléro. Faites chauffer sur flamenco quelques pesetas bien mûres que vous aurez réduites en poudre à l'aide de trois bonnes et solides casse-tagnettes.

Lorsque la cuisson des choux vous siéra mélangez le tout, passez à travers une mantille et d'une arrosez sauce PICADOR. Vous pouvez accompagner d'un nid d'hirondelle d'Halgo.

Recette féminine

Il s'agit là d'une recette venant de Virginie Préparez avec clémence une julienne bien claire dans une sauce blanche, avant d'y faire fondre une rose.

Laissez bien chauffer au bain-marie en y ajoutant des pétales de marguerite, des crêpes Suzette, madeleine et une clémentine. Tournez avec constance.

MENUISERIE

Si vous avez une commode avec quatre tiroirs, voici une méthode pour pour en obtenir de multiples avantages.

1. Enlevez les tiroirs ;
2. Placez-les à côté de la commode ;
3. Superposez les tiroirs les uns sur les autres ;
4. mettez une cale de bois de 10 cm entre eux.

Vous avez ainsi la disponibilité de vos tiroirs et aussi de la commode dont vous pouvez faire un très beau coffre en défonçant le dessus, ou un meuble à étagères, celles-ci se trouvant aux endroits des tiroirs.

Au tribunal, une porte a été condamnée.

Correction : texte corrigé (en nouvelle orthographe : *pésétas* et *mures*)

RECETTES DE CUISINE

Choux d'Espagne à la sauce Picador

Achetez un kilogramme de choux d'Espagne en vous les faisant envoyer franco. Arrosez-les de rhum en « céro » après les avoir coupés en quatre dans un boléro. Faites chauffer sur flamenco quelques pesetas bien mûres que vous aurez réduites en poudre à l'aide de deux bonnes et solides castagnettes.

Lorsque la cuisson des choux vous siéra, mélangez le tout, passez à travers une mantille et arrosez d'une sauce Picador. Vous pouvez accompagner d'un nid d'hirondelle ou d'un nid d'Halgo.

Recette féminine

Il s'agit là d'une recette venant de Virginie. Préparez avec clémence une julienne bien claire dans une sauce blanche, avant d'y faire fondre une rose.

Laissez bien chauffer au bain-marie en y ajoutant des pétales de marguerite, des crêpes Suzette, une madeleine et une clémentine.

Tournez avec constance.

MENUISERIE

Si vous avez une commode avec quatre tiroirs, voici une méthode pour en obtenir de multiples avantages :

1. Enlevez les tiroirs ;
2. Placez-les à côté de la commode ;
3. Superposez les tiroirs les uns sur les autres ;
4. Mettez une cale de bois de 10 cm entre eux.

Vous avez ainsi la disponibilité de vos tiroirs et aussi de la commode dont vous pouvez faire un très beau coffre en défonçant le dessus, ou un meuble à étagères, celles-ci se trouvant aux endroits des tiroirs.

Citroën a révolutionné l'industrie automobile en sortant la traction à vent.

Alignement des paragraphes

En alinéa

Alinéa zzzz zzz zzzz zzz zzz zzzz zzzz zzz zzzz zz zzzz zzzzz zzzzzzz zzzz zzz zzzz z zzzz zzzzz zzzzzzzz zzzz zzz zzz.

Alinéa zzzz zzz zzzzz zzz zzzz zzzz zzz zzzz zz zzzz zzzzz zzzzzzz zzzz zzz zzzz z zzzz zzzzz zzz zzzz zzz zzz.

Alinéa zzzz zzz zzzz zzz zzzz zzzz zzz zzzz zz zzzz zzzzz zzzzzzz zzzz zzz zzzz zz zzzzz zzzzz zzzzz zzzz zzz zzz.

Au carré

Paragraphe zzzz zzz zzzz zzz zzz zzzz zzzz zzz zzzz zz zzzz zzzzz zzzzzzz zzzz zzz zzzz z zzzz zzzzz zzzzzzzz zzzz zzz zzz.

Paragraphe zzzz zzz zzzzz zzz zzzz zzzz zzz zzzz zz zzzz zzzzz zzzzzzz zzzz zzz zzzzz z zzzz zzzzz zzz zzzz zzz zzz.

Paragraphe zzzz zzz zzzz zzz zzzz zzzz zzz zzzz zz zzzz zzzzz zzzzzzz zzzz zzz zzzz zz zzzz zzzzz zzzzz zzzz zzz zzz.

En drapeau à gauche

Paragraphe zzzz zzz zzz zzz zzz zzzz zzz zzz zzzz zz zzzz zzzzz zzzzzzz zzzz zzz zzzz zzzz zzzzz zzzzzzzz zzzz zzz zzz.

Paragraphe zzzz zzz zzz zzz zzz zzzz zzz zzzz zz zzzz zzzzz zzzzzzz zzzz zzz zzz zzzz zzzzz zzz zzzz zzz zzz.

Paragraphe zzzz zzz zzzz zzz zzzz zzzz zzz zzzz zz zzzz zzzzz zzzzzzz zzzz zzz zzz z zzzz zzzzz zzzzz zzzz zzz zzz.

Centré

Paragraphe zzzz zzz zzzz zzz zzz zzz zzz zzzzzzz zzzzz zzzzzzz zzzz zzz zzzz zzzzzzzzzz zzzzz zzzzzzzz zzzz zzz zzz.

Paragraphe zzzz zzz zzzzz zzz zzzz zz zzzz zzz zzz zz zz zzzz zzzzz zzzzzzz zzzz zzz zzzz z zzzzzzzz zzz zzzz zzz zzz.

Paragraphe zzzz zzz zzzz zzz zzzz zzzz zzzzzzzzzz zzzzz zzzzz zzz zzzzz z zzzz zzzzz zzzzz zzzz zzz zzz.

En sommaire simple

Paragraphe zzzz zzz zzzz zzz zzz zzzzzz zzzz zzzz zz zzzz zzzzz zzzzzzz zz zzz zzz z zzzz z zzzz zzzzz zzzzzzzz zzzz.

Paragraphe zzzz zzz zzz zzz zzzz zzzzz zzz zzzz zz zzzz zzzzz zzzzzzz zzzzz zzzzz zzzz zzzz zzzzz zzz zzzz zzz zzz.

Paragraphe zzzz zzz zzzzz zzz zzzz zzzz zzzz zzzz zz zzzz zzzzz zzzzzzz zzzz zzzz zz zzzz zzzzz zzzzz zzzz zzz zzz.

Au carré avec rentrée

Paragraphe zzzz zzz zzzz zzz zzz zzzz zzzz zzz zzzz zz zzzz zzzzz zzzzzzz zzzz zzz zzzz zz zzzz zzzzz zzzzzzzz zzzz zzz zzz.

Paragraphe zzzz zzz zzzzz zzz zzzz zzzzz zzz zzzz zz zzz zzz z zzzz zzzzz zzzzzzz zzzz zzz zzzz zz zzzz zzzzz zzz zzzz zzz zzz.

Paragraphe zzzz zzz zzzz zzz zzzz zzzz zzzz zzzz zz zzzz zzzzz zzzzzzz zzzz zzz zzzzzzzz zz z zzzz zzzzz zzzzz zzzz zzz zzz.

En drapeau à droite

Paragraphe zzzz zzz zzzz zzz zzz zzz zzz zzzz zz zzzz zzzzz zzzz zzzz zzz zzzz z zzzz zzzzz zzzzzzzz zzzz zzz zzz.

Paragraphe zzzz zzz zzz zzz zzzz zzzz zzz zzzz zz zzzz zzzzz zzzzzzz zzzz zzz zzzz z zzzz zzzzz zzz zzzz zzz zzz.

Paragraphe zzzz zzz zzzzz zzzzz zzzz zzz zz zzzz zzz zzzz zz zzzz zzzzz zzzzzzz zzzzzz zzzzz zzzz zzzzz zzzzz zzzz zzz zzz.

En pavé

Paragraphe zzzz zzz zzzz zzz zzz zzzz zzzz zzz zzzz zz zzzz zzzzz zzzzzzz zzzz zzz zzzz zzzz zzzz zzzzz zzzzzz zzz zzz zzzzz zz.

Paragraphe zzzz zzz zzzzz zzz zzzz zzzz zzz zzzz zz zzzz zzzzz zzzzzz zzzz zzz zzzz zz zzzz zzz zzz zz zz zzzz zzz zz zzzz.

Paragraphe zzzz zzz zzzzz zzz zzzz zzzz zzz zzzz zz zzzz zzzzz zzzzzzz zzzz zzz zzzz z zzzz zzzzzz zzzzz zzzz zzz zz zzzz z zz zzz.

Dans toutes ces compositions, on peut utiliser les coupures de mots (césures) ou non. On appelle ici *Alinéa* et *Paragraphe* le fait d'aller à la ligne par la touche Entrée (¶).

Comme un coq, il se dressa sur ses ergots et montra ses dents.

Détails des alignements

En alinéa

Quand on fait un retrait de première ligne **positif** au début d'un paragraphe {Format, Paragraphe}, cela s'appelle un *alinéa*. Le texte compris entre deux retraits positifs se nomme aussi *alinéa*. On peut faire un saut de ligne à l'intérieur d'un alinéa. En fait, les mots *alinéa* et *paragraphe* sont synonymes, mais l'alinéa comporte un retrait positif.

En sommaire simple

On fait un retrait de première ligne **négatif** par {Format, Paragraphe}. L'exemple est avec un texte justifié. On peut aussi le faire avec un texte en drapeau à gauche. On appelle cet alignement *sommaire simple* et il ne comporte généralement pas de signes d'énumération. (Pour un *sommaire multiple,* voir page 38.)

Au carré

Il n'y a aucun retrait de première ligne. Le texte est justifié, mais on peut aussi le faire en drapeau à gauche. Dans cet alignement au carré, il est conseillé de mettre un blanc avant ou après les paragraphes, afin d'en distinguer le commencement au cas où la dernière ligne du paragraphe précédent serait pleine. Ce livre est composé **au carré** et il y a en général un blanc de trois points entre les paragraphes.

Au carré avec rentrée

Le premier paragraphe est sans retrait de première ligne. Les paragraphes suivants sont en retrait positif. Après chaque sous-titre, le premier paragraphe sera sans retrait de première ligne. Le texte peut être justifié ou en drapeau à gauche. Généralement, quand on a un retrait positif de première ligne, il est préférable de choisir un alignement justifié.

En drapeau à gauche

On obtient cet alignement en cliquant sur l'icône *aligner à gauche* de la barre de mise en forme. Le texte n'est pas justifié. On peut faire un retrait positif de première ligne à tous les paragraphes, mais c'est moins beau. Il est préférable de mettre un blanc entre les paragraphes sans retrait. Cette composition s'appelle aussi **au fer à gauche,** ou **au fer** (en souvenir du fait que les lignes de plomb touchaient le cadre en fer).

En drapeau à droite

On obtient cet alignement en cliquant sur l'icône *aligner à droite* de la barre de mise en forme. Le texte n'est pas justifié. On ne fait pas de retrait positif de première ligne. Il est préférable de ne pas faire de coupure de mots, mais on peut mettre un blanc avant ou après les paragraphes. On appelle aussi cette composition **au fer à droite.**

Centré

On obtient cet alignement en cliquant sur l'icône *centré* de la barre de mise en forme. Le texte n'est donc pas justifié. On ne fait aucun retrait de première ligne. Il est préférable de ne pas faire de coupure de mots. Pour plus de clarté, on peut mettre un léger espace blanc entre les paragraphes.

En pavé

Toutes les lignes sont pleines. Cet alignement est très rarement utilisé. Par exemple, un employeur peut vous demander de faire un pavé, quelle que soit la longueur des lignes. Il faut alors faire de nombreux essais en changeant soit le corps, soit la justification. Un exemple de texte en pavé se trouve sur la première de couverture du livre *Lexique des règles typographiques en usage à l'Imprimerie nationale.*

À vendre : un lit vertical plus un recueil d'histoires à dormir debout.

Énumérations verticales

Les énumérations verticales sont parfois appelées **listes verticales.** Chaque partie peut être précédée soit d'un numéro, soit d'une lettre, soit d'une puce.

• Une **puce** (*bullet*) est un signe typographique que l'on utilise devant les parties d'une énumération verticale pour les mettre en valeur. Principales puces : ● ■ ◆ (obtenues notamment dans la police Wingdings).

Ponctuation des énumérations

Capitale initiale aux parties

Si l'on considère que la phrase est interrompue entre la proposition d'introduction et le début de l'énumération, on met une capitale à chaque partie. On utilise de préférence les signes comportant un point (**I. A. 1.**). On met un point-virgule entre chaque partie, quelle que soit la ponctuation interne, et un point final à la fin de l'énumération. Les subdivisions d'une partie prennent un bas-de-casse initial et une virgule à la fin de chacune d'elles.

> Instructions aux élèves le jour de l'examen :
> 1. Présentez votre lettre de convocation ;
> 2. Préparez le matériel nécessaire :
>   — papier,
>   — crayon,
>   — gomme à effacer ;
> 3. Rassemblez-vous dans la cour. Les numéros des classes
>   vous seront donnés sur place.

Bas-de-casse initial aux parties

Si l'on considère que la phrase n'est pas interrompue entre la proposition d'introduction et le début de l'énumération, on met un bas-de-casse au début de chaque partie. On utilise surtout les signes sans point : *a)* **1°** —. La lettre est en italique ou en romain, la parenthèse est toujours en romain. On peut supprimer le deux-points après *devront*.

> Le jour de l'examen, les élèves devront
> a) présenter leur lettre de convocation ;
> b) préparer le matériel nécessaire :
>   — papier,
>   — crayon,
>   — gomme à effacer ;
> c) se rassembler dans la cour. Les numéros des classes
>   seront donnés sur place.

Syntaxe des énumérations

Toutes les parties doivent rester dans la même catégorie grammaticale.

Impératifs	Infinitifs	Noms
Présentez la lettre	Présenter la lettre	Présentation de la lettre
Rassemblez-vous	Se rassembler	Rassemblement
Ne fumez pas	Ne pas fumer	Interdiction de fumer

Commentaires

L'idée de l'emploi du point-virgule est de montrer que, quand l'énumération s'étend sur plusieurs pages, elle n'est pas finie tant que l'on ne rencontre pas le point final. Mais si l'énumération s'étend sur une seule page, on peut utiliser un point à la fin de chaque partie. Dans une annonce en gros caractères dans un journal, un magazine ou une revue, on peut ne rien mettre du tout.

C'est le cerveau qui donne les ordres, et les autres parties doivent obéir.

Notes et appels de note

Note

On appelle *note* la partie qui se met au bas de la page pour expliquer un mot ou une phrase du texte. Elle se compose dans un corps plus petit et elle est généralement séparée du texte par un petit trait, à gauche, d'une longueur d'environ un huitième de la justification. Les notes peuvent aussi se placer en fin de chapitre ou à la fin du livre. (Les **gloses** sont des textes qu'on imprime dans la marge intérieure ou la marge extérieure, en petits caractères, afin de commenter le texte vis-à-vis.)

Appel de note

On désigne par *appel de note* le signe, la lettre ou le chiffre qui se place dans le texte après la partie à expliquer.

Formes de l'appel de note

L'appel de note pourra être : un astérisque, un chiffre supérieur sans parenthèses, un chiffre supérieur entre parenthèses supérieures ou un chiffre normal entre parenthèses.

texte *   texte [2]   texte [(3)]   texte (4)   texte (*a*)

Formes de la note

Le signe, le chiffre ou la lettre qui se place au début de la note est suivi d'une espace insécable ou mieux d'un tabulateur, et il doit être le même que celui de l'appel de note correspondant. Toutefois, quand l'appel de note est un chiffre supérieur sans parenthèses, on peut utiliser dans la note un chiffre normal suivi d'un point.

Choix des appels de note

Travaux scientifiques

On utilise les astérisques dans les travaux scientifiques, parce que les chiffres supérieurs risqueraient d'être confondus avec des exposants. On met un astérisque pour la première note, deux pour la deuxième, trois pour la troisième, avec un maximum de trois par page. Dans ce cas, il faut éviter, dans l'ouvrage, de donner aussi à l'astérisque la signification de *voir ce mot.*

Travaux ordinaires

Dans les travaux ordinaires, on utilisera de préférence les chiffres supérieurs sans parenthèses. En effet, une lettre en italique pourrait se confondre avec une lettre d'énumération. Enfin, dans le cas de notes qui sont placées à la fin de l'ouvrage, on ne pourrait se rendre qu'à 26 si l'on utilisait les lettres de l'alphabet.

Place et face de l'appel de note

L'appel de note se place toujours avant la ponctuation, qu'il se rapporte au mot qui précède ou à la phrase. Le point abréviatif reste toujours collé à l'abréviation (voir le dernier exemple). L'appel de note est détaché du mot qui le précède par une espace fine si le logiciel le permet, sinon il est collé au mot. Il reste toujours en romain maigre. Exception : Si l'on utilise l'appel de note (*a*), la lettre reste en italique maigre.

La face de la ponctuation qui suit dépend des règles de la face de la ponctuation présentées à la page 168. Dans l'exemple en gras, l'appel est en romain maigre, et la ponctuation basse qui suit est en gras. Dans l'exemple en italique, si l'on n'a pas l'espace fine, on colle l'appel et la ponctuation haute, qui reste en italique, et l'appel est en romain. (Autant que possible, il faut éviter de placer un appel de note dans un titre.)

exemple [2].	exemple [2] :	exemple [2] ?	exemple [2])
exemple *,	exemple [2] ;	exemple [2] »	exemple [2]/
exemple [2]...	*exemple[2]!*	exemple [2] —	exemple, etc. [2].

Chérie, que préfères-tu, un homme beau ou intelligent ? — Aucun, c'est toi que j'aime.

Livre

Ordre classique de subdivisions

Voici l'ordre classique pour un livre comportant six subdivisions. En français, toutes ces subdivisions portent un nom, qui est donné ici en face du signe d'énumération. Bien noter le point après le signe des trois premières subdivisions. En anglais, les styles sont tirés du livre *Canadian Style,* page 212, et du *Chicago Manual of Style,* page 207. Les trois premières subdivisions sont identiques pour les trois styles.

Style en français	Canadian Style	Chicago Style
I. Chapitre	I. Text	I. Text
A. Section	A. Text	A. Text
1. Article	1. Text	1. Text
a) Paragraphe	a. Text	*a)* Text
1° Alinéa		(1) Text
— Sous-alinéa		(*a*) Text

Ordre numérique international de subdivisions

Voici l'ordre numérique international. Les subdivisions devraient se limiter à quatre.

1.	Chapitre
1.1.	Chapitre 1. Section 1.
1.1.1.	Chapitre 1. Section 1. Article 1.
1.1.1.1.	Chapitre 1. Section 1. Article 1. Paragraphe 1.
1.2.1.	Chapitre 1. Section 2. Article 1.
1.2.2.	Chapitre 1. Section 2. Article 2.
2.	Chapitre 2.
2.1.	Chapitre 2. Section 1.

Papiers

Formats internationaux des papiers

Largeur sur longueur :

A1	594 × 841 mm	A4	210 × 297 mm	Letter	215,9 x 279,4 mm
A2	420 × 594 mm	A5	148 × 210 mm	Legal	215,9 x 355,6 mm
A3	297 × 420 mm	A6	105 × 148 mm	Executive	184,1 x 266,7 mm

Qualités des papiers d'impression

Bouffant	Papier sans apprêt, granuleux. Augmente le volume du livre.
Couché	Très lisse et destiné aux impressions fines.
Offset	Destiné à l'impression offset. Il est lisse et non brillant.
Frictionné	Comme l'offset, mais lisse sur une seule face, pour affiches.
Satiné	Papier demi-brillant, doux et lisse sur les deux faces.
Parafiné	Papier d'emballage utilisé pour emballer des aliments.

Cahiers

Un cahier est une grande feuille de papier qui est imprimée, pliée, découpée au format et assemblée, constituant une partie d'un livre. Ce livre contient 7 cahiers de 32 pages.

Plis	Feuillets	Pages	Désignation		Dimensions
1	2	4	in-folio	in-f°	de 355 à 500 mm de haut
2	4	8	in-quarto	in-4	de 255 à 350 mm de haut
3	6	12	in-six	in-6	de 230 à 250 mm de haut
3	8	16	in-octavo	in-8	de 200 à 225 mm de haut
4	12	24	in-douze	in-12	de 120 à 195 mm de haut
4	16	32	in-seize	in-16	moins de 100 mm de haut

Comme toujours, le peuple s'en est pris à un bouc et mystère.

Livre : terminologie

Entête ou titre courant

L'entête est un texte qui est répété au haut des pages, souvent sur la même ligne que le folio. Ce texte peut comporter le titre du livre sur toutes les pages, ou encore le titre du livre sur les pages paires et celui du chapitre sur les pages impaires. En général, on ne met pas d'entête ni de folio sur la première page d'un chapitre.

Blanc de grand fond ou marge extérieure

On appelle ainsi la marge qui se trouve du côté opposé à la reliure du livre.

Blanc de petit fond ou marge intérieure

On appelle ainsi la marge qui se trouve du côté de la reliure.

Blanc de pied

C'est la marge du bas, c'est-à-dire la distance entre le bord du papier et la matière imprimée quand la page est pleine, incluant éventuellement le folio.

Blanc de tête

C'est la marge du haut, soit la distance entre le bord du papier et la matière imprimée quand la page est pleine, incluant l'entête.

Hauteur de page

La hauteur de page est la distance entre la première et la dernière ligne d'une page pleine, excluant l'entête.

Hauteur du rectangle d'empagement

La hauteur du rectangle d'empagement est la distance entre la première et la dernière ligne d'une page pleine, incluant l'entête.

Couverture

Une couverture comporte quatre pages qu'on nomme ainsi : *première de couverture, deuxième de couverture,* etc. La plupart du temps, la deuxième et la troisième ne sont pas imprimées. Le *dos* est la partie contenant la ligne verticale qui peut s'écrire de bas en haut ou de haut en bas. Le terme *épine* (au lieu de *dos*) est un calque de l'anglais *spine,* mais il faut constater qu'il est très employé dans les imprimeries du Québec.

Folios

Ce sont les numéros de pages. Les pages de droite ont des numéros impairs (*belles pages*). Les pages de gauche ont des numéros pairs (*fausses pages*).

Pages de garde

Ce sont des feuilles non imprimées et non numérotées en début et en fin d'un livre.

Tome et volume

Dans l'usage, les termes *tome* et *volume* sont souvent confondus : leur emploi peut varier d'un éditeur à l'autre, voire d'une édition à l'autre.

Tranche

Quand le livre est relié, il faut le couper en épaisseur sur trois côtés (rognage). Chaque côté coupé est une tranche : la *tranche de tête* (en haut), la *tranche de queue* (en bas) et la *tranche de gouttière,* celle qui est opposée au dos. Dans les éditions de luxe, ces tranches sont parfois colorées en or. On dit alors : «livre doré sur tranches».

Dans ce débat, la droite a été gauche et la gauche a été adroite.

Signification des signes

La plupart de ces signes peuvent être utilisés dans un courriel en format Enrichi. Une **puce** (*bullet*) est un signe typographique utilisé devant les parties d'une énumération verticale pour les mettre en valeur.

@	*a* commercial ou arobas		′	minute d'angle
⌑	adresse postale du destinataire		-	moins et trait d'union
⊠	adresse de retour		×	multiplié par (chiffres)
∠	angle		⊄	n'est pas inclus dans
≈	approximativement égal à		¬	négation
*	astérisque, multiplié par		†	obèle (décès)
✈	avion		‡	obèle double
▢	carnet d'adresses		⊙	option
#	carré (sur téléphone)		§	paragraphe
¢	cent (monnaie)		&	perluète ou esperluette
✂	ciseaux (couper ici)		π	pi (3,1416)
✓	coche		±	plus ou moins
☑	coche encadrée		%	pour cent
≡	congru à		‰	pour mille
∧	conjonction		⊗	produit tensoriel
⊃	contient		∃	quantificateur existentiel
©	copyright, droit d'auteur		∀	quantificateur universel
[	crochet ouvrant		√	racine ou radical
]	crochet fermant		∪	réunion
☒	croix encadrée		″	seconde d'angle
°	degré		✍	signature
∅	diamètre		⊕	somme directe
≠	différent de		<	strictement inférieur à
∨	disjonction		>	strictement supérieur à
/	divisé par, ou oblique		→	tend vers la droite
÷	divisé par		←	tend vers la gauche
=	égal à		↓	tend vers limite du bas
⇔	équivaut à		↑	tend vers limite du haut
	espace insécable (Ansi 0160)		—	tiret sur cadratin
⊂	est inclus dans		–	tiret sur demi-cadratin
€	euro		↵	touche Entrée
«	guillemet ouvrant		¥	yen japonais
»	guillemet fermant			**PRINCIPALES PUCES**
ʺ	guillemet anglais ouvrant		■	carré plein
″	guillemet anglais fermant		□	carré vide
″	guillemets droits		★	étoile pleine
⇒	implique		☆	étoile vide
∞	infini		◆	losange étroit
∩	intersection		◆	losange large
£	livre anglaise		●	rond plein
®	marque déposée, ou ᴹᴰ		○	rond vide

Depuis Archimède, les bateaux flottent.

Saisie

Définition

De plus en plus, les auteurs qui ne connaissent pas la typographie[1] composent leur texte dans un fichier de traitement de texte sur un support (disquette, cédérom, clé USB) qu'ils donnent à l'imprimeur pour que ce dernier en fasse la mise en page. L'auteur peut aussi envoyer son fichier à l'imprimeur par courriel. Ce fichier se nomme la **saisie** ou la **copie**. On désigne aussi cette étape la *frappe au kilomètre*.

Barre d'espacement en saisie

Ne jamais utiliser la barre d'espacement pour déplacer le point d'insertion (curseur). Pour cela, il faut utiliser les flèches de direction du clavier ou cliquer dans le texte. En dactylographie, la barre d'espacement donnait un espace blanc fixe ; en traitement de texte, elle donne un blanc qui peut varier de largeur quand on compose en texte justifié. Il ne faut donc jamais essayer d'aligner du texte en utilisant la barre d'espacement ; il est préférable d'utiliser une tabulation.

Clavier et accents en saisie

Fournir à l'imprimeur une épreuve imprimée de votre clavier en tapant chaque touche, afin qu'il sache où se trouvent les accents sur votre propre clavier. Taper en majuscules, en gras ou en italique tout ce qui doit être imprimé ainsi. Ne jamais utiliser la lettre **l** pour désigner le chiffre **1**.

Ligatures en saisie

On doit utiliser la ligature **œ,** sauf dans les mots suivants et leur famille : *groenlandais, moelle* et *moellon*, plus tous les mots commençant par le préfixe **co** suivi d'un **e** : *coefficient, coentraineur, coentreprise, coercition, coexistence,* etc. Pour la ligature **æ,** l'usage est flottant : *curriculum vitae* ou *vitæ*, etc. Les ligatures **fi** et **fl** n'existent pas dans toutes les polices. (Il n'y a pas de règles pour les noms propres.)

Fins de ligne en saisie

Composer le texte en drapeau à gauche (non justifié). Ne pas appuyer sur la touche Entrée à la fin de chaque ligne, car c'est l'ordinateur qui s'en charge. N'appuyer sur la touche Entrée que pour commencer un nouveau paragraphe. Ne pas couper les mots en fin de ligne par un trait d'union.

Insertion de texte dans une saisie

Pour insérer du nouveau texte, mettre le point d'insertion (curseur) à l'endroit désiré et taper le nouveau texte en s'assurant que la touche Insér. est active.

Notes en saisie

Composer toutes les notes en fin de volume. Elles seront placées correctement et au bon endroit par l'imprimeur.

Ponctuation en saisie

Ne pas utiliser la barre d'espacement avant **? ! ;** sinon chacun de ces signes risque de se trouver au début de la ligne suivante. Il faut coller ces signes au mot qui les précède, car une espace insécable serait trop grande. Devant **»** et **:** on met une espace insécable. (On obtient l'espace insécable en tapant Ctrl+Maj+barre d'espacement.) Les règles d'espacement de la ponctuation en typographie se trouvent à la page 169.

---

1. Je souligne que cette page ne concerne que les personnes qui désirent ne pas s'occuper de typographie et qui comptent sur leur imprimeur pour le faire.

Depuis que je suis veilleur de nuit, je vis au jour le jour.

Mise en page

La maquette de l'imprimé

Le maquettiste fait d'abord un croquis pour indiquer la position des titres, des textes et des photos. Pour cela, il met un chiffre arabe encerclé sur le croquis afin d'indiquer la position d'un texte, et il met le même chiffre arabe encerclé sur l'épreuve du texte en question. Puis il met une lettre capitale encerclée sur le croquis, et il met la même lettre capitale encerclée à l'arrière de la photo.

Choix de la famille de caractères

Il existe des caractères sans empattements (bâtons) et des caractères avec empattements. On peut mélanger les deux familles dans une page, mais on ne doit pas le faire dans la même ligne. Les caractères sans empattements servent à des textes administratifs et sont à l'abri des modes. Les caractères avec empattements sont plus variés.

Choix de la police

Il y a peu de différence entre les polices de caractères bâtons. Parmi les polices avec empattements, le choix dépend de la préférence. En général, on utilise un caractère bâton pour les titres et un caractère avec ou sans empattements pour le texte.

Choix de l'œil de la police

Même si elles sont composées dans le même corps, certaines polices paraissent plus grosses que d'autres. Une police d'un œil plus petit n'aura pas besoin d'un interlignage plus grand que le corps, alors qu'une police d'un œil plus gros aura besoin d'un supplément d'interlignage pour faciliter la lecture. Ce paragraphe est composé en Verdana 7 points, mais comme l'œil du Verdana est très gros, j'ai dû adopter un interligne de 9,6 points pour rendre le texte très lisible.

Graphiques et photos

On utilisera de préférence un format rectangulaire pour les photos. Les visages seront dirigés vers l'intérieur de la page, mais ce n'est pas une obligation. Un graphique doit être placé le plus près possible du texte auquel il se rapporte.

Texte dans la mise en page

Ne pas accepter à la fin des lignes justifiées trop de lettres ou de mots semblables, ni de traits d'union à la suite, ni de mot coupé à la fin d'un paragraphe. Le retrait des alinéas doit être proportionnel à la justification. Il sera de 8 à 10 % environ de cette dernière, soit un retrait d'environ 2 picas pour des lignes de 20 picas. Il faut éviter les répétitions d'un même mot, ainsi que les mots banals : *faire, il y a,* etc.

Titres dans la mise en page

Dans un journal ou un magazine, il faut éviter de placer des titres de la même police, de la même taille et de la même face à côté l'un de l'autre, surtout s'il n'y a pas de ligne séparatrice qui les sépare. Dans un titre centré, la longueur des lignes doit aller en diminuant. Les mots courts (*à, car, de, en, et, il, le, la, ni, or, ou, par, si, sur, un...*) se placent si possible au début d'une ligne plutôt qu'à la fin de la ligne précédente. Un sous-titre doit être plus près du texte qui le suit que de celui qui le précède. On ne met pas de point final dans un titre, même s'il y a une ponctuation à l'intérieur. On peut finir un titre par un point d'interrogation ou d'exclamation.

Choix du corps

Le corps minimal doit être de 10 points pour un roman et de 8 points pour un journal. Plus les lignes sont longues, plus on augmente l'interligne.

En hiver, on est mieux en bas de laine qu'en bas de zéro.

Annonces encadrées

Les annonces encadrées se placent plutôt au bas des pages. Les filets (bordures) encadrant une annonce doivent être gras si les caractères à l'intérieur du cadre sont gras.

Alignement des sous-titres

Si l'on choisit un alignement justifié pour le texte, les sous-titres pourront être soit centrés, soit à gauche. Si l'on choisit un alignement du texte en drapeau à gauche, les sous-titres devront être à gauche. En général, l'alignement du texte que l'on aura choisi devra rester le même tout le long de l'imprimé ou du livre.

Alignement des tabulations

Quand il y a plusieurs tabulations dans la même page, il faut essayer d'aligner verticalement les taquets de tabulations. Dans ce livre, je m'y suis efforcé de mon mieux.

Colonnes dans un journal

Quand une colonne sort de la surface qui est couverte par le titre, elle ne doit pas commencer à une place plus haute que le titre. Ne pas accepter une ligne creuse en tête d'une colonne. Ne pas accepter un début de paragraphe sur la dernière ligne d'une colonne ni d'une page. On doit parfois éviter de finir une colonne par une ligne creuse, pour que le lecteur ne pense pas que l'article est fini. Si la gouttière est étroite, on peut y placer un filet vertical. On appelle **filet** un trait d'une épaisseur (ou **graisse**) variable, ce que Word appelle une *ligne séparatrice*.

Répartition des blancs

Il est très important d'aérer les différents blocs de textes en prévoyant des espaces blancs entre eux. En fait, il vaut mieux réduire au besoin le corps du caractère afin d'augmenter les blancs. Un texte en petits caractères au milieu d'un grand espace blanc attirera davantage l'attention.

Aspect visuel des pages

Comparer deux pages en vis-à-vis afin d'en vérifier l'aspect visuel. Vérifier les *lézardes*, les *rues* et les *cheminées* : ce sont des lignes blanches et souvent larges (causées par les espaces entre les mots) qui semblent séparer une portion de texte en deux ou plusieurs morceaux. Les lézardes sont zigzagantes, les rues sont obliques et les cheminées sont verticales.

Texte en fin de chapitre

La dernière page d'un chapitre doit comporter au moins six lignes de texte.

Sous-titre en fin de page

Quand un titre ou un sous-titre se trouve vers la fin d'une page, il faut au moins trois lignes de texte au-dessous de lui.

Blanc entre les paragraphes

Quand le texte est composé en alinéas renfoncés, c'est-à-dire que la première ligne est en retrait de un ou plusieurs picas, comme dans un roman, il est inutile d'ajouter du blanc entre les paragraphes. Mais si la première ligne n'est pas en retrait, il faudra mettre du blanc avant ou après le paragraphe, afin d'en reconnaitre le début.

Veuve et orpheline

Une veuve est la dernière ligne d'un paragraphe qui se trouve au sommet d'une page ou d'une colonne. Une orpheline est la première ligne d'un paragraphe qui se trouve au bas d'une page ou d'une colonne. Dans les deux cas, il faut au moins deux lignes.

Word facile

Ces conseils s'adressent aux personnes utilisant les logiciels de traitement de texte Word 97 jusqu'à Word 2003, sur PC. Le signe + indique qu'il faut garder le doigt sur les touches, exemple : Ctrl+Maj+b. Les commandes sont indiquées entre accolades.

Barres

Barre d'espacement. C'est la longue touche au bas du clavier, qui produit l'espace sécable que l'on met entre les mots. Cette espace n'a pas toujours la même largeur, et il ne faut donc pas l'utiliser pour réaliser des alignements.

Barre de titre. C'est la barre tout en haut de la fenêtre, qui indique le titre du fichier.

Barre d'état. {Outils, Options, Affichage, Barre d'état}. C'est la barre au bas de l'écran qui indique la Page, la Section, etc. Quand les deux chiffres indiquant la page sont différents, c'est que l'on a fait dans le document deux paginations commençant à 1.

Barres d'outils. {Affichage, Barres d'outils} et choisir dans la liste les outils utiles au travail prévu. La plus importante de la liste est probablement {Mise en forme}, qui donne le Style, la Police, la Taille, le Gras, l'Italique, l'Alignement, etc.

Barres de défilement. {Outils, Options, Affichage} et cocher la Barre de défilement que l'on désire. La barre verticale est indispensable et sert à faire avancer ou reculer le texte. Elle sert aussi à parcourir par Page, par Section, par Titre, etc.

Barre des menus. C'est la barre en haut de l'écran qui comprend l'icône de la version de Word, puis Fichier, Édition, Affichage, Insertion, etc. On ne peut pas supprimer cette barre de menus. En faisant Alt+la lettre soulignée, on peut ouvrir le menu désiré.

Barre des tâches. C'est la barre qui apparait à la droite de {Démarrer}. On l'obtient quand on appuie sur la touche située en bas à gauche, entre les touches Ctrl et Alt.

Choisir les picas

{Outils, Options, Unité de mesure : picas}. Votre imprimeur travaille probablement en picas et vos relations avec lui seront plus faciles si vous utilisez les picas comme unité de mesure. Le pica est divisé en 12 points typographiques. Le corps, l'interligne et les blancs *avant* ou *après* les paragraphes sont toujours donnés en points (1/12 de pica), quelle que soit l'unité de mesure choisie. Vous pouvez acheter une règle en picas en magasin. Sinon, vous pouvez vous en fabriquer une de cette façon : {Format, Tabulations, Barre, puis 0, Définir, 1, Définir, 2, Définir, 3, Définir, etc.}.

Choisir les marges

Au Canada, on utilise le format Lettre US. Le papier mesure 51 x 66 picas. {Fichier, Mise en page, Marges}. Désignez les marges que vous désirez des quatre côtés. Si vous avez choisi 6 picas pour la marge du haut, votre texte débutera à 6 picas. Si vous désirez utiliser un entête en petits caractères au-dessus, mettez un chiffre inférieur dans la case Entête, par exemple 4 picas. Il en est de même pour le Pied de page.

Table des matières et index

Dans une **table,** ce sont d'abord les styles de Titre qui feront les Niveaux par défaut. Mais on peut accepter tout autre style et lui donner un niveau. Dans Options, faites {Rétablir} et donnez un niveau à un style. Si vous lui donnez le niveau 3, il sera au même niveau que le Titre 3. On peut changer la mise en forme des TM1, TM2, TM3 qui, dans la table finie, correspondent aux niveaux. Dans un **index,** placer le curseur le plus près possible du mot à indexer, faites Alt+Maj+x et écrivez en romain dans la case Entrée. Si vous voulez un mot en italique, faites Ctrl+i sur ce mot.

À vendre : chaise haute pour petite fille chromée.

La touche Alt de gauche

Vous avez remarqué que, dans la barre des menus, tous les mots ont une lettre soulignée (Fichier, Édition, Affichage, etc.). Il en est ainsi dans toutes les fenêtres. C'est avec la commande Alt+la lettre soulignée qu'on peut utiliser le clavier plutôt que la souris. Il faudra donc éviter de créer des raccourcis ou des macros comportant les mêmes combinaisons de touches que celles de la barre des menus.

Modifier un menu

Pour ajouter : {Outils, Personnaliser, onglet Commandes}, la fenêtre reste ouverte. Allez dans la barre de menus et cliquez sur le menu dans lequel vous voulez ajouter la commande, par exemple le menu Affichage. Revenez dans la fenêtre Personnaliser, à droite, et choisissez Affichage, à gauche, puis cliquez par exemple sur la commande {Afficher tout} et glissez-la dans le menu Affichage, puis {Fermer}.

Pour enlever : Comme pour ajouter (voir la première ligne ci-dessus) puis, dans le menu Affichage, cliquez sur la commande à enlever et glissez-la hors de la fenêtre.

Modifier une barre d'outils

Pour ajouter : {Affichage, Barres d'outils} et choisissez la barre d'outils concernée. Puis {Outils, Personnaliser, onglet Commandes}. Supposons que vous voulez placer le bouton Afficher tout (¶) dans la barre d'outils. Dans Catégories, choisissez Affichage, cliquez sur le bouton Afficher tout (¶) et glissez-le dans la barre d'outils. Pour trouver le bouton, vous pouvez aller dans Catégories et choisir Toutes les commandes.

Pour enlever : cliquez sur la commande à enlever et glissez-la hors de la fenêtre.

Raccourci pour police ou style

{Outils, Personnaliser, onglet Commandes, Clavier, Catégories : déroulez à Polices}. À droite, sélectionnez une police (Verdana, par exemple), dans Nouvelle touche, essayez par exemple Alt+v, et si elle n'est pas attribuée, cliquez sur Attribuer. Pour un style, vous déroulerez à Styles, et pour une macro vous déroulerez à Macros.

Raccourci pour un caractère

Par exemple, vous voulez un raccourci pour la ligature **æ**. Faites {Insertion, Caractères spéciaux, onglet Symboles, Police texte normal, Sous-ensemble Latin de base}. Trouvez la ligature dans le tableau. Elle a déjà un raccourci qui est Ctrl+&,a. Si vous n'aimez pas ce raccourci, cliquez sur Touches de raccourci et proposez une autre combinaison, par exemple Alt+a, et si elle n'est pas attribuée, cliquez sur Attribuer.

Une autre façon d'obtenir la ligature **æ** est par la correction automatique. À l'étape où vous avez choisi la ligature dans les Caractères spéciaux, cliquez sur Correction automatique. Vous verrez que la ligature est là, cochez Texte brut, et choisissez quelque chose qui n'est pas une lettre du clavier. Par exemple, vous n'aurez jamais à taper **;** deux fois de suite dans un texte, alors tapez deux fois **;** dans la case Remplacer.

Voici une troisième façon : Trouvez la ligature **æ** dans Caractères spéciaux, insérez-la dans votre texte et sélectionnez-la. Allez dans {Outils, Correction automatique}. Vous la voyez dans la case Par, cochez Texte brut, et dans la case Remplacer, tapez deux fois le signe **;** et c'est fini. (Chaque fois que vous aurez changé la mise en forme du caractère, vous cocherez Texte mis en forme.)

Insertion automatique

Tapez un texte, court ou long, et sélectionnez-le, par exemple *c'est-à-dire,* qui est toujours difficile à écrire. Faites Alt+F3 et tapez un nom très court ou une lettre, à la place du mot qui est sélectionné dans la fenêtre, par exemple **c** puis OK. Pour la rappeler, vous taperez **c** puis F3. Attention, il faut qu'il n'y ait rien ou bien une espace devant l'endroit où vous voulez placer l'insertion automatique.

Hitler était un dictateur parce qu'il dictait beaucoup de lettres.

Comment séparer les paragraphes

N'appuyez pas deux fois sur la touche Entrée à la fin d'un paragraphe, mais une seule fois. Sélectionnez tous les paragraphes à séparer, puis {Format, Paragraphe, Espacement, Après} et choisissez par exemple 6 pt. Vous pouvez mettre le blanc *avant* au lieu d'*après*. Dans ce cas, la dernière ligne n'aura pas de blanc après elle.

Rechercher ou remplacer

Quand on est dans cette fenêtre (Ctrl+f ou h), au lieu d'aller dans Format pour donner des attributs, on utilise les touches ci-après. Elles sont *à bascule,* c'est-à-dire qu'on les annule en frappant une nouvelle fois. Pour le corps, il vaut mieux faire {Format, Police, Taille}, car la commande Ctrl+Maj+e ne marche pas dans toutes les versions de Word.

gauche : Ctrl+Maj+g	centré : Ctrl+e	gras : Ctrl+g	souligné : Ctrl+u
droite : Ctrl+Maj+d	justifié : Ctrl+j	italique : Ctrl+i	Ctrl+Maj+e

Sélection verticale

Pour faire une sélection verticale afin d'additionner des nombres, placez le curseur à l'endroit voulu, maintenez la touche Alt enfoncée et descendez à droite ou à gauche avec la souris. Si la sélection est très longue, cliquez sur EXT dans la barre d'état.

Ligne de rappel

La ligne de rappel est une ligne en petits caractères que l'on place dans l'**entête** ou le **pied de page** pour identifier le fichier. {Insertion, Champ, Tous} et à droite cliquez sur chacun des champs souhaités (en faisant OK entre chacun d'eux), par exemple :

{NomFichier} {NumRév} {SaveDate} {Page} {NbPages}

On peut mettre du texte ou la ponctuation que l'on veut entre les champs. Par exemple, entre les deux derniers champs, on peut taper **de.** Ainsi, à la correction d'épreuves, on pourra être certain, en vérifiant le numéro de révision ou la date d'enregistrement, que l'épreuve qu'on lit est bien celle qui est dans l'ordinateur. (NumRév est le numéro du dernier enregistrement.) Selon la version de Word, NumRév peut s'appeler *RevNum.*

On peut mettre aussi dans la ligne de rappel d'autres champs que l'on choisira dans la liste. Une fois la ligne composée, on lui donne la police et un corps très petit, et on fait d'elle une insertion automatique (voir page 35). Pour activer la ligne, tapez F9.

Centrage vertical

Il est possible de centrer verticalement tout le texte d'une page. Pour cela, à l'aide de {Insertion, Saut}, placez un saut de section {Page suivante} au début du texte et un à la fin. Le texte doit avoir une section à lui. Placez le curseur à l'intérieur de la section, puis {Fichier, Mise en page, Disposition, Alignement vertical} et choisissez Centré.

Évidemment, si le document ne comporte qu'une seule page, comme une affiche, par exemple, il est inutile de mettre des sauts de section.

Touches importantes à retenir

Maj+F9	affiche champ seul	F2	déplacer vers où ?
Alt+F9	affiche tous les champs	Ctrl+Maj+F9	désactiver champ
Maj+F3	casse, appuyer plusieurs fois	Ctrl+barre d'esp.	rétablir caractère
Maj+F2	copier vers où ?	Maj+Entrée	saut de ligne

Sections

Par défaut, un document est composé sur une seule colonne. Si l'on désire composer sur plusieurs colonnes dans une page, on met un saut avant et après {Insertion, Saut, Page suivante}. Si le texte en colonnes n'est qu'une partie de la page, on met un saut avant et après {Insertion, Saut, Continu}. Les colonnes seront ainsi équilibrées.

Hydro-Québec fournira des compteurs au club de hockey Canadien.

Alignement des chiffres à droite

mauvaise présentation		**bonne présentation**	
1.	texte	1.	texte
23.	texte	23.	texte
101.	texte	101.	texte

Numérotation automatique. On peut la faire par {Format, Puces et Numéros}, mais les réglages sont compliqués. Il est plus facile de la faire soi-même. Faites un retrait négatif de deux picas environ. Placez le curseur au début de la liste à numéroter, puis faites {Insertion, Champ, Numérotation, NumAuto}, en déterminant le format et le séparateur, par exemple avec un point (**1.**). Appuyez sur la touche Tab une fois. Sélectionnez le tout et copiez par Ctrl+c. On le collera par Ctrl+v à chaque nouveau paragraphe. Pour avoir l'alignement des numéros sur la droite, si la liste contient moins de 100 numéros, mettez un demi-cadratin devant les chiffres de 1 à 9 inclusivement. (Pour faire cela, il vaut mieux attendre d'avoir fini votre travail.)

Pour obtenir le demi-cadratin, faites {Insertion, Caractères spéciaux, onglet Caractères spéciaux}, sélectionnez le demi-cadratin et cliquez sur Touches de raccourci, essayez Alt+q et, si elle n'est pas attribuée, cliquez sur Attribuer. Ne vous servez pas du cadratin, car il n'est pas le double du demi-cadratin dans de nombreuses polices. Si la liste a plus de 100 numéros, utilisez un tableau avec des cellules.

Liste des commandes

{Outils, Personnaliser, onglet Commandes, Clavier, dans Catégories : Toutes les commandes, dans Commandes, cherchez ListerCommandes}. Dans Nouvelles touches de raccourcis, essayez Ctrl+x et, si elle n'est pas attribuée, cliquez sur Attribuer.

Calculer

{Outils, Personnaliser, onglet Commandes, Clavier, Catégories : déroulez à Toutes les commandes}. À droite, sélectionnez OutilsCalculer. Dans Nouvelle touche, essayez par exemple Alt+c et, si elle n'est pas attribuée, cliquez sur Attribuer. Pour faire une addition, vous écrirez des nombres, séparés par une touche de la barre d'espacement. Sélectionnez le tout, tapez Alt+c et le résultat apparaitra dans la barre d'état. Vous pourrez coller ce nombre où vous voudrez avec Ctrl+v. Pour les grands nombres, mettez une espace insécable entre les tranches de trois chiffres. Voici les signes à utiliser pour réaliser les opérations : pour additionner, la barre d'espacement ; pour diviser, la barre oblique ; pour multiplier, l'astérisque ; pour soustraire, le trait d'union.

Créer des tabulations

Il faut cliquer sur la petite icône à gauche de la règle pour choisir l'alignement de la colonne. Puis on clique sur la règle pour installer le tabulateur. On appuie ensuite sur Tab pour passer d'un tabulateur à l'autre. *Barre* se trouve dans {Format, Tabulations}.

début	**gauche**	**droit**	**centré**	**décimal**	**barre**
texte	autre texte	25,05	texte	25,3	
texte	texte	3,12	texte aussi	3,12	
texte	texte aussi	123,45	encore	123,456 8	

Début n'a pas de tabulateur. *Gauche* sert pour du texte. *Droit* sert pour des chiffres qui ont le même nombre de décimales. *Centré* sert pour du texte. *Décimal* aligne tout sur la virgule. Il faut sélectionner le texte sur lequel on désire appliquer les tabulations.

Créer un signet

Mettez le curseur à l'endroit précis que vous désirez atteindre, par exemple le titre *Abréviations*. Puis {Ctrl+Maj+F5}, tapez **abr** et cliquez sur Ajouter. Pour appeler le signet, {Ctrl+Maj+F5}, tapez **abr** et cliquez sur Atteindre ou tapez sur Entrée.

Il a volé la voiture de ma sœur qui était peinte en rouge.

Créer un renvoi

Supposons que vous venez d'utiliser le mot *échelle* et que vous voulez vous assurer que le lecteur comprenne bien ce mot. **1.** Après le mot *échelle,* vous tapez (voir page) en laissant une espace après le mot *page.* Placez le curseur avant la parenthèse fermante. **2.** Faites {Insertion, Référence, Renvoi}. **3.** {Catégorie : Titre}, {Insérer un Renvoi à : Numéro de page}, {Pour le titre : Échelle} et Insérer. Vous voyez apparaitre, là où vous aviez laissé le curseur, le numéro de la page dans laquelle vous définissez le mot *échelle.* Si vous voulez changer la disposition des pages, il faudra cliquer F9 sur le numéro. Il indiquera alors au lecteur le nouveau numéro de page où se trouve l'explication du mot *échelle.* **4.** Si vous désirez faire un lien avec ce numéro, il faudra cocher {Insérer comme un lien hypertexte} dans la fenêtre Renvoi.

Sommaire multiple

Un sommaire simple est expliqué dans la section *Alignement des paragraphes* (voir page 24). Voici un sommaire multiple, qui sert pour les énumérations verticales.

A. {Paragraphe, Retrait à gauche de 0 pica. Retrait de première ligne négatif de 1 pica.} Frappez une fois la touche Tab après le **A.**

  1. {Paragraphe, Retrait à gauche de 1 pica. Retrait de première ligne négatif de 1 pica.} Frappez une fois la touche Tab après le **1.**

   a) {Paragraphe, Retrait à gauche de 2 picas. Retrait de première ligne négatif de 1 pica.} Frappez une fois la touche Tab après le **a)**.

Points de suite

Pour obtenir l'alignement des points de suite à leur extrémité droite, il faut mettre un tabulateur droit à la fin des points, et un autre à la fin des chiffres. Dans une table des matières ou un index avec les chiffres à droite, l'ordinateur ne met qu'un tabulateur. Il faut donc sélectionner la table ou l'index, et faire un remplacement de ^t par ^t^t. On trouve cela dans la fenêtre de remplacement Ctrl+h à Spécial, Tabulation.

Abc de typographie 7
Abréviations 43
Ponctuation 167

Styles

Un style ne peut s'appliquer qu'à un seul paragraphe, c'est-à-dire le texte compris entre deux frappes de la touche Entrée. Mettez en forme un paragraphe, comme celui-ci, par exemple. {Format, Police, Verdana, face Normal, taille 7 pt}. Puis {Format, Paragraphe, Justifié, Retrait 0, de première ligne «aucun», Interligne exactement 9,6 pt}. Laissez le curseur à l'intérieur du présent texte, faites {Format, Style, Nouveau} et donnez-lui un nom assez court, par exemple **ram.** Cochez la case {Ajouter au modèle}, mais ne cochez jamais la case {Mettre à jour automatiquement}. Pour le rappeler, vous déroulerez la boite Style jusqu'à **ram.** Vous pouvez faire {Outils, Options, Affichage, Largeur de la zone de style} et mettre 3 picas, par exemple ; vous verrez alors à gauche le nom du style en regard du texte que vous êtes en train de taper.

Gouttière

La gouttière est le blanc entre les colonnes de journal. Mettez un saut de section continu (menu Insertion) avant et après l'endroit où se situeront les colonnes afin d'isoler cette section. Puis {Format, Colonnes}, choisissez le nombre de colonnes. La gouttière, c'est-à-dire l'espacement, est fixée par défaut à 3 picas. Choisissez vous-même un autre chiffre en cliquant légèrement sur la fenêtre à gauche, le logiciel aura fait le calcul. Si vous trouvez que la ligne séparatrice est trop près du texte, augmentez la gouttière d'un dixième à la fois. Vous pouvez augmenter jusqu'à satisfaction.

Plus le train ralentit, moins sa vitesse est plus grande.

Modèles

Quand vous avez fait un travail qui comprend plusieurs styles, vous voulez en faire un modèle. Affichez le fichier, faites {Ctrl+a} pour le sélectionner, et Supprimez le tout. Faites {Fichier, Enregistrer sous}, donnez-lui un nom, et dans la boite Type de fichier, mettez Modèle de document. Vous pourrez plus tard modifier ce modèle. Attention, faites bien Enregistrer **sous** pour ne pas effacer votre fichier initial. Pour ne prendre aucun risque, vous pouvez aussi faire tout cela sur une copie de votre fichier.

Titres

Si l'on déroule la boite Style, en haut à gauche, on trouve des styles prédéfinis pour les titres : Titre 1, Titre 2, etc. Par exemple, pour ce livre, j'ai changé la mise en forme du style Titre 3, qui est le style du mot *Titres* au dessus de ce paragraphe. J'ai mis le curseur sur le mot *Titres,* puis {Format, Styles, Modifier}. À l'aide du menu {Format, Police}, j'ai choisi Verdana, gras, 8,5 pt, puis avec {Format, Paragraphe}, j'ai choisi Alignement gauche, Interligne exactement 10 pt, Espacement Avant 10 pt, Espacement Après 1 pt. Voilà pourquoi il y a un blanc au-dessus du mot *Titres,* et un petit blanc au-dessous de lui. Les styles de titres serviront à la table des matières, le Titre 1 correspondant au niveau 1, le Titre 2 au niveau 2, etc.

Tri

Pour trier un texte, on le sélectionne d'abord et on fait {Tableau, Trier}. Si l'on désire par exemple trier la quatrième colonne d'une tabulation, on signalera le champ 4 dans la clé 1. Si l'on entre le champ 3 dans la clé 2, le logiciel mettra l'ordre alphabétique aussi dans la colonne 3. Si l'on n'obtient pas les champs, on fait {Options, Langue} ou simplement {Options, OK}. Il faut que {Options, Tabulations} soit coché. Pour changer une colonne de place, il est plus rapide de convertir la tabulation en Tableau, faire le changement et reconvertir en texte, en cochant l'option Tabulations.

Exemple de tri

- Il y a une tabulation entre les quatre éléments des lignes en gras.
- On met un saut de ligne [Maj+Entrée] à la fin des lignes en gras.
- On met un saut de paragraphe à la fin du texte en maigre.
- Si l'on trie par le premier champ, on aura les noms par ordre alphabétique. Si l'on trie par le champ 2, on aura les dates de naissance par ordre croissant. Si l'on trie par le champ 3, on aura les personnes qui sont nées dans la même ville. Si l'on trie par le champ 4, on aura les personnes qui sont mortes dans la même ville.

BENOÎT, Saint	**1480-1547**	**Nursie**	**Mont-Cassin**

Père et législateur du monachisme chrétien d'Occident. Élevé dans une famille noble romaine, il se retire dans la solitude de Subiaco puis fonde, vers 529, le monastère du Mont-Cassin, berceau de l'ordre des Bénédictins.

PISAN, Christine de	**1365-1430**	**Venise**	**Paris**

Mariée en France à 15 ans, elle se trouve veuve 10 ans plus tard avec trois enfants. Retirée dans un couvent en 1418, elle écrit un éloge de Jeanne d'Arc après la délivrance d'Orléans. Ses poésies glorifient la défense des femmes.

VALOIS, Marguerite de	**1553-1615**	**Saint-Germain**	**Paris**

Fille de Catherine de Médicis, elle est mariée au futur roi Henri IV. Cultivée et spirituelle, elle est victime de sa nymphomanie. Elle consent à l'annulation de son mariage avec Henri IV, qui épouse Marie de Médicis en 1600.

Internet

Écriture

On peut écrire ce nom avec une capitale. Mais on peut aussi le considérer comme un nom commun et écrire *l'internet* avec une minuscule, comme on écrit *la télévision* ou *le téléphone.* La même règle peut aussi s'appliquer pour le mot *Web* ou *web.*

Je navigue sur Internet.   Je navigue sur l'internet.
Il a réalisé une page Web.   Il a réalisé une page web.

Accès POP *(POP access, Post Office Protocol)*

Un compte avec un accès POP est un compte auquel on peut accéder grâce à un client courrier externe, comme Outlook Express, Eudora, Windows Mail ou Apple Mail.

Blogue *(blog)*

C'est un espace de libre expression qui vous permet de publier vos idées et de recevoir presque instantanément l'avis de vos lecteurs et lectrices.

Domaine *(domain)*

C'est ce qui est écrit après l'arobas dans une adresse de courriel. Par exemple, dans untel@videotron.ca, *videotron.ca* est le domaine.

Favori ou signet *(bookmark)*

Quand on a découvert un site intéressant, on fait {Favoris, Ajouter un favori}. On peut changer son nom, afin de le retrouver plus facilement dans la liste de ses favoris.

Fournisseur d'accès à Internet *(Internet service provider)*

Entreprise reliée en permanence au réseau Internet et qui, moyennant une mensualité, nous permet de nous servir d'Internet. Exemples : Vidéotron et Sympatico.

Hébergement *(hosting)*

Action d'héberger un site Web ou une page personnelle sur un serveur, afin de les rendre accessibles sur Internet. L'hébergement est un service offert par un fournisseur d'accès à Internet ou un hébergeur, qui permet de disposer d'un espace disque sur son serveur pour diffuser un site sur le Web.

Lien hypertexte *(hypertext link)*

Dans une page Internet ou un document, un lien hypertexte est un texte souligné qui permet, en cliquant dessus, d'aller dans une autre page, ailleurs dans la page, ou dans un nouveau message de courriel.

Moteur de recherche ou chercheur *(search engine)*

Programme qui permet de rechercher des sites en se servant de mots clés. Principaux moteurs de recherche : Alta Vista, Copernic, Excite, Infoseek, Google, InfiniT et Yahoo.

Navigateur ou fureteur *(browser)*

Les navigateurs les plus connus actuellement sont : Internet Explorer, Firefox, Safari, Opera, Netscape, Communicator et Mosaic.

Serveur *(server)*

Composante d'un modèle client/serveur constituée des logiciels permettant de gérer l'utilisation d'une ressource, et à laquelle peuvent faire appel, à distance, les utilisateurs du réseau, à partir de leur propre ordinateur (appelé *le client*).

Échangerais matelas de plume contre sommeil de plomb.

Marche

La marche (ou *protocole de composition*) est la feuille d'instructions typographiques que le maquettiste donne au compositeur. La marche a remplacé la préparation de copie. Voici celle concernant ce livre. (Le chiffre après l'oblique indique l'interligne en points.)

Mesures de la page

Horizontalement	26 picas
Hauteur de page	46 picas (excluant l'entête)

Titres

Titre 1	Palatino Linotype italique 54 pt centré
Titre 2	Verdana 12/13 pt gras centré, esp. av. 0, apr. 10
Titre 3	Verdana 8,5/10 pt gras à gauche, esp. av. 10, apr. 1
Titre 4	Verdana 7/10 pt gras à gauche, esp. av. 7, apr. 1

Texte

Police	Verdana
Taille	7 pt
Interligne	9,6 pt
Supérieures (exposants)	5,5 pt, décalage haut 2 pt
Alignement	au carré
Exemples	7/9,6 pt, retrait de 2 picas à gauche
Notes	6,5 pt
Perles	7 pt dans un cadre en bas de page
Index	6,5/7,8 pt sur 3 colonnes
Table des matières	6,5/11 pt sur 2 colonnes, 3 premiers niveaux de titres
Pages justifiées verticalement	non

Instructions et références

Accents sur les capitales	oui, sauf sur les sigles
Coupures successives	deux au maximum
Mots semblables	deux au maximum en fin de ligne
Lettres semblables	trois au maximum en fin de ligne
Veuves et orphelines	aucune
Paragraphes	aucun paragraphe ne s'étend sur deux pages
Toponymie	selon la Commission de toponymie du Québec
Féminisation	selon l'Office québécois de la langue française
Noms propres	selon *Le Petit Larousse illustré* et le *Dictionnaire Hachette*
Orthographe	selon *Le français au bureau*, le *Multidictionnaire de la langue française,* le *Dictionnaire des difficultés du français* et le *Vadémécum de l'orthographe recommandée*

Statistiques comparées

Huitième édition en 2005

Pages	224
Paragraphes	10 461
Lignes	12 540
Mots	82 547
Caractères	421 331
Entrées d'index	1 613

Neuvième édition en 2008

Pages	224
Paragraphes	11 296
Lignes	13 628
Mots	94 075
Caractères	559 306
Entrées d'index	2 018

Perles précieuses

La caisse du couvreur

Dans le texte ci-dessous, le mot Caisse *avec une capitale est synonyme de* la Caisse d'assurance-accidents. *Sans capitale, il représente* la caisse en bois *du couvreur.*

« Après avoir réparé un toit, nous avons voulu récupérer les tuiles non utilisées en les descendant dans une caisse grâce à un système de poulie.

« En haut, mon copain a rempli la caisse. Moi, je tenais la corde en bas. Mais comme la caisse pleine de tuiles était plus lourde que moi, j'ai été soulevé de terre. À mi-montée, j'ai rencontré la caisse qui descendait et j'ai reçu un coup sur la tête. J'ai continué à monter jusqu'au toit et je me suis frappé la tête contre une poutre.

« Quand la caisse a touché le sol, le fond a lâché. Étant plus lourd que la caisse vide, je suis reparti vers le sol et j'ai de nouveau heurté la caisse qui montait.

« En touchant le sol, j'ai lâché la corde. Alors la caisse est redescendue en me frappant sur la tête.

« Veuillez me dire, monsieur le directeur, ce que la Caisse peut faire pour moi. »

Perles dans la rédaction

J'espère qu'un jour le ministre du Travail décidera que le lendemain des jours de congé sera aussi jour de congé. Ce sera l'idéal : il ne nous restera alors que le plaisir d'aller chercher notre paye.

•

En choisissant des skis dans un magasin de sport, j'ai cogné un autre client et je lui ai cassé ses lunettes. Suis-je couvert par mon assurance sports d'hiver ?

•

Docteur, j'ai un complexe d'infériorité. — Non, monsieur, vous n'avez pas de complexe d'infériorité : vous êtes *vraiment* inférieur.

•

Nous sommes étonnés de ne pas avoir reçu votre paiement ce mois-ci.
— Ne soyez pas étonnés : je ne vous ai rien envoyé.

•

En réponse à votre lettre, je dois vous dire que je suis déjà assuré à une compagnie d'assurance. Je n'ai donc pas besoin de l'assurance de vos sentiments distingués.

•

Les hommes, c'est comme l'essence : des pieds à la taille, c'est du super ; de la taille aux épaules, c'est de l'ordinaire, et des épaules à la tête, c'est du sans-plomb.

•

Docteur, je suis Alzeimer. — Vous en êtes certain ? — Certain de quoi ?

•

La balle de révolver a frappé la pièce de un dollar qu'il avait dans sa poche. Il s'est alors réjoui d'avoir de l'argent bien placé.

•

Monsieur le directeur, notre chimpanzé est triste. Nous pensons qu'il lui faudrait un camarade. Que devons-nous faire en attendant votre retour ?

•

Si je comprends bien votre lettre, le plafond de garantie de mon assurance m'interdit d'être remboursé pour le plafond de ma cuisine.

•

Le vol a été le mobile du meurtre. Heureusement que, la veille, la victime avait déposé tout son argent à la banque. De sorte qu'elle n'a perdu que la vie.

De toutes les pièces de Molière, *Les pierres précieuses ridicules* est la plus connue.

Abréviations

Règles des abréviations

Définition de l'abréviation

Il convient de faire une distinction entre les trois termes suivants.

Symbole. Un symbole est une abréviation d'unité du système international ou d'unité monétaire, chimique, etc. Un symbole s'écrit sans point abréviatif et il est invariable.

Sigle. Un sigle est composé des initiales de plusieurs mots. Il s'écrit en capitales, sans accents, sans espaces et sans points abréviatifs. (Un acronyme est un sigle qui se lit comme un mot.)

Abréviation. Une abréviation est un ou plusieurs mots abrégés. En voici les règles.

Emplois des abréviations

On emploie les abréviations dans les petites annonces, les adresses, les notes et les dictionnaires, c'est-à-dire partout où la place est limitée. Dans un texte courant, il faut garder en mémoire qu'un mot abrégé est en quelque sorte une impolitesse (minime, je l'avoue) envers le lecteur. À part les titres de civilité, il faut éviter de commencer une phrase par une abréviation. On écrira *Par exemple,* et non *P. ex.*

Formation des abréviations

Par la lettre initiale seule

L'abréviation prend un point abréviatif quand elle n'est pas un symbole du système international d'unités. Elle s'écrit parfois en capitale, parfois en bas-de-casse.

M. (monsieur)   v. (voir)   t. (tome)   t (symbole de tonne)

Par suppression des lettres finales

On utilise un point abréviatif, car la dernière lettre de l'abréviation n'est pas celle du mot entier. On place ce point abréviatif avant une voyelle, le plus souvent la première voyelle rencontrée. Il faut éviter si possible d'avoir dans le même ouvrage deux abréviations identiques pour deux mots différents.

hab. (habitant)   ord. (ordinaire)   ordonn. (ordonnance)

Par suppression des lettres intérieures

On supprime des lettres à l'intérieur du mot, surtout des voyelles. Il n'y a pas de point abréviatif si la dernière lettre de l'abréviation est celle du mot entier.

tjs (toujours)   qqn (quelqu'un)   qqch. (quelque chose)

Accents sur les capitales

On met les accents sur les capitales des abréviations.

Éts (Établissements)   É.-U. (États-Unis)

Casse des abréviations

La casse des abréviations suit la même règle que celle des capitales.

Antiq. (Antiquité, l'époque)   antiq. (antiquité, un objet)

Points abréviatifs

Quand les abréviations sont écrites entièrement ou en partie en bas-de-casse, on met un point abréviatif seulement si la dernière lettre de l'abréviation n'est pas celle du mot entier (à gauche). Quand elles sont écrites entièrement en capitales, on peut les écrire avec ou sans points abréviatifs (à droite).

qqf. (quelquefois), Sté (société)   S.V.P. ou SVP

La nuit tombée, le renard s'approcha à pas de loup.

Espacement des abréviations

1. Les abréviations dont les éléments n'ont **qu'une lettre** (qu'ils soient écrits en capitales ou en bas-de-casse) ne prennent pas d'espace entre les éléments.

C.P.	(case postale)	n.m.	(nom masculin)
N.D.R.	(note du réviseur)	c.o.d.	(complément d'objet direct)
E.V.	(en ville)	s.l.n.d.	(sans lieu ni date)

La méthode qui consiste à mettre une espace insécable entre les éléments ne comportant qu'une lettre tend à disparaitre parce que, si l'on utilise par erreur une espace normale, l'abréviation risque de se trouver sur deux lignes.

Exception : On met une espace insécable entre deux prénoms distincts abrégés.

> **P. E.** Trudeau (Pierre Elliott Trudeau)

2. Les abréviations dont au moins un des éléments n'a **pas qu'une lettre** (qu'ils soient écrits en capitales ou en bas-de-casse) prennent une espace entre les éléments.

C. pén.	(Code pénal)	dr. pén.	(droit pénal)
S. Ém.	(Son Éminence)	p. ex.	(par exemple)
LL. AA.	(Leurs Altesses)	hist. litt.	(histoire littéraire)

Pluriel et féminin des abréviations

Généralement, les abréviations sont invariables.

> bull. (bulletins)   mod. (modernes)   art. (articles)   lat. (latin, latine)

Certaines abréviations, particulièrement celles dont la dernière lettre est celle du mot entier, prennent la marque du pluriel. Les abréviations de fonctions au pluriel (Drs, Dres, Prs, Pres) sont peu utilisées. Il est préférable d'écrire le mot au long, avec un bas-de-casse initial : *J'ai vu les docteurs Dubé et Duc.* On écrira de préférence les terminaisons en lettres supérieures : D^r, D^{rs}, D^{re}, D^{res} P^r, P^{rs}, P^{re}, P^{res}. (On appelle *lettres supérieures,* ou *supérieures,* ou *exposants* les lettres de taille plus petite qui se placent en haut. On appelle *indices* les signes ou lettres qui se placent en bas : H_2O.)

1er	1ers	1re	1res	2^e	2^{es}	n^o	n^{os}
Dr	Drs	Dre	Dres	Pr	Prs	Pre	Pres
M^e	M^{es}	Cde	Cdes				

Les parties finales ci-dessus qui sont en bas-de-casse, supérieures ou non, restent toujours en bas-de-casse, même dans un texte tout en capitales.

> LE 1er COUREUR   LE Dr DUPONT   LES BILLETS N°s 7 ET 8

Dans un courriel, même en format Enrichi, on ne peut pas composer les exposants. Il faut donc les composer dans un fichier Word et les copier-coller dans le courriel Enrichi.

Ponctuation des abréviations

Le point abréviatif disparait devant le point final et les points de suspension, mais il se maintient devant les autres ponctuations. On n'a jamais deux ni quatre points de suite.

> Nous notons le lieu, la date, etc.   Il faut utiliser l'abréviation *hab...*
> Voulez-vous noter le lieu, la date, etc. ?

Selon la tendance actuelle, les abréviations de *copie conforme, pièces jointes, post-scriptum et nota bene* s'écrivent en capitales, sans espace et sans points abréviatifs. Elles sont suivies soit d'un deux-points, soit d'un tiret long ou court. Le texte qui suit commence par une capitale. (*NB* s'écrit en italique, car la locution n'est pas francisée.)

CC : Madame la directrice...	CC — Madame la directrice...
PJ : Un extrait de naissance...	PJ — Un extrait de naissance...
PS : Merci encore pour votre...	PS — Merci encore pour votre...
NB : La réunion aura lieu à...	*NB* — La réunion aura lieu à...

Il cria « Au feu ! » d'une voix éteinte.

Abréviations courantes

Sans être une faute, l'écriture des sigles avec des points disparait lentement.
Les abréviations sont invariables, sauf celles dont le féminin et le pluriel sont indiqués.

à reporter	à/r.	copie conforme	CC
à vue	à/v.	cout et assurance	C&A
accusé de réception	A/R	cout, assurance, fret	CAF
acompte	ac.	cuillère à café	c. à c.
adjectif	adj.	curriculum vitae	CV
adresse	adr.	date	d.
adverbe	adv.	densité	dens.
ancien	anc.	département	dép.
anglais	angl.	deuxième, deuxièmes	2e, 2es
année-lumière	a.l.	diplômé par le gouvernement	DPLG
annexe	ann.	directeur, direction	dir.
annuel	ann.	dito	do
appartement	app.	divers	div.
après Jésus-Christ	apr. J.-C.	document	doc.
archives	arch.	douzaine	dz.
article	art.	droit pénal	dr. pén.
association	assoc.	édifice	édif.
assurance	ass.	éditeur	édit.
aujourd'hui	auj.	édition	éd.
auteur	aut.	en ville	EV, E.V.
aux soins de, au soin de	a/s de	entièrement	ent.
avant Jésus-Christ	av. J.-C.	environ	env.
avenue	av.	équivalent	équiv.
avis d'inscription	AI	espèce	esp.
avis de paiement	AP	établissements	Éts
bande dessinée	BD	étage	ét.
billet de banque	B/B	exception	exc.
bon chic bon genre	BCBG	exclusif	excl.
bon pour euros	BP€	exemple	ex.
boulevard	boul., bd	expéditeur	exp.
bulletin	bull.	facture	fact.
c'est-à-dire	c.-à-d.	faire suivre	FS
canton	cant.	fascicule	fasc.
caractère	car.	figure	fig.
ce qu'il fallait démontrer	CQFD	finance	fin.
chapitre	chap.	folio	fol.
chemin	ch.	frais généraux	FG
circulaire	circ.	français (adjectif)	fr.
Code civil	C. civ.	franco	fco
Code pénal	C. pén.	franco à bord	FAB
collection	coll.	général	gén.
colonne	col.	géographie	géogr.
commande, commandes	Cde, Cdes	gouvernement	gouv.
compagnie	Cie ou Cie	habitant	h., hab.
comptabilité	compt.	histoire littéraire	hist. litt.
comptable agréé	CA, c.a.	hors commerce	h.c.
compte courant	c/c	hors service	HS
compte nouveau	c/n	hors texte (préposition)	h.t.
compte ouvert	c/o	hors-texte (nom masculin)	h.-t.
contre (en langue juridique)	c.	immeuble	imm.
contre remboursement	CR	inclusivement	incl.

Échangerais un mari de soixante ans contre deux de trente ans.

indirect	ind.	président-dir. général	PDG
individuel	indiv.	prix fixe	PF
information	inf., info	procès-verbal (amende)	PV
informatique	inform.	programme	progr.
intérêt	int.	quantité, quantités	qté, qtés
international	intern.	quelqu'un	qqn
introduction	introd.	quelque chose	qqch.
italique	ital.	quelquefois	qqf.
judiciaire	jud.	quelques	qq.
juridique	jur.	question	Q.
largeur	larg.	quotient intellectuel	QI
latin	lat.	recommandé	R/
lettre de crédit	LC	référence	réf.
lettre de transport aérien	LTA	répondez, s'il vous plaît	RSVP
lettre de voiture	LV	réponse	R.
linguistique	ling.	résumé	rés.
livraison	livr.	rez-de-chaussée	RC
livre (ouvrage)	liv.	route	rte
locution	loc.	route nationale	RN
longueur	long.	sans date	s.d.
manquant	mq.	sans lieu ni date	s.l.n.d.
manuscrit, manuscrits	ms, mss	sans nom	s.n.
maximal, maximum	max.	sans objet	s.o.
mémoire	mém.	sans valeur	s.v.
mensuel	mens.	sauf erreur ou omission	s.e.o.
message	mess.	second, seconde	2^d, 2^{de}
métrique	métr.	seconds, secondes	2^{ds}, 2des
minimal, minimum	min.	section	sect.
mois	m.	semaine	sem.
non déterminé	n.d.	semestre	sem.
nota bene	*NB*	siècle	s.
note de l'auteur	NDA	s'il vous plaît	s.v.p.
note de la rédaction	NDLR	s'il vous plaît	SVP
note du traducteur	NDT	société (raison sociale)	Sté, $S^{té}$
notre référence	N/Réf.	succursale	succ.
nouveau	nouv.	suivant	suiv.
ordonnance	ordonn.	tarif spécial	TS
page, pages	p.	taxe à la valeur ajoutée	TVA
par exemple	p. ex., ex.	taxe de vente du Québec	TVQ
par extension	p. ext.	taxe sur produits et services	TPS
par intérim	p.i.	télécopie, télécopieur	téléc.
par ordre	p.o.	téléphone	tél.
par procuration	p.p.	téléphone cellulaire	tél. cell.
paragraphe	paragr., §	tome	t.
parce que	p.c.q.	tournez, s'il vous plaît	TSVP
pièce jointe	PJ	toutes taxes comprises	TTC
place (toponyme)	pl.	train à grande vitesse	TGV
port dû	PD	trimestre	trim.
port payé	PP	version originale	VO
possible	poss.	verso	v^o
postscriptum	PS	versus (sauf en langue jur.)	vs
poste restante	PR	voir	v. ou V.
premier, premiers	1er, 1ers	voir aussi	v.a.
première, premières	1re, 1res	volume	vol.
président-dir. général	pdg	votre ordre	V/O

La peau de la vache sert à garder la vache ensemble.

Dates

Date écrite en lettres

Les noms du jour et du mois s'écrivent avec un bas-de-casse. Le quantième du jour (le *8* dans *8 mai*) et l'année s'écrivent en chiffres. On ne met pas de 0 devant un chiffre seul. L'article **le** se place avant le nom du **jour.**

La réunion a eu lieu le lundi 7 avril 2008 à Magog (*non pas :* lundi 07 avril).

L'article **le** ne se place pas après le nom du jour. On ne doit pas écrire :

La réunion a eu lieu lundi, le 7 avril 2008 à Magog. (fautif)

Date écrite en chiffres

Domaine d'application

En principe, une date écrite toute en chiffres est réservée aux tableaux. Un moment précis à une seconde près est constitué des éléments suivants, dans cet ordre :

année, mois, jour, heure, minute, seconde

Nombre de chiffres

L'année est représentée par quatre chiffres et les autres éléments par deux chiffres. (Pour éviter toute confusion, il n'est pas conseillé d'écrire l'année avec deux chiffres.) En cas d'un chiffre inférieur à 10, on met un 0 (zéro) devant lui.

Numérotage des heures

Les heures sont numérotées de 00 à 24. Celles de 00 à 11 désignent le matin et celles de 12 à 24 désignent l'après-midi et la soirée. La journée débute à 00:00 (minuit) et elle finit à 24:00 (soit 00:00 du jour suivant).

21:30 à 22:00   Rangement du matériel
22:00 à 24:00   Ménage de l'immeuble

Secondes décimales

Après les secondes, on utilise les dixièmes, les centièmes ou les millièmes de seconde, précédés de la virgule décimale. Les dixièmes sont désignés par un seul chiffre, les centièmes par deux chiffres et les millièmes par trois chiffres.

12,3 (12 s 3 dixièmes)   12,03 (12 s 3 centièmes)   12,457 (12 s 457 millièmes)

Séparateurs

Entre les éléments des années, mois, jours, on met un trait d'union. On peut aussi remplacer les traits d'union par des espaces insécables, ou ne pas mettre d'espaces du tout. Word lit les deux premiers comme des *dates,* le troisième comme un *numérique,* et il fera le tri sans difficulté. Mais je pense que l'écriture avec les traits d'union est la plus lisible, la plus rapide et la plus universelle.

Le 14 juin 2008 :   2008-06-14   2008 06 14   20080614

À la date, on peut accrocher l'heure et ses subdivisions. Entre les heures et les minutes, ainsi qu'entre les minutes et les secondes, on met un deux-points, sans espaces.

24 avril 2008 à quinze heures deux minutes neuf secondes trois millièmes s'écrit :
2008-04-24-15:02:09,003

De cette façon, toute date postérieure (ne serait-ce que de **un** jour ou de **un** millième de seconde) est représentée par un nombre plus grand, et toute date antérieure est représentée par un nombre plus petit (ce qui ne serait pas le cas si l'on écrivait dans l'ordre jour-mois-année : 24-04-2008).

J'accuse réception de ne pas avoir reçu mon chèque.

Heures

Heure pour un moment précis

On utilise le symbole **h** (précédé d'une espace insécable) dans un texte courant et on applique le système des 24 heures, que l'on écrit en chiffres. On place un zéro devant les minutes si le chiffre est inférieur à 10, cela afin d'éviter toute confusion. Si l'heure ne comporte pas de minutes, on ne mentionne pas 00 et on peut écrire le mot *heures* en toutes lettres. Quand l'heure comporte des minutes, le symbole **h** est suivi d'une espace insécable. On n'utilise pas le symbole *min* dans ce cas.

> La réunion a eu lieu le jeudi 6 mars 2008 à 18 h (ou 18 heures).
> Les réunions ont eu lieu le jeudi 6 mars 2008 à 9 h et à 16 h à la mairie.
> Les réunions ont eu lieu le jeudi 6 mars 2008 à 9 h 05 et à 16 h 05 à la mairie.

On utilise le deux-points (:), qui est la marque des soixantièmes, dans les tableaux. On peut aussi supprimer le deux-points. Les heures et les minutes ont deux chiffres.

> Bruxelles   06:00 (ou 0600)   Porte 3

Heure pour une durée

Si le nombre est entier et est entre un et neuf inclus, on l'écrit en lettres ; on l'écrit en chiffres à partir de 10. Le mot *heures* ne s'abrège pas lorsqu'il indique la durée.

> La course a duré six heures en tout.   La course a duré 18 heures en tout.

Si le nombre est complexe (comprenant des minutes), on l'écrit tout en chiffres et on utilise les symboles de temps, sans mettre de zéro devant les unités ni de virgules.

> La course a duré 6 h 5 min en tout.   La course a duré 18 h 4 min en tout.

La tendance est d'écrire les durées comme les moments précis, c'est-à-dire dans les formes avec les deux-points. C'est plus facile à écrire et l'on gagne de la place.

> *Au lieu d'écrire :*   1. Jean Dupont ......   2 h 3 min 12 s 6/100
> *on peut écrire :*   1. Jean Dupont 02:03:12,06

Heure exprimée avec des mots

Quand l'heure est exprimée avec les mots *demi, quart, trois quarts, midi* et *minuit,* les nombres s'écrivent en lettres. Le mot *heure* ne s'abrège pas.

> La réunion a commencé à dix heures moins le quart et s'est terminée vers onze heures et demie. Elle a donc duré une heure trois quarts. La prochaine réunion commencera à midi trente.

Erreurs à éviter

9 h 5   Certains codes évitent le zéro avant les minutes, d'où risque de confusion.
9h15   Tous les symboles doivent être séparés du nombre par une espace insécable. Si l'on met des espaces normales, on risque une séparation en fin de ligne.
9 H 15   Le *H* est le symbole de *henry,* unité de mesure d'inductance électrique.
9 h. 15   Le *h* est un symbole, donc il doit s'écrire sans point abréviatif.
Les écritures *hr, hrs, hre, hres* sont fautives, de même que les termes *a.m.* et *p.m.*

Heure décimale

Pour transformer des heures et des minutes en heures et minutes décimales, on se sert de cette formule : minutes/60+heures (à droite). Par exemple :

> 8 h 15 min   15/60+8 = 8,25

Un travail de 9 h 45 min à 32,95 \$/h se calcule : 45/60+9 = 9,75 * 32,95 = 321,26 \$.

Excusez mon fils qui a été malade d'avoir manqué la classe.

Madame, mademoiselle, monsieur

Ces titres sont des **titres de civilité.** On utilise le titre de *madame* pour toute femme, mariée ou non. Le titre de *mademoiselle* est réservé aux dames qui le demandent, ainsi qu'aux très jeunes filles. On ne peut utiliser leur abréviation que si ces titres sont suivis du nom ou de la fonction de la personne. On utilise de préférence les lettres supérieures (Mme, Mlle) quand c'est possible. Sinon, dans un texte courant ou dans un courriel, on peut utiliser ces formes :

M.	monsieur	Mme	madame	Mlle	mademoiselle
MM.	messieurs	Mmes	mesdames	Mlles	mesdemoiselles

Méthode Ramat

On écrit	**Madame – Monsieur – Mademoiselle**
dans une adresse	Monsieur Raoul Dupont, 23, rue Durand
dans un fairepart	Madame Ève Blais et Monsieur Luc Dubé...
au début d'un titre d'œuvre	J'ai lu *Madame Bovary.*
s'il s'agit d'un personnage célèbre .	C'est un film sur Madame de Pompadour.

On écrit	**madame – monsieur – mademoiselle**
quand on parle de la personne	J'ai vu madame Blais. (*travaux soignés*)
quand on s'adresse à la personne ..	Je vous prie d'agréer, madame, mes...
dans les constructions de politesse	Non, monsieur, je n'ai pas vu madame.
quand monsieur est nom commun .	Ce monsieur est mon oncle.

On écrit	**Mme – M. – Mlle**
quand on parle de la personne	J'ai vu Mme Duc. (*travaux ordinaires*)
à l'intérieur d'un titre d'œuvre	J'ai vu le film *Les palmes de M. Schutz.*

On écrit la fonction toujours avec un bas-de-casse initial

qu'elle soit placée avant le nom	J'ai vu la présidente Annie Gagnon.
qu'elle soit placée après le nom	Paul Simard, trésorier, était présent.
que l'on parle de la personne	J'ai rencontré madame la directrice.
que l'on s'adresse à la personne	Veuillez agréer, monsieur le directeur, nos...

Méthode traditionnelle

Cette méthode fait l'exception suivante : quand il s'agit de **correspondance** et que l'on **s'adresse** à la personne, on met une capitale initiale au titre de civilité. Quant à la fonction, certains auteurs utilisent la capitale, d'autres préfèrent le bas-de-casse. Dans une lettre, on utilise la même formule dans l'appel, le corps de la lettre et la salutation.

> Madame la Présidente,
> Je vous informe, Madame la Présidente, que j'en ai parlé à Mme Dupont.
> Je vous prie d'agréer, Madame la Présidente, mes respectueuses salutations.

> *ou*

> Madame la présidente,
> Je vous informe, Madame la présidente, que j'en ai parlé à Mme Dupont.
> Je vous prie d'agréer, Madame la présidente, mes respectueuses salutations.

À mon avis, ces règles de la méthode traditionnelle sont bien trop compliquées. Le fait d'écrire le titre de civilité *madame* ou *monsieur* au long, comme je le propose, est déjà un signe de politesse. Il est donc inutile d'y ajouter une capitale. De plus, je ne vois vraiment pas pourquoi on devrait être poli si l'on s'adresse à la personne, et moins poli si l'on parle d'elle.

Je vous ai adressé une réclamation en bonnet d'uniforme.

Avantages de la méthode Ramat

La méthode Ramat ne fait pas d'exception pour la correspondance. Qu'il s'agisse d'une lettre, d'une lettre à l'éditeur, d'un courriel, d'une note de service, d'un discours, d'un dialogue dans un roman ou dans une pièce de théâtre, la règle est la même partout quand on s'adresse à la personne. Cette méthode évite toute discrimination quant au rang des personnes à qui l'on s'adresse. Elle uniformise aussi l'écriture des fonctions. Enfin, cette méthode est semblable à celle du *Lexique des règles typographiques en usage à l'Imprimerie nationale,* ouvrage qui fait autorité dans les pays francophones[1].

Voici des phrases écrites selon la méthode traditionnelle

Quand on s'adresse à la personne : au long avec capitale initiale partout.
Quand on parle de la personne : abréviation du titre, et bas-de-casse à la fonction.
Les capitales changent selon que l'on s'adresse à la personne ou que l'on parle d'elle.

> Je vous informe, Monsieur le Premier Ministre du Canada, que j'ai rencontré M. le premier ministre de Belgique. Je lui ai dit : « Je vous assure, Monsieur le Premier Ministre de Belgique, que M. le premier ministre du Canada vous estime beaucoup. »

> Je vous informe, Monsieur, que madame est sortie.

> Veuillez agréer, Monsieur le Directeur, les salutations de Mme la présidente.

Voici les mêmes phrases écrites selon la méthode Ramat

Dans un travail soigné, le titre de civilité et la fonction s'écrivent au long, avec des bas-de-casse partout, que l'on s'adresse à la personne ou que l'on parle d'elle.

> Je vous informe, monsieur le premier ministre du Canada, que j'ai rencontré monsieur le premier ministre de Belgique. Je lui ai dit : « Je vous assure, monsieur le premier ministre de Belgique, que monsieur le premier ministre du Canada vous estime beaucoup. »

> Je vous informe, monsieur, que madame est sortie.

> Veuillez agréer, monsieur le directeur, les salutations de madame la présidente.

Dialogues

Dans les dialogues d'un roman, les deux méthodes sont les mêmes : bas-de-casse initial aux titres de civilité et aux fonctions quand on s'adresse à la personne.

> — Veuillez entrer, madame la directrice, dit-il poliment.
> — Merci, monsieur, vous êtes bien aimable, répondit-elle.

---

1. **Imprimerie nationale** (imprimerie officielle du gouvernement français), *Lexique des règles typographiques,* page 119 :

   Les termes *monsieur, madame, mademoiselle* s'écrivent au long avec une initiale bas-de-casse quand on s'adresse à la personne (dialogues, discours et lettres).

   > Bonjour, monsieur le maire.
   > Je vous écoute, madame.
   > Qu'en pensez-vous, mesdemoiselles ?
   > Je voudrais en terminant, mesdames et messieurs, vous dire...
   > Veuillez agréer, monsieur, l'expression...

Le lion tomba mort comme un sac de patates.

Sigles et acronymes

Définition

En général, un sigle est un groupe de lettres initiales de plusieurs mots. On prononce séparément toutes les lettres. Un acronyme est un sigle qui peut se prononcer comme un mot ordinaire. Il n'existe pas de règle stricte pour la composition d'un sigle. En effet, un sigle n'est pas toujours formé des seules lettres initiales d'un groupe de mots. On peut y ajouter des lettres pour faciliter la prononciation et en faire ainsi un acronyme. On peut aussi utiliser des bas-de-casse. Il est donc possible de dire que le possesseur d'un sigle ou d'un acronyme en détient la propriété artistique et commerciale.

Sigles : OQLF, BNQ, HEC, BAnQ   Acronymes : AEEScO, OPEP, NASA, ONU

Écriture des sigles français ou étrangers

Casse	en général, tout en capitales ou en petites capitales
Points abréviatifs	non
Espace entre les lettres	non
Traits d'union	non
Accents	non

AFP   Agence France-Presse   CEI   Communauté d'États indépendants

Écriture des acronymes français ou étrangers

Acronyme tout en capitales

Dans ce cas, les acronymes suivent les mêmes règles que les sigles, règles qui sont données ci-dessus (pas d'accents, pas de traits d'union).

ACFAS	Association canadienne-française pour l'avancement des sciences
AFEAS	Association féminine d'éducation et d'action sociale
CELI	Compte d'épargne libre d'impôt

Acronyme en bas-de-casse avec capitale initiale

Quand l'acronyme est très connu et qu'il n'apparait pas dans une liste avec des sigles, on peut l'écrire en bas-de-casse avec une capitale initiale, sans traits d'union. Dans ce cas, on met les accents sur cet acronyme (même sur la capitale initiale) afin qu'il soit prononcé selon les règles d'accentuation françaises, sans tenir compte des accents des mots quand ces derniers sont écrits au long.

Écrire	et non	
cégep	cegep	Collège d'enseignement général et professionnel
Céli	Celi	Compte d'épargne libre d'impôt
modem	modém	Modulateur démodulateur
Sacem	Sacém	Société des auteurs, compositeurs et éditeurs de musique
Éna	Ena	École nationale d'administration

Conseils sur l'emploi des sigles et des acronymes

- Pas de marque du pluriel : *les PDG, les REER, les FERR, les PME.*
- Même genre que la dénomination : *une PME, un REER, la STM, le SPVM.*
- La première fois qu'on emploie un sigle, il faut donner sa signification.
- Il est conseillé de faire une entrée du sigle dans l'index de l'ouvrage.
- Si les sigles sont nombreux, il faut en dresser la liste au début de l'ouvrage.
- La ligature Œ s'écrit O dans un sigle : *l'Association d'œnologie du Chili (AOC).*
- L'article est obligatoire devant une dénomination :
  Je suis allé à la Bibliothèque des arts graphiques (BAG).
  Une exception cependant est faite dans la dénomination de la BAnQ :
  Les éditions du Septentrion et Bibliothèque et Archives nationales du Québec...

Elle descendit quatre à quatre les trois marches du perron.

Exemples de sigles

AAGQ	Association des arts graphiques du Québec
ADN	Acide désoxyribonucléique
AELE	Association européenne de libre-échange
AIEA	Agence internationale de l'énergie atomique
BAnQ	Bibliothèque et Archives nationales du Québec (*raison sociale exacte*)
BLT	Bacon, laitue, tomate
CEE	Communauté économique européenne
CLSC	Centre local de services communautaires
CRTC	Conseil de la radiodiffusion et des télécommunications canadiennes
EEE	Espace économique européen
FBI	Federal Bureau of Investigation
FMI	Fonds monétaire international
GES	Gaz à effet de serre
GQMNF	Groupe québécois pour la modernisation de la norme du français
HEC	École des Hautes Études Commerciales (*raison sociale exacte*)
IBM	International Business Machines
MLF	Mouvement de libération des femmes
NAS	Numéro d'assurance sociale
OCDE	Organisation de coopération et de développement économique
OEA	Organisation des États américains
OGM	Organisme génétiquement modifié
OQLF	Office québécois de la langue française
PMR	Personne à mobilité réduite
RRQ	Régie des rentes du Québec
VDFR	Virage à droite au feu rouge
VUS	Véhicule utilitaire sport

Exemples d'acronymes

ACDI	Agence canadienne de développement international
ACFAS	Association canadienne-française pour l'avancement des sciences
AEEScO	Association des étudiants et des étudiantes en sciences de l'orientation
AFEAS	Association féminine d'éducation et d'action sociale
ALENA	Accord de libre-échange nord-américain
CILF	Conseil international de la langue française
CNES	Centre national d'études spatiales
FERR	Fonds enregistré de revenu de retraite
INSEE	Institut national de la statistique et des études économiques
ISO	Organisation internationale de normalisation
LICRA	Ligue internationale contre le racisme et l'antisémitisme
MIDEM	Marché international du disque et de l'édition musicale
NIP	Numéro d'identification personnel
ONU	Organisation des Nations Unies (*écriture exigée par l'Organisation*)
REA	Régime enregistré d'épargne-actions
REER	Régime enregistré d'épargne-retraite
UNESCO	Organis. des Nations Unies pour l'éducation, la science et la culture
UNICEF	Fonds des Nations Unies pour l'enfance
UQAM	Université du Québec à Montréal
ZLEA	Zone de libre-échange des Amériques

Acronymes devenus noms communs

sida	syndrome immunodéficitaire acquis	pl. : sidas
cégep	collège d'enseignement général et professionnel	pl. : cégeps
modem	modulateur démodulateur	pl. : modems
ovni	objet volant non identifié	pl. : ovnis

Clovis mourut à la fin de sa vie.

Système international d'unités

Définition

La dénomination **système international d'unités** et son sigle **(SI)** ont été adoptés par la 11e Conférence générale des poids et mesures pour désigner le système d'unités défini et reconnu par ce même organisme. (Bureau de normalisation du Québec, norme NQ 9990-901, 1992-10-10.)

Virgule décimale

En français, on doit utiliser la virgule décimale et non le point.

Symboles d'unités

On appelle *symboles* les abréviations du système international d'unités (SI) ainsi que les abréviations d'unités hors SI admises.

m (mètre)   g (gramme)   l ou L (litre)   min (minute)

Noms d'unités écrits au long

Bas-de-casse initial. Le pluriel se forme normalement.

des grammes	des centimètres	des litres	des kilomètres
des becquerels	des newtons	des henrys	des ohms

Place des symboles

Si l'unité appartient au système décimal, on doit placer le symbole après le nombre complet (exemple de gauche). Si l'unité n'appartient pas au système décimal, on place le symbole à l'intérieur des chiffres, avec des espaces insécables (exemple de droite).

2,75 m   3 h 20 min 40 s

Point abréviatif dans les symboles

On ne met pas de point abréviatif à la fin d'un symbole. On met un point final si le symbole est à la fin de la phrase.

Ce tissu mesure 1,75 m en tout.   Ce tissu mesure 1,75 m.

Pluriel des symboles

Les symboles ne prennent jamais la marque du pluriel.

17 m   100 kg   350 ml   14 °C

Casse des symboles

Les symboles s'écrivent avec un bas-de-casse initial, sauf si le symbole tire son origine d'un nom propre. En principe, on ne change pas leur casse dans un texte en capitales. De toute façon, je ne conseille pas d'écrire un paragraphe tout en capitales (voir p. 71).

s (seconde)   g (gramme)   N (newton)   A (ampère)

Face des symboles

Certains symboles sont en romain (caractère droit) ; d'autres sont en italique. La face du symbole ne doit pas changer, quelle que soit la face du contexte. (S'il n'y a pas de risque de confusion, on peut ne pas appliquer cette règle.)

m   mètre   *m*   masse (en mécanique)

Espacement des symboles

On met une espace insécable entre le nombre et le symbole.

25 cm   10 kg

Mon fils va suivre un cours de pilotage d'avion. Est-il couvert contre le vol ?

Emploi des symboles

On ne peut employer un symbole que s'il est précédé d'un nombre écrit en chiffres. Si le nombre est écrit en lettres, on écrit l'unité au long.

10 km (*et non* : dix km)   dix kilomètres, une dizaine de kilomètres

Si le nombre est entier, on peut utiliser le symbole ou bien écrire l'unité au long. Si le nombre n'est pas entier (avec des décimales), il est préférable d'utiliser le symbole.

20 kg   ou   20 kilogrammes   20,5 kg

Universalité des symboles

Les symboles des sept unités de base du système international d'unités (mètre, kilogramme, seconde, ampère, kelvin, mole et candéla) ainsi que leurs multiples et sous-multiples sont les mêmes dans toutes les langues.

Multiples et sous-multiples décimaux

Le préfixe		signifie	par rapport à l'unité, il est	
exa	E	trillion	1 000 000 000 000 000 000	de fois plus grand
péta	P	mille-billions	1 000 000 000 000 000	de fois plus grand
téra	T	billion	1 000 000 000 000	de fois plus grand
giga	G	milliard	1 000 000 000	de fois plus grand
méga	M	million	1 000 000	de fois plus grand
kilo	k	mille	1 000	fois plus grand
hecto	h	cent	100	fois plus grand
déca	da	dix	10	fois plus grand
			1	unité
déci	d	dixième	10	fois plus petit
centi	c	centième	100	fois plus petit
milli	m	millième	1 000	fois plus petit
micro	µ	millionième	1 000 000	de fois plus petit
nano	n	milliardième	1 000 000 000	de fois plus petit
pico	p	billionième	1 000 000 000 000	de fois plus petit
femto	f	millibillionième	1 000 000 000 000 000	de fois plus petit
atto	a	trillionième	1 000 000 000 000 000 000	de fois plus petit

Préfixes des symboles

Les préfixes sont énumérés dans le tableau ci-dessus. On les place **devant** les symboles d'unité, sans espace, pour former les multiples et les sous-multiples. On ne peut **jamais** employer un préfixe seul. On ne peut évidemment pas ajouter un préfixe devant un préfixe (par exemple, on ne peut pas écrire *kkm* pour exprimer *1000 km*). Dans le tableau ci-dessous, la première colonne est le préfixe, la deuxième est l'unité.

c	g	=	cg	=	1/100 de gramme	=	1 centigramme
c	l	=	cl	=	1/100 de litre	=	1 centilitre
c	m	=	cm	=	1/100 de mètre	=	1 centimètre
k	g	=	kg	=	1000 grammes	=	1 kilogramme
k	m	=	km	=	1000 mètres	=	1 kilomètre
k	o	=	ko	=	1000 octets	=	1 kilooctet
m	m	=	mm	=	1/1000 de mètre	=	1 millimètre
m	g	=	mg	=	1/1000 de gramme	=	1 milligramme
m	l	=	ml	=	1/1000 de litre	=	1 millilitre
M	o	=	Mo	=	1 000 000 d'octets	=	1 mégaoctet
M	$	=	M$	=	1 000 000 de dollars	=	1 mégadollar (un million)
G	o	=	Go	=	1 000 000 000 d'octets	=	1 gigaoctet
G	$	=	G$	=	1 000 000 000 de dollars	=	1 gigadollar (un milliard)

Symboles du système international

Tous ces symboles s'écrivent sans point abréviatif et sans marque du pluriel.

ampère	A	kilowattheure	kWh
ampère par mètre	A/m	litre (minuscule dans les dérivés)	l ou L
ampèreheure	Ah	lumen	lm
année	a	lux	lx
bar (pluriel de l'unité : bars)	bar	mégahertz	MHz
becquerel	Bq	mégajoule	MJ
bit	b	mégaoctet	Mo
calorie	cal	mégapixel	Mpx
candéla	cd	mégawatt	MW
candéla par mètre carré	cd/m²	mètre	m
centigramme	cg	mètre carré	m²
centilitre	cl	mètre carré par seconde	m²/s
centimètre	cm	mètre cube	m³
coulomb	C	mètre cube par kilogramme	m³/kg
coulomb par kilogramme	C/kg	mètre par seconde	m/s
décagramme	dag	milliampère	mA
décalitre	dal	milligramme	mg
décamètre	dam	millilitre	ml
décibel	dB	millimètre	mm
décigramme	dg	millivolt	mV
décilitre	dl	minute d'angle	'
décimètre	dm	minute de temps	min
degré Celsius	°C	mole	mol
degré d'angle	°	newton	N
électronvolt	eV	newton par mètre	N/m
farad	F	newton-mètre	N∧m
gigaoctet	Go	octet	o
gramme	g	ohm	Ω
gray	Gy	pascal	Pa
hectare	ha	pascal-seconde	Pa.s
hectogramme	hg	pixel	px
hectolitre	hl	radian	rad
hectomètre	hm	radian par seconde	rad/s
henry	H	radian par seconde carrée	rad/s²
hertz	Hz	seconde d'angle	"
heure	h	seconde de temps	s
joule	J	siemens	S
joule par kelvin	J/K	sievert	Sv
jour	j ou d	stéradian	sr
kelvin	K	stère	st
kiloampère	kA	tesla	T
kilogramme	kg	tonne	t
kilogramme par mètre	kg/m	tour	tr
kilogramme par mètre carré	kg/m²	tour par minute	tr/min
kilogramme par mètre cube	kg/m³	tour par seconde	tr/s
kilohertz	kHz	unité de masse atomique	u
kilojoule	kJ	volt	V
kilomètre	km	volt par mètre	V/m
kilomètre par heure	km/h	voltampère	VA
kilooctet	ko	watt	W
kilopascal	kPa	watt par mètre carré	W/m²
kilovolt	kV	wattheure	Wh
kilowatt	kW	weber	Wb

J'ai un couteau sous la gorge, c'est pourquoi je vous demande un léger recul.

Symboles de chimie

Ces symboles sont invariables et ont une capitale initiale. N^o est le numéro atomique.
Les nombres de masse sans virgule indiquent que l'élément n'est pas stable.

	Symbole	N^o	Masse		Symbole	N^o	Masse
actinium	Ac	89	227,027 8	mendélévium	Md	101	258
aluminium	Al	13	26,981 54	mercure	Hg	80	200,59
américium	Am	95	243	molybdène	Mo	42	95,94
antimoine	Sb	51	121,75	néodyme	Nd	60	144,24
argent	Ag	47	107,868 2	néon	Ne	10	20,179
argon	Ar	18	39,948	neptunium	Np	93	237,048 2
arsenic	As	33	74,921 6	nickel	Ni	28	58,69
astate	At	85	210	niobium	Nb	41	92,906 4
azote	N	7	14,006 7	nobélium	No	102	259
baryum	Ba	56	137,33	or	Au	79	196,966 5
berkélium	Bk	97	247	osmium	Os	76	190,2
béryllium	Be	4	9,012 18	oxygène	O	8	15,999 4
bismuth	Bi	83	208,980 4	palladium	Pd	46	106,42
bore	B	5	10,81	phosphore	P	15	30,973 7
brome	Br	35	79,904	platine	Pt	78	195,08
cadmium	Cd	48	112,41	plomb	Pb	82	207,2
calcium	Ca	20	40,08	plutonium	Pu	94	224
californium	Cf	98	252	polonium	Po	84	209
carbone	C	6	12,011	potassium	K	19	39,098 3
cérium	Ce	58	140,12	praséodyme	Pr	59	140,907 7
césium	Cs	55	132,905 4	prométhéum	Pm	61	145
chlore	Cl	17	35,453	protactinium	Pa	91	231,035 9
chrome	Cr	24	52,996	radium	Ra	88	226,025 4
cobalt	Co	27	58,933 2	radon	Rn	86	222
cuivre	Cu	29	63,546	rhénium	Re	75	186,207
curium	Cm	96	247	rhodium	Rh	45	102,905 5
dysprosium	Dy	66	162,50	rubidium	Rb	37	85,467 8
einsteinium	Es	99	254	ruthénium	Ru	44	101,07
erbium	Er	68	167,26	samarium	Sm	62	150,36
étain	Sn	50	118,69	scandium	Sc	21	44,955 9
europium	Eu	63	151,96	sélénium	Se	34	78,96
fer	Fe	26	55,847	silicium	Si	14	28,085 5
fermium	Fm	100	257	sodium	Na	11	22,989 77
fluor	F	9	18,998 403	soufre	S	16	32,06
francium	Fr	87	223	strontium	Sr	38	87,62
gadolinium	Gd	64	157,25	tantale	Ta	73	180,947 9
gallium	Ga	31	69,72	technétium	Tc	43	98
germanium	Ge	32	72,59	tellure	Te	52	127,60
hafnium	Hf	72	178,49	terbium	Tb	65	158,925 4
hélium	He	2	4,002 60	thallium	Tl	81	204,383
holmium	Ho	67	164,930 4	thorium	Th	90	232,038 1
hydrogène	H	1	1,007 94	thulium	Tm	69	168,934 2
indium	In	49	114,82	titane	Ti	22	47,88
iode	I	53	126,904 5	tungstène	W	74	183,35
iridium	Ir	77	192,2	uranium	U	92	238,028 9
krypton	Kr	36	83,80	vanadium	V	23	50,941 5
lanthane	La	57	138,905 5	xénon	Xe	54	131,29
lawrencium	Lr	103	260	ytterbium	Yb	70	173,04
lithium	Li	3	6,941	yttrium	Y	39	88,905 9
lutécium	Lu	71	174,967	zinc	Zn	30	65,38
magnésium	Mg	12	24,305	zirconium	Zr	40	91,22
manganèse	Mn	25	54,938 0				

Indécis cherche bascule de précision pour peser le pour et le contre.

Symboles des pays et des monnaies

Voici la liste des États, le mot *État* étant une «entité politique constituée d'un territoire délimité par des frontières, d'une population et d'un pouvoir institutionnalisé. Titulaire de la souveraineté, il personnifie juridiquement la nation». Monnaies selon ISO 4217 : en général, les deux lettres du code + l'initiale de la monnaie, ex. AF+A = afghani. Le féminin se forme normalement. Le nom des habitants (gentilé) prend une majuscule.

Pays	Code	Monnaie		Capitale	Adjectif	Population
Afghanistan	AF	AFA	afghani	Kaboul	afghan	31 057 000
Afrique du Sud	ZA	ZAR	rand	Pretoria	sud-africain	44 187 000
Albanie	AL	ALL	lek	Tirana	albanais	3 582 000
Algérie	DZ	DZD	dinar	Alger	algérien	33 333 000
Allemagne	DE	EUR	euro	Berlin	allemand	82 422 000
Andorre	AD	EUR	euro	Andorre-la-V.	andorran	71 201
Angola	AO	AOK	kwanza	Luanda	angolais	13 116 000
Antigua-et-Barbuda	AG	XCD	dollar	Saint John's	antiguais	72 000
Arabie saoudite	SA	SAR	riyal	Riyad	saoudien	27 019 000
Argentine	AR	ARP	péso	Buenos Aires	argentin	40 302 000
Arménie	AM	AMD	dram	Erevan	arménien	2 976 000
Australie	AU	AUD	dollar	Canberra	australien	20 712 000
Autriche	AT	EUR	euro	Vienne	autrichien	8 193 000
Azerbaïdjan	AZ	AZM	manat	Bakou	azerbaïdjanais	7 962 000
Bahamas	BS	BSD	dollar	Nassau	bahamien	326 000
Bahreïn	BH	BHD	dinar	Manama	bahreïnite	699 000
Bangladesh	BD	BDT	taka	Dacca	bangladais	150 448 000
Barbade	BB	BBD	dollar	Bridgetown	barbadien	280 000
Bélarus	BY	BYR	rouble	Minsk	bélarusse	10 293 000
Belgique	BE	EUR	euro	Bruxelles	belge	10 473 000
Belize	BZ	BZD	dollar	Belmopan	bélizien	288 000
Bénin	BJ	XOF	fr. cfa	Porto-Novo	béninois	7 863 000
Bhoutan	BT	BTN	ngultrum	Thimbu	bhoutanais	2 280 000
Birmanie (Myanmar)	MM	MMK	kyat	Rangoon	birman	47 374 000
Bolivie	BO	BOB	boliviano	La Paz	bolivien	8 989 000
Bosnie-Herzégovine	BA	BAM	mark	Sarajevo	bosnien	4 499 000
Botswana	BW	BWP	pula	Gaborone	botswanais	1 640 000
Brésil	BR	BRL	real	Brasilia	brésilien	189 000 000
Brunei	BN	BND	dollar	Bandar Seri	brunéien	380 000
Bulgarie	BG	BGN	lev	Sofia	bulgare	7 385 000
Burkina Faso	BF	XOF	fr. cfa	Ouagadougou	burkinabé	13 903 000
Burundi	BI	BIF	franc	Bujumbura	burundais	8 691 000
Cambodge	KH	KHR	riel	Phnom Penh	cambodgien	13 881 000
Cameroun	CM	XAF	fr. cfa	Yaoundé	camerounais	17 341 000
Canada	CA	CAD	dollar	Ottawa	canadien	33 091 000
Cap-Vert	CV	CVE	escudo	Praia	capverdien	456 000
Centrafrique	CF	XAF	fr. cfa	Bangui	centrafricain	4 303 000
Chili	CL	CLP	péso	Santiago	chilien	16 134 000
Chine	CN	CNY	yuan	Pékin	chinois	1 321 852 000
Chypre	CY	EUR	euro	Nicosie	chypriote	1 045 000
Colombie	CO	COP	péso	Bogotá	colombien	44 228 000
Comores	KM	KMF	franc	Moroni	comorien	691 000
Congo	CG	XAF	fr. cfa	Brazzaville	congolais	3 702 000
Congo (R. dém.)	CD	CDF	franc	Kinshasa	congolais	62 661 000
Corée du Nord	KP	KPW	won n.	Pyongyang	nord-coréen	23 115 000
Corée du Sud	KR	KRW	won	Séoul	sud-coréen	48 846 000

Mon mari n'est bon à rien, mais il est capable de tout.

Pays	Code	Monnaie		Capitale	Adjectif	Population
Costa Rica	CR	CRC	colon	San José	costaricain	4 075 000
Côte d'Ivoire	CI	XOF	fr. cfa	Yamoussoukro	ivoirien	17 655 000
Croatie	HR	HRK	kuna	Zagreb	croate	4 495 000
Cuba	CU	CUP	péso	La Havane	cubain	11 383 000
Danemark	DK	DKK	krone	Copenhague	danois	5 451 000
Djibouti	DJ	DJF	franc	Djibouti	djiboutien	769 000
Dominicaine (R.)	DO	DOP	péso	St-Domingue	dominicain	9 184 000
Dominique	DM	DMD	dollar	Roseau	dominiquais	70 000
Égypte	EG	EGP	livre	Le Caire	égyptien	78 887 000
Émirats ar. unis	AE	AED	dirham	Abu Dhabi	émirien	3 524 000
Équateur	EC	USD	dollar	Quito	équatorien	13 756 000
Érythrée	ER	ERN	nafka	Asmara	érythréen	4 787 000
Espagne	ES	EUR	euro	Madrid	espagnol	45 117 000
Estonie	EE	EEK	kroon	Tallinn	estonien	1 324 000
États-Unis	US	USD	dollar	Washington	américain	303 351 000
Éthiopie	ET	ETB	birr	Addis-Abeba	éthiopien	74 778 000
Fidji	FJ	FJD	dollar	Suva	fidjien	906 000
Finlande	FI	EUR	euro	Helsinki	finlandais	5 231 000
France	FR	EUR	euro	Paris	français	64 473 000
Gabon	GA	XAF	fr. cfa	Libreville	gabonais	1 425 000
Gambie	GM	GMD	dalasie	Banjul	gambien	1 642 000
Géorgie	GE	GEL	lari	Tbilissi	géorgien	4 661 000
Ghana	GH	GHC	cedi	Accra	ghanéen	22 409 000
Grande-Bretagne	GB	GBP	livre	Londres	britannique	59 911 000
Grèce	GR	EUR	euro	Athènes	grec, grecque	11 044 000
Grenade	GD	XCD	dollar	Saint George's	grenadien	103 000
Guatemala	GT	GTQ	quetzal	Guatemala	guatémaltèque	12 294 000
Guinée	GN	GNF	franc	Conakry	guinéen	9 690 000
Guinée équatoriale	GQ	XAF	fr. cfa	Malabo	équato-guinéen	540 000
Guinée-Bissau	GW	XOF	fr. cfa	Bissau	bissau-guinéen	1 442 000
Guyana	GY	GYD	dollar	Georgetown	guyanien	767 000
Haïti	HT	HTG	gourde	Port-au-Prince	haïtien	8 308 000
Honduras	HN	HNL	lempira	Tegucigalpa	hondurien	7 326 000
Hongrie	HU	HUF	forint	Budapest	hongrois	9 981 000
Inde	IN	INR	roupie	New Delhi	indien	1 095 352 000
Indonésie	ID	IDR	rupiah	Jakarta	indonésien	245 453 000
Iran	IR	IRR	rial	Téhéran	iranien	70 049 000
Iraq ou Irak	IQ	IQD	dinar	Bagdad	irakien	29 682 000
Irlande	IE	EUR	euro	Dublin	irlandais	4 062 000
Islande	IS	ISK	krona	Reykjavik	islandais	299 000
Israël	IL	ILS	shekel	Jérusalem	israélien	6 990 000
Italie	IT	EUR	euro	Rome	italien	58 133 000
Jamaïque	JM	JMD	dollar	Kingston	jamaïcain	2 758 000
Japon	JP	JPY	yen	Tokyo	japonais	127 464 000
Jordanie	JO	JOD	dinar	Amman	jordanien	5 907 000
Kazakhstan	KZ	KZT	tenge	Astana	kazakh	15 233 000
Kenya	KE	KES	shilling	Nairobi	kényan	34 708 000
Kirghizistan	KG	KGS	som	Bichkek	kirghiz	5 214 000
Kiribati	KI	AUD	dollar	Tarawa	kiribatien	105 000
Kosovo	KO	EUR	euro	Pristina	kosovar	2 543 000
Koweït	KW	KWD	dinar	Koweït	koweïtien	2 418 000
Laos	LA	LAK	kip	Vientiane	laotien	6 368 000
Lesotho	LS	LSL	loti	Maseru	lesothan	2 022 000
Lettonie	LV	LVL	lats	Riga	letton	2 275 000

Le chauffeur s'endort ; le camion se couche.

Pays	Code	Monnaie		Capitale	Adjectif	Population
Liban	LB	LBP	livre	Beyrouth	libanais	4 544 000
Liberia	LR	LRD	dollar	Monrovia	libérien	3 631 000
Libye	LY	LYD	dinar	Tripoli	libyen	5 901 000
Liechtenstein	LI	CHF	fr. suisse	Vaduz	liechtensteinois	36 000
Lituanie	LT	LTL	litas	Vilnius	lituanien	3 586 000
Luxembourg	LU	EUR	euro	Luxembourg	luxembourgeois	474 000
Macédoine	MK	MKD	denar	Skopje	macédonien	2 051 000
Madagascar	MG	MGF	franc	Antananarivo	malgache	18 595 000
Malaisie	MY	MYR	ringgit	Kuala Lumpur	malaisien	26 500 000
Malawi	MW	MWK	kwacha	Lilongwe	malawite	13 014 000
Maldives	MV	MVR	rufiyaa	Malé	maldivien	359 000
Mali	ML	XOF	fr. cfa	Bamako	malien	11 957 000
Malte	MT	EUR	euro	La Valette	maltais	400 000
Maroc	MA	MAD	dirham	Rabat	marocain	33 757 000
Marshall	MH	USD	dollar	Majuro	marshallais	72 000
Maurice	MU	MUR	roupie	Port Louis	mauricien	1 241 000
Mauritanie	MR	MRO	ouguiya	Nouakchott	mauritanien	3 177 000
Mexique	MX	MXN	péso	Mexico	mexicain	107 449 000
Micronésie	FM	USD	dollar	Palikir	micronésien	109 000
Moldavie (Moldova)	MD	MDL	leu	Chisinau	moldave	4 326 000
Monaco	MC	EUR	euro	Monaco	monégasque	33 000
Mongolie	MN	MNT	tugrik	Oulan-Bator	mongol	2 832 000
Monténégro	ME	EUR	euro	Podgorica	monténégrin	678 000
Mozambique	MZ	MZM	metical	Maputo	mozambicain	19 686 000
Namibie	NA	NAD	dollar	Windhoek	namibien	2 044 000
Nauru	NR	AUD	dollar	Yaren	nauruan	13 000
Népal	NP	NPR	roupie	Katmandou	népalais	28 287 000
Nicaragua	NI	NIC	cordoba	Managua	nicaraguayen	5 657 000
Niger	NE	XOF	fr. cfa	Niamey	nigérien	12 525 000
Nigeria	NG	NGN	naira	Abuja	nigérian	131 859 000
Norvège	NO	NOK	krone	Oslo	norvégien	4 610 000
Nouvelle-Zélande	NZ	NZD	dollar	Wellington	néozélandais	4 076 000
Oman	OM	OMR	rial	Mascate	omanais	3 102 000
Ouganda	UG	UGS	shilling	Kampala	ougandais	30 262 000
Ouzbékistan	UZ	UZS	soum	Tachkent	ouzbek, èke	27 307 000
Pakistan	PK	PKR	roupie	Islamabad	pakistanais	165 803 000
Palaos	PW	USD	dollar	Koror	palauan	20 000
Panama	PA	PAB	balboa	Panama	panaméen	3 191 000
Papouasie-N.-G.	PG	PGK	kina	Port Moresby	papouan	5 670 000
Paraguay	PY	PYG	guarani	Asunción	paraguayen	6 506 000
Pays-Bas	NL	EUR	euro	Amsterdam	néerlandais	16 336 000
Pérou	PE	PEN	sol	Lima	péruvien	28 410 000
Philippines	PH	PHP	péso	Manille	philippin	89 468 000
Pologne	PL	PLZ	zloty	Varsovie	polonais	38 518 000
Portugal	PT	EUR	euro	Lisbonne	portugais	10 605 000
Qatar	QA	QAR	rial	al-Dawha	qatarien	885 000
Roumanie	RO	RON	leu	Bucarest	roumain	22 304 000
Russie	RU	RUR	rouble	Moscou	russe	141 377 000
Rwanda	RW	RWF	franc	Kigali	rwandais	8 648 000
Sainte-Lucie	LC	XCD	dollar	Castries	saint-lucien	168 000
Saint-Kitts-et-Nevis	KN	XCD	dollar	Basseterre	kittitien	38 000
Saint-Marin	SM	EUR	euro	Saint-Marin	saint-marinais	29 000
Saint-Vincent	VC	XCD	dollar	Kingstown	saint-vincentais	117 000
Salomon	SB	SBD	dollar	Honiara	salomonais	478 000

Si la population a augmenté, c'est grâce à notre action sur le terrain.

Pays	Code	Monnaie		Capitale	Adjectif	Population
Salvador	SV	SVC	colon	San Salvador	salvadorien	6 822 000
Samoa	WS	WST	tala	Apia	samoan	178 000
São Tomé	ST	STD	dobra	São Tomé	santoméen	193 000
Sénégal	SN	XOF	fr. cfa	Dakar	sénégalais	12 000 000
Serbie	RS	RSD	dinar	Belgrade	serbe	8 500 000
Seychelles	SC	SCR	roupie	Victoria	seychellois	84 000
Sierra Leone	SL	SLL	leone	Freetown	sierraléonais	6 005 000
Singapour	SG	SGD	dollar	Singapour	singapourien	4 608 000
Slovaquie	SK	SKK	koruna	Bratislava	slovaque	5 439 000
Slovénie	SI	EUR	euro	Ljubljana	slovène	2 010 000
Somalie	SO	SOS	shilling	Mogadiscio	somalien	8 863 000
Soudan	SD	SDD	dinar	Khartoum	soudanais	41 236 000
Sri Lanka	LK	LKR	roupie	Colombo	srilankais	20 717 000
Suède	SE	SEK	krona	Stockholm	suédois	9 042 000
Suisse	CH	CHF	franc	Berne	suisse	7 524 000
Suriname	SR	SRG	florin	Paramaribo	surinamien	439 000
Swaziland	SZ	SZL	lilangeni	Mbabane	swazi	1 136 000
Syrie	SY	SYP	livre	Damas	syrien	18 881 000
Tadjikistan	TJ	TJS	somoni	Douchanbe	tadjik	7 320 000
Taïwan	TW	TWD	dollar	Taipei	taïwanais	23 036 000
Tanzanie	TZ	TZS	shilling	Dodoma	tanzanien	37 979 000
Tchad	TD	XAF	fr. cfa	N'Djamena	tchadien	10 542 000
Tchéquie	CZ	CZK	koruna	Prague	tchèque	10 260 000
Thaïlande	TH	THB	baht	Bangkok	thaïlandais	65 892 000
Timor-Oriental	TP	TPE	escudo	Dili	est-timorais	1 062 000
Togo	TG	XOF	fr. cfa	Lomé	togolais	5 681 000
Tonga	TO	TOP	pa'anga	Nukualofa	tonguien	114 000
Trinité-et-Tobago	TT	TTD	dollar	Port of Spain	trinidadien	1 297 000
Tunisie	TN	TND	dinar	Tunis	tunisien	10 175 000
Turkménistan	TM	TMM	manat	Achgabat	turkmène	6 723 000
Turquie	TR	TRY	livre	Ankara	turc, turque	70 586 000
Tuvalu	TV	AUD	dollar	Funafuti	tuvaluan	11 000
Ukraine	UA	UAH	hryvna	Kiev	ukrainien	46 620 000
Uruguay	UY	UYP	péso	Montevideo	uruguayen	3 431 000
Vanuatu	VU	VUV	vatu	Port-Vila	vanuatuan	208 000
Vatican	VA	EUR	euro	Saint-Siège	du Vatican	920
Venezuela	VE	VEB	bolivar	Caracas	vénézuélien	25 730 000
Vietnam	VN	VND	dong	Hanoi	vietnamien	84 403 000
Yémen	YE	YER	rial	Sanaa	yéménite	21 456 000
Zambie	ZM	ZMK	kwacha	Lusaka	zambien	11 502 000
Zimbabwe	ZW	ZWD	dollar	Harare	zimbabwéen	12 382 000

Union européenne

En 2008, les 27 pays suivants font partie de l'Union européenne :

Allemagne	Espagne	Hongrie	Malte	Slovénie
Autriche	Estonie	Irlande	Pays-Bas	Suède
Belgique	Finlande	Italie	Pologne	Tchéquie
Bulgarie	France	Lettonie	Portugal	
Chypre	Grande-Bretagne	Lituanie	Roumanie	
Danemark	Grèce	Luxembourg	Slovaquie	

Un ver solitaire est un ver qui vit tout seul à la campagne.

Sommes d'argent

Le dollar canadien

Le symbole du dollar canadien (**$**) ne peut être utilisé qu'au Canada. À l'extérieur, on utilise le symbole **CAD** de l'ISO. Tous les signes graphiques du dollar (**$**) du monde s'écrivent de la même façon : un seul trait vertical.

Place des symboles dans les sommes d'argent

Une somme d'argent suivie de son symbole s'écrit en chiffres. Le symbole se place après le nombre complet (décimales comprises) et il est détaché du nombre par une espace insécable. Les tranches de trois chiffres sont détachées par une espace insécable. Les nombres de quatre chiffres (1000 à 9999) s'écrivent avec ou sans espace.

> 22 250,50 $ 313 234,75 CAD   4 450 $ ou   4450 $

Nombre entier dans les sommes d'argent

Si le nombre est entier et qu'il n'y a pas comparaison : pas de virgule ni de zéros.
S'il y a comparaison, on peut utiliser la virgule suivie des deux zéros.

> Cet article vaut 15 $ en magasin.   Cet article est passé de 15,00 $ à 15,50 $.

Sommes d'argent en tableaux

On doit aligner les dollars et les cents. On utilise la virgule et les deux zéros. En cas de chiffres inférieurs à l'unité, on met un zéro avant la virgule. On peut indiquer en titre de colonne qu'il s'agit de dollars canadiens (CAD).

> 56 320,50
> 3 528,00
> 0,57

Préfixes dans les symboles de sommes d'argent

k = préfixe **kilo** (mille)   **M** = préfixe **méga** (million)   **G** = préfixe **giga** (milliard)

> 6 k$ ou 6 kCAD   six kilodollars   6 000 $ = 6 mille dollars
> 6 M$ ou 6 MCAD   six mégadollars   6 000 000 $ = 6 millions de dollars
> 6 G$ ou 6 GCAD   six gigadollars   6 000 000 000 $ = 6 milliards de dollars

Les symboles monétaires internationaux comportent tous trois lettres. Si l'on rencontre quatre lettres, c'est que la première est un préfixe : kUSD, kEUR, MUSD, MEUR, GUSD. Un préfixe précède toujours un symbole, collé à lui. Il ne peut jamais être utilisé seul.

> *On ne peut jamais écrire :* une invasion de 10 M de sauterelles.

Sommes d'argent avec *million* et *milliard*

(Le texte entre crochets [ ] est en orthographe traditionnelle.)

La règle est la même pour *million* et *milliard*. On ne peut utiliser un symbole, préfixé ou non, que s'il est précédé d'un nombre entièrement écrit en chiffres. Voici donc les écritures correctes :

> 7 000 000 000 $ - 7 G$ le symbole est précédé de chiffres
> six-millions [six millions]   on enlève *dollars,* si le contexte le permet
> dix-millions [dix millions] d'euros tout en lettres
> 6 millions de dollars   mélange chiffres/lettres, pas de trait d'union
> 16,5 millions de dollars   mélange chiffres/lettres, pas de trait d'union

On ne peut donc jamais écrire :

> $6 000 000 — $6 millions — six M$ — six M dollars — 6 millions $ —
> six-millions [six millions] $

Pour savoir si on est en bonne santé, il faut passer un ketch-up.

Cas particuliers d'abréviations

Compagnie

Quand il fait partie de la raison sociale, ce mot s'écrit au long (avec une capitale) s'il est au début. Il s'abrège en **C**ie ou **Cie** s'il est placé à la fin.

la Compagnie nationale Air France   Dupont & Cie

S'il ne fait pas partie de la raison sociale, il s'écrit tout en bas-de-casse.

la compagnie Radio-Canada (la raison sociale est : Société Radio-Canada)

Docteur

On écrit **Docteur - Docteure - Docteurs - Docteures**

dans une adresse   Docteur Jean Guéry, 23, rue de la Santé

On écrit **docteur - docteure - docteurs - docteures**

quand on parle de la personne   J'ai vu le docteur Roy. (*travaux soignés*)
quand on s'adresse à la personne   Je vous écoute, docteur.
quand il est en apposition   Isabelle Durand, docteure.
quand c'est un nom commun   Le docteur est arrivé.

On écrit **Dr - Dre - Drs - Dres** ou de préférence **D**r **- D**re **- D**rs **- D**res

quand on parle de la personne   J'ai vu le D r Roy. (*travaux ordinaires*)

Maitre [Maître]

On écrit **Maitre - Maitres**

dans une adresse   Maitre Claire Delune, avocate, 23, rue...

On écrit **maitre - maitres**

quand on parle de la personne   J'ai vu maitre Dupont. (*travaux soignés*)
quand on s'adresse à la personne   Je vous écoute, maitre (ou maitre Roy).

On écrit **M**e **- M**es (avec des supérieures, pour éviter la confusion avec d'autres mots)

quand on parle de la personne   J'ai vu M e Dupont. (*travaux ordinaires*)

Professeur

On écrit **Professeur - Professeure - Professeurs - Professeures**

dans une adresse   Professeur Jean Seigne, 23, rue...

On écrit **professeur - professeure - professeurs - professeures**

quand on parle de la personne   J'ai vu le professeur Roy. (*trav. soignés*)
quand on s'adresse à la personne   Je vous écoute, professeure.
quand le mot est en apposition   Isabelle Durand, professeure.
quand c'est un nom commun   Le professeur est arrivé.

On écrit **Pr - Pre - Prs - Pres** ou de préférence **P**r **- P**re **- P**rs **- P**res

quand on parle de la personne   J'ai vu le P r Roy. (*travaux ordinaires*)

Prénoms

Certains auteurs abrègent le prénom devant la première voyelle (Ph. pour Philippe). Mon opinion personnelle est qu'il est inutile d'abréger en plusieurs lettres, car de toute façon on n'obtient pas ainsi la précision absolue. Je propose donc une seule lettre, en ajoutant qu'il vaut encore mieux s'efforcer de ne pas abréger le prénom.

P. (Philippe), T. (Théodore), F. (François ou Françoise), J.-P. (Jean-Paul)

Le losange est un carré tordu en biais.

etcétéra

L'abréviation **etc.** n'est jamais suivie de points de suspension ; ne doit pas se trouver seule sur une ligne ; ne doit pas se répéter à la suite ; doit être précédée et suivie d'une virgule (sauf quand elle termine la phrase) ; n'a jamais de capitale initiale ; doit être précédée d'au moins deux éléments dans l'énumération. Elle appartient à la phrase et se met en romain.

> Elle a parlé de littérature, de sciences, etc., et nous avons bien écouté.
> Certains mots se mettent en italique : *idem, ibidem,* etc.

Mois et jours

Pour les mois et les jours, on se sert des abréviations ou des codes (qu'on nomme aussi *symboles*). Les codes servent surtout pour les dates d'expiration des produits.

Mois	Abréviation	Code	Code bilingue	Jour	Abréviation	Code
janvier	janv.	JAN	JA	lundi	lun.	LUN
février	févr.	FÉV	FE	mardi	mar.	MAR
mars	mars	MAR	MR	mercredi	mer.	MER
avril	avr.	AVR	AL	jeudi	jeu.	JEU
mai	mai	MAI	MA	vendredi	ven.	VEN
juin	juin	JUN	JN	samedi	sam.	SAM
juillet	juill.	JUL	JL	dimanche	dim.	DIM
aout	aout	AOU	AU			
septembre	sept.	SEP	SE			
octobre	oct.	OCT	OC			
novembre	nov.	NOV	NO			
décembre	déc.	DÉC	DE			

Recettes de cuisine

Mesures liquides   **Mesures linéaires**   **Mesures de poids**

Mesures liquides			Mesures linéaires		Mesures de poids	
250 ml	1 tasse	8 oz	5 cm	2 po	1 kg	2 lb
175 ml	¾ tasse	6 oz	2,5 cm	1 po	500 g	1 lb
125 ml	½ tasse	4 oz	1,25 cm	½ po	250 g	½ lb
50 ml	¼ tasse	2 oz	5 mm	¼ po	125 g	¼ lb

Ustensiles

1 cuillère à thé (Canada)	c. à t.	5 ml	1 verre à eau	20 cl
1 cuillère à café (France)	c. à c.	5 ml	1 verre à bordeaux	13 cl
1 cuillère à soupe	c. à s.	15 ml	1 verre à porto	6 cl

Ingrédients liquides ou en poudre

Dé	Très petite quantité d'un liquide.
Filet	Très petite quantité d'un liquide versé en jet continu.
Goutte	Très petite quantité d'un liquide, souvent versé en petites sphères.
Grain	Très petite quantité d'un ingrédient en grains.
Nuage	Très petite quantité de lait ou de crème.
Pincée	Quantité d'un ingrédient que l'on peut tenir entre le pouce et l'index.
Pointe	Quantité d'un ingrédient pris avec la pointe d'une lame de couteau.
Soupçon	Très faible quantité d'un ingrédient.

Nuages

Bas-de-casse initial. Les abréviations ont une capitale et n'ont pas de point abréviatif.

un altocumulus	Ac	un cumulonimbus	Cb
un altostratus	As	un cumulus	Cu
un cirrocumulus	Cc	un nimbostratus	Ns
un cirrostratus	Cs	un stratocumulus	Sc
un cirrus	Ci	un stratus	St

Une tonne pèse au moins cent kilos, surtout si c'est du plomb.

enr. – inc. – ltée

Ces mots sont toujours en bas-de-casse et ils ne sont pas précédés d'une virgule.

Plomberie Paul enr.
Coiffures Lafrise inc.
Menuiserie Dubois ltée

Provinces et territoires du Canada

1re colonne : les noms des provinces prennent un trait d'union entre tous leurs éléments. Il n'y a pas de trait d'union après les mots *Territoire(s)*. 2e colonne : abréviation dans un texte, entre parenthèses. 3e colonne : symboles, dans un tableau ou dans une adresse s'il s'agit d'envois massifs ou qu'il y a manque de place. Les symboles s'écrivent sans parenthèses. On mettra toujours deux espaces avant le code postal.

	Abrév.	Symb.	km^2	Population	Capitale
Alberta	Alb.	AB	661 848	3 306 359	Edmonton
Colombie-Britannique	C.-B.	BC	944 735	4 168 123	Victoria
Île-du-Prince-Édouard	Î.-P.-É.	PE	5 660	137 900	Charlottetown
Manitoba	Man.	MB	647 797	1 165 944	Winnipeg
Nouveau-Brunswick	N.-B.	NB	72 908	757 100	Fredericton
Nouvelle-Écosse	N.-É.	NS	55 283	939 791	Halifax
Nunavut	—	NU	2 093 190	29 300	Iqaluit
Ontario	Ont.	ON	1 076 395	12 449 502	Toronto
Québec	Qc	QC	1 542 056	7 598 100	Québec
Saskatchewan	Sask.	SK	651 036	978 934	Regina
Terre-Neuve-et-Labr.	T.-N.-L.	NL	405 212	533 800	Saint-Jean
Territoire du Yukon	Yn	YT	483 500	31 300	Whitehorse
Territoires du N.-O.	T.N.-O.	NT	1 346 106	42 944	Yellowknife

Grades militaires canadiens

La liste des abréviations ci-après est tirée de l'*Avis d'uniformisation n° 4 sur les grades des Forces armées canadiennes,* publié par la Direction de la terminologie du Bureau de la traduction, le 7 janvier 1988. Le classement est décroissant par ordre d'importance. Les féminins sont donnés dans la brochure *Au Féminin* de l'OQLF.

Armée de terre et armée de l'air		**Marine**	
gén	général	am	amiral
lgén	lieutenant général	vam	vice-amiral
mgén	major général	cam	contramiral [contre-amiral]
bgén	brigadier général	cmdre	commodore
col	colonel	capt	capitaine
lcol	lieutenant-colonel	cdr	commander
maj	major	lcdr	lieutenant-commander
capt	capitaine	lt	lieutenant
lt	lieutenant	slt	sous-lieutenant
slt	sous-lieutenant	o comm	officier commissionné
élof	élève officier	slt(int)	sous-lieutenant intérimaire
adjuc	adjudant-chef	asp	aspirant
adjm	adjudant-maitre	élof	élève officier
adj	adjudant	pm 1	1er maitre de 1re classe
sgt	sergent	pm 2	1er maitre de 2e classe
cplc	caporal-chef	m 1	maitre de 1re classe
capl	caporal	m 2	maitre de 2e classe
sdt	soldat	mat 1	matelot de 1re classe
		mat 2	matelot de 2e classe
		mat 3	matelot de 3e classe

Voici les extraits de baptême de mes cinq enfants, tous produits par le curé.

Numéro

Dans un texte courant, le **n** est en bas-de-casse, et la lettre **o** est en exposant bas-de-casse. Si l'abréviation fait partie d'un texte en capitales, le **N** prend aussi la capitale, et la lettre **o** reste en exposant bas-de-casse.

n^o n^{os} SORTIE N° 6

Pour employer l'abréviation de *numéro,* il faut qu'elle soit précédée du nom qu'elle qualifie et suivie d'un nombre écrit en chiffres.

L'entrée n° 6 est en bon état.   Les bulletins n°s 7 et 8 sont ici.

Si l'abréviation ne remplit qu'une ou aucune de ces conditions, on écrit *numéro* au long.

J'habite au numéro 6.   Les numéros 7 et 8 du bulletin sont ici.

Livres bibliques

Face et casse

Les noms de livres bibliques se composent en romain, avec une capitale initiale. Mais le mot bible peut aussi être un nom commun.

Elle a lu la Bible. On dit que ce livre est la bible des typographes.

Symboles

Les symboles des livres bibliques prennent une capitale et n'ont pas de point abréviatif.

Ac   Actes des Apôtres   Ct   Cantique des Cantiques
Lc   Luc (évangile selon)   Ne   Néhémie

Manière de citer les livres bibliques

La virgule (,) sépare les chapitres et les versets. Le trait d'union (-) réunit des versets. Le point (.) sépare des versets. Le tiret long (—) réunit des chapitres.

Gn 24,25   Gn 24,28-32   Gn 24,25.32   Gn 29—32

Abréviations des féminins

Dans une liste où l'on veut indiquer le féminin d'un nom ou d'un adjectif, il est toujours préférable, dans la mesure du possible, d'indiquer le féminin au complet.

paysan, paysanne   *et non :* paysan, anne

Troncations

Les troncations, ou apocopes, sont des mots dont la fin a été supprimée. Elles prennent le pluriel et gardent le même genre que le mot entier. Dans la mesure du possible, il faut éviter leur emploi dans des textes soignés.

adolescents	des ados	motocyclettes	des motos
agglomérés	des agglos	négociations	des négos
amplificateurs	des amplis	photographies	des photos
cinématographes	des cinémas	pneumatiques	des pneus
colocataires	des colocs	pornographiques	des films pornos
expositions	des expos	professeurs	des profs
informations	des infos	radiographies	des radios
justifications	des justifs	restaurants	des restos
kinésithérapeutes	des kinés	stylographes	des stylos
manifestations	des manifs	sympathiques	des filles sympas
mémorandums	des mémos	synthétiseurs	des synthés

Il ne faut pas utiliser la même troncation pour deux noms différents. Par exemple, la troncation *info* signifie *information,* et non pas *informatique.* (Il faut bien reconnaitre que cette nuance n'est pas toujours respectée.)

Pour l'écriture des noms de bateaux, l'usage est flottant.

Capitales

Introduction

«... Donner aux mots une importance qu'ils n'ont pas, les monter en épingle
en les affublant avec emphase de lettres capitales imprévues,
c'est ignorer que la majuscule n'a d'effet que si on en
use discrètement ; l'employer sans distinction
revient à souligner tous les mots,
c'est-à-dire n'en souligner aucun. »

« L'abus des majuscules — dénommé par d'aucuns *majusculite* —
trahit le gout de l'hyperbole prétentieuse, un certain snobisme
de l'effet. Psychologiquement, on peut y voir une marque
d'obséquiosité ; le commerçant croit flatter le client
en le décorant d'une capitale, et le subalterne
s'humilie de la même manière
devant son supérieur. »

De l'emploi de la majuscule, Fichier français de Berne (Suisse), 1973.

L'armistice est une guerre qui se finit tous les ans le 11 novembre.

Définitions

Bas-de-casse

Le bas-de-casse (abréviation invariable : **bdc**) désigne la minuscule. Quant au groupe de mots *bas de casse* sans traits d'union, il désigne le bas de la casse, sorte de tiroir qui servait à ranger les lettres en plomb. On y plaçait les lettres minuscules dans le bas. On peut donc dire qu'un bas-de-casse est une lettre minuscule, et qu'un bas de casse était la partie inférieure d'une casse en bois.

Capitale

En typographie, la capitale (abréviation invariable : **cap.**) désigne la majuscule. J'ai choisi de ne pas employer les termes *majuscule* et *minuscule* dans cet ouvrage pour trois raisons. D'abord, leur prononciation est trop semblable et l'on risque de les confondre. D'autre part, l'abréviation de *minuscule* par *min.* est déjà prise par *minimum* et *minimal*. Enfin, le symbole *min* sans point abréviatif désigne la *minute de temps*.

Différence entre *capitale* et *majuscule*

Certains auteurs voient une différence entre ces deux mots, en indiquant par exemple que dans le mot *PAUL* le *P* est la majuscule et les autres lettres sont des capitales. Je rétorque que, pendant le demi-siècle que j'ai travaillé dans l'imprimerie, je n'ai jamais vu appliquer cette différence. C'est une nuance inutile et qui complique les choses. Pour moi, les mots *capitale* et *majuscule* sont synonymes.

Casse

Le mot *casse* englobe les deux notions de capitale et de bas-de-casse. On peut dire que, dans l'exemple ci-dessous, la casse du mot *Société* est une capitale initiale. La casse des mots *gens* et *lettres* est en bas-de-casse.

> la Société des gens de lettres

Dénomination

Une dénomination est un groupe de mots qui prend le statut de nom propre. Elle contient toujours au moins une capitale.

> le Bureau de normalisation du Québec   l'Office québécois de la langue française

Générique

Le générique est le nom commun qui se trouve au début de la dénomination.

> le ministère des Transports   le mont Tremblant   la mer Rouge

Les noms communs *ministère, mont* et *mer* sont les génériques.

Spécifique

Le spécifique est le mot qui spécifie la dénomination. Il peut être un nom commun, un nom propre ou un adjectif.

> le ministère des Transports   le mont Tremblant   la mer Rouge

Les mots *Transports, Tremblant* et *Rouge* sont les spécifiques.

Spécifique nouveau

Le générique *mont* (exemple de gauche) est devenu un composant du spécifique à droite, alors que le nom commun *avenue* est le nouveau générique.

> le mont Royal   l'avenue du Mont-Royal

Un polygone est une figure qui a des côtés un peu partout.

Règles des capitales

Absence de règles absolues

J'ai parfois reçu des opinions de jeunes rédacteurs ou rédactrices qui m'avouaient leurs difficultés face à l'emploi des capitales. Je voudrais donc ici les tranquilliser un peu.

Sur les nombreux cas que j'ai traités dans cet ouvrage concernant l'usage des capitales, je dirais que presque tous ne donnent pas lieu à des différences d'interprétation. Mais certains cas pourtant peuvent être analysés de plusieurs façons différentes.

Par exemple, j'ai placé le mot *palais* sous l'entrée *Bâtiments,* en bonne compagnie avec *le palais de la Découverte, la tour Eiffel* et *le palais des Congrès.* Or, on peut considérer que le palais des Congrès est une société, donc qu'il doit s'écrire *le Palais des congrès.* Dans d'autres pays francophones, on met une capitale à chaque mot important, donc on écrit *le Palais des Congrès.* Enfin, l'Office québécois de la langue française considère qu'il s'agit là de noms communs, donc qu'il faut écrire *le palais des congrès.*

Ces quatre théories se défendent toutes. Mais il ne faut surtout pas que le rédacteur soit effrayé par la crainte de faire une faute impardonnable quand il adopte une façon d'écrire ou l'autre. L'important est de rester cohérent tout le long de l'ouvrage quand on a choisi de mettre une capitale à un certain mot. D'ailleurs, la notion de *personne physique ou morale* (ci-dessous) apporte une bonne solution au problème des capitales.

Personne physique ou morale

Ces termes sont des termes de droit. Quand on pense au sens **physique** de la dénomination, on met un bas-de-casse initial au générique (*palais*) et une capitale au spécifique (*Découverte*), selon la règle concernant les *Bâtiments.*

> Le toit du palais de la Découverte a été réparé.

Quand on pense au sens **moral** de la dénomination, celle-ci n'est plus un bâtiment, mais elle devient une société. Elle doit donc en suivre la règle d'écriture. On met une capitale initiale au premier nom et à l'adjectif qui éventuellement le précède.

> Le Palais de la découverte a payé la facture de la réparation.

➜ Si l'on préfère l'uniformité, on peut opter pour la capitale, comme au sens *moral.*

Enseignes et couvertures de livres

Sur les couvertures des livres ou sur les enseignes au-dessus des commerces, le choix des capitales est laissé à la créativité de l'artiste.

Capitales accentuées

On doit mettre tous les accents et les signes diacritiques sur les capitales, excepté sur les sigles et les acronymes quand ils sont écrits en capitales. (Voir des exemples de contresens que l'on peut éviter grâce aux accents, page 100.)

Adjectif placé avant

Si l'adjectif est placé avant le nom, il prend une capitale ; après, un bas-de-casse.

> la Belle Époque   les Temps modernes

Ponctuations finales

Dans un texte courant, on met une capitale après toute ponctuation finale.

Noms propres

Les noms propres prennent une capitale, sauf la particule nobiliaire **de** qui est en bas-de-casse si elle est précédée du prénom ou du titre de la personne. Les noms propres composés ont une capitale à chaque élément.

Maman, une copine m'a giflée. — Tu aurais dû le lui rendre. — J'avais rendu avant.

Titres et paragraphes en capitales

Il faut éviter de composer un titre ou un paragraphe entier en capitales, parce qu'il est souvent difficile d'y distinguer les sigles, les noms propres et les symboles d'unités. L'écriture d'un paragraphe tout en capitales était utilisée en dactylographie pour donner de l'importance au texte. En typographie, on peut obtenir le même résultat en composant normalement, mais en augmentant la taille des caractères.

Raison sociale

La raison sociale est le libellé exact de la dénomination telle qu'elle a été enregistrée officiellement. On met une capitale au premier nom ainsi qu'à l'adjectif qui le précède. Dans ces exemples, l'article défini ne fait pas partie de la raison sociale.

la Société des amis des chats	la Nouvelle Société des amis des chats
l'Association des amis du vélo	le Restaurant de la bonne fourchette

Il faut éviter d'employer inutilement l'article défini **Le, La, Les** au début de la raison sociale. Cela facilitera l'ordre alphabétique.

Éditions Dupont   *et non pas :* Les Éditions Dupont

Une raison sociale est considérée comme un nom propre. Elle n'est donc pas touchée par la nouvelle orthographe tant qu'elle n'est pas réenregistrée (à droite).

la Sûreté du Québec   la Sureté du Québec

Dénomination elliptique

Quand la dénomination elliptique (dénomination qui est citée en partie) est précédée du même article défini que la dénomination complète, elle prend la capitale.

La Société des gens de lettres a étudié la question. Ensuite, **la** Société a pris une décision. Cette société est une société très active.

Si le contexte ne laisse aucun doute sur l'identité exacte de la dénomination elliptique, cette dernière s'écrit avec une capitale au nouveau spécifique (à droite).

le golfe Persique   la guerre du Golfe

Dénominations au pluriel

Une dénomination perd généralement son statut de nom propre, donc sa capitale, si elle est employée au pluriel ou sans l'article défini devant elle.

J'ai visité **le** Centre sportif de Saint-Yves. Tous les centre**s** sportifs s'occupent des jeunes. **Le** Centre sportif a organisé une fête. **Ce** centre sportif est très actif. Le président est fier de **son** centre sportif. C'est **un** centre sportif accueillant.

Dénomination trompeuse

Rappelons qu'une dénomination est un groupe de mots qui a pris le statut de nom propre. Les trois exemples suivants sont considérés comme des dénominations, car ils appartiennent à des organismes officiels et structurés. Ils prennent donc une capitale.

les Casques bleus	membres de la force militaire internationale de l'ONU
les Chemises brunes	membres du Parti national-socialiste allemand
les Chemises noires	groupements fascistes italiens

Les exemples suivants ne sont pas des organismes, mais des **sobriquets** (nom que l'on donne à quelqu'un à partir d'une de ses caractéristiques).

les cols bleus	les cols blancs	les bérets rouges

Prenant nos jambes à deux mains, nous courons à toute allure.

Lettre d'affaires

Lieu et date

En début de lettre, le nom de la ville est suivi d'une virgule, puis vient la date en lettres minuscules. On ne met pas de point après l'année. Le tout est composé à droite.

Vedette

On appelle ainsi le destinataire de la lettre. Le titre de civilité (Madame ou Monsieur) ne s'abrège pas. En cas de manque de place, la province peut s'abréger par QC.

Titre de civilité, prénom et nom	Madame Geneviève Dupont
Fonction	Directrice
Entreprise	Éditions Durand
Rue	23, rue du Parchemin Est
Ville, province, 2 espaces, code postal	Montréal (Québec) H2L 4S9

Appel

Si l'on connait le titre de civilité du destinataire, on l'écrit au long, avec une capitale initiale, et on le fait suivre d'une virgule.

Monsieur,   Madame,   Messieurs,   Mesdames,

Si l'on ne connait pas le titre de civilité, on écrit l'un sous l'autre :

Mesdames,   *ou*   Madame,
Messieurs,   Monsieur,

Dans un courriel, virgule avant le mot en apostrophe rhétorique, et un point après.

Bonjour, Paul.   Bonjour, madame.

Si l'on utilise la fonction du destinataire, on écrit la formule avec une seule capitale au début. Cette règle est cohérente avec la règle concernant *madame* et *monsieur*.

Madame la directrice,   Monsieur le maire,

La méthode traditionnelle préconise la capitale à la fonction (voir p. 50-51).

Madame la Directrice,   Monsieur le Maire,

Si l'on utilise le titre honorifique, on met une capitale initiale à tous les mots.

Altesse,   Excellence,   Majesté,   Altesse Royale,

Si l'on utilise le titre religieux, on met une capitale initiale à tous les mots.

Éminence,   Monseigneur,   Mon Père,   Révérend Père,

Texte

Je propose d'écrire le titre de civilité au long, avec un bas-de-casse, que l'on parle de la personne ou que l'on s'adresse à elle.

Je vous informe, monsieur le directeur, que j'ai rencontré madame Dubé.

La méthode traditionnelle préconise la capitale initiale au titre de civilité et à la fonction. D'autre part, elle dit qu'on écrit les titres de civilité au long quand on s'adresse à la personne, et en abrégé quand on parle d'elle.

Je vous informe, Monsieur le Directeur, que j'ai rencontré Mme Dubé.

Taille typographique

Dans une lettre d'affaires, l'interligne est de 12 pt pour une taille de 10 pt, et de 14 pt pour une taille de 12 pt. Mettre un blanc d'au moins 6 pt entre les paragraphes.

Un septuagénaire est un losange à sept côtés.

Salutation

On utilise la même apostrophe rhétorique que celle utilisée dans l'appel, que l'on place entre deux virgules, avec un bas-de-casse initial. Cette règle est cohérente avec celle concernant *madame* et *monsieur* (p. 50-51).

> Veuillez accepter, madame, mes salutations distinguées.
> Je vous prie d'agréer, monsieur le ministre, mes respectueuses salutations.

La méthode traditionnelle prône la capitale au titre de civilité et à la fonction.

> Veuillez accepter, Madame, mes salutations distinguées.
> Je vous prie d'agréer, Monsieur le Ministre, mes respectueuses salutations.

Initiales d'identification

Les initiales sont les mentions de la personne qui a rédigé la lettre et de celle qui l'a composée à la machine. Ces deux noms sont séparés par une barre oblique. On ne met pas de points abréviatifs, pas de traits d'union, pas de particule nobiliaire. On met les accents sur les majuscules. Supposons que la rédactrice se nomme Marie-Éva de Villers et que l'opératrice soit Anne-Marie Saint-Paul. Voici l'écriture des initiales :

> MÉV/amsp

Téléphone, fax et télécopieur

Le mot *téléphone* s'abrège *tél*. Les mots *télécopie* ou *télécopieur* s'abrègent *téléc*. Le mot *fax* (nom commun) signifie *télécopie* et ne s'abrège pas. Au Québec, on utilise *télécopie* ou *télécopieur*. L'indicatif s'écrit sans parenthèses. (Je rappelle que l'on écrit *Tél. :* avec un deux-points précédé d'une espace insécable s'il est en début de phrase.)

> Tél. : 514 499-1142   Téléc. : 514 499-1142

Les numéros 800 et 888 sont des numéros dits de *libre-appel* et ils sont gratuits. Les numéros 900 et 976 sont des numéros dits de *libre-service* et ils sont payants. Ces numéros ne sont pas entourés de parenthèses ni de traits d'union, mais d'une espace insécable. Il faut composer le 1 devant ces numéros (exemples fictifs).

> 1 800 123-4567   1 888 234-5678   1 900 345-6789   1 976 456-7890

→ Je propose de joindre tous les éléments par un trait d'union. D'abord parce que la ponctuation n'a pas d'effet sur la composition du numéro. Ensuite, parce que les traits d'union indiquent en bout de ligne que le numéro n'est pas fini. Enfin, parce cette méthode est largement utilisée au Canada et aux États-Unis.

> 514-499-1142   1-888-123-4567   1-900-345-6789   1-976-456-7890

Courrier électronique

Le mot *courriel* s'impose de plus en plus. Sur une carte professionnelle, il est important de distinguer le numéro de téléphone de celui du télécopieur. Mais on peut ne pas mentionner *Courriel* devant l'adresse de messagerie, car il ne peut pas y avoir confusion, étant donné la présence de l'arobas @. Le mot *courriel* ne s'abrège pas.

Dans un texte courant, il vaut mieux composer les adresses de site ou de courriel sur une seule ligne, centrée ou à gauche selon que la composition est justifiée ou en drapeau à gauche. Il n'y a pas de règle obligatoire pour l'écriture des adresses de site ou de courriel. On peut les écrire en romain, en italique ou en gras, sans les entourer de chevrons simples ni de guillemets, et sans soulignement.

> aurel.ramat@videotron.ca   www.ramat.fr

Si la justification (longueur de la ligne) est très petite et que l'adresse de site ou de courriel n'entre pas entièrement, on peut y faire une coupure avec un trait d'union conditionnel, en prenant soin si possible de couper avant ou après l'arobas. Il faut cependant essayer d'éviter cette situation.

Votre employé s'en lave les mains. Je pense qu'il a besoin d'un savon.

Adresse postale

En principe, les éléments d'une adresse ne s'abrègent pas. Cependant, en cas de manque de place, on peut utiliser les abréviations suivantes.

A, B, C	En capitales, collés au numéro : 13B, rue Durand
Appartement	400, rue de la Liberté, app. 1600 *ou* Appartement 1600 400, rue de la Liberté *ou* 1600-400, rue de la Liberté (admis par Postes Canada)
Bis	En romain, bas-de-casse, avec espace insécable après le numéro. 13 bis, rue Dupont
Bureau	Abréviation : **bur.** Même règle que Appartement.
Canada	En capitales, sur la dernière ligne. À n'employer que dans les adresses d'expéditeurs canadiens écrivant à l'étranger.
Case postale	Abréviation : **C.P.** C.P. 120, succ. Centre-ville
Chambre	Ne s'utilise que dans l'hôtellerie. Même règle que Appartement, mais ne s'abrège pas.
Code postal	Même ligne que la province, détaché par deux espaces, ou sur la ligne suivante si la place manque.
Destinataire	Le nom de la personne doit être mentionné d'abord. Monsieur Roger Dubois Société générale de menuiserie
Est, Ouest	Avec capitale initiale : 3, rue Sainte-Catherine Ouest
Étage	Abréviation : **ét.** Même règle que Appartement.
Madame	Au long avec capitale initiale, de même que : Monsieur, Mademoiselle, Docteur, Maitre, *ou* M., Mme, Mlle, D^{r}, M^{e}.
Numéro	Jamais d'espace entre les chiffres. Suivi d'une virgule. 12345, rue Georges-Dupont
Porte	Ne s'abrège pas. Peut s'employer à la place de Bureau.
Québec	La province est entre parenthèses et au long si la place le permet. Si la place est limitée et dans les envois massifs, on utilise le symbole QC.
QC	Sans point, sans virgule avant, sans parenthèses. Deux espaces entre QC et le code postal. (Symbole recommandé par Postes Canada.)
Rue	23, rue Rachel Est (les génériques *rue, avenue,* etc., sont obligatoires) 23, 2e Rue *ou* 23, Deuxième Rue
Suite	Ne s'utilise que dans l'hôtellerie, jamais pour un bureau. Même règle que Appartement, mais ne s'abrège pas.
Ville	Son nom ne s'abrège pas. Il s'écrit en capitales et bas-de-casse, ou bien tout en capitales : Bois-des-Filion *ou* BOIS-DES-FILION.
Virgule	On ne met pas de virgule à la fin des lignes.

La colonne vertébrale se nomme ainsi, car elle est située vers tes bras.

Menus de restaurant

Article au début du mets

On emploie l'article seulement si la pièce entière est servie.

Bœuf en boulettes	*et non :* Le bœuf en boulettes
Tournedos Rossini	*et non :* Le tournedos Rossini
Le faisan à la bohémienne	(la pièce entière est servie)

Capitales dans un menu

On met une capitale au premier mot de la dénomination seulement.

Mousseline de brochet	*et non :* Mousseline de Brochet
Terrine de fruits de mer	*et non :* TERRINE DE FRUITS DE MER
Turbot au champagne	*et non :* Turbot au Champagne

Dénominations dédicatoires

Le nom propre indique la personne, le lieu ou l'évènement.

Carré d'agneau Du Barry	Pêche Melba (du nom d'une cantatrice)
Poulet sauté Périgord	Timbale de langoustines Nantua
Oie en daube Capitole	Faisan Sainte-Alliance

Antonomases dans un menu

Une antonomase est un nom propre qui est devenu un nom commun. Il a donc perdu sa capitale.

Choucroute au champagne	(vin de la région de Champagne)
Salsifis à la béchamel	(sauce inventée par Louis de Béchamel)
Bécasse au calvados	(boisson du département du Calvados)

Spécifiques comprenant des noms propres

Le générique prend une capitale initiale, puisqu'il est en début de ligne. Chacun des composants du spécifique prend une capitale, sauf les articles, les prépositions, les pronoms et les conjonctions. On place un trait d'union entre tous les mots du spécifique, sans faire de distinction entre une préposition et une particule nobiliaire.

Consommé Christophe-Colomb	Côte de veau Grimod-de-la-Reynière
Filet de bœuf Prince-Albert	Poire Belle-Hélène
Tartelette Agnès-Sorel	Truite saumonée Berchoux

Locution *à la*

Le mot qui suit la locution *à la* prend toujours un bas-de-casse initial. Il ne faut pas supprimer cette locution, afin de garder la correction grammaticale. En effet, dans la colonne de droite, l'expression *Tomates provençale* sans *s* semblerait contenir une faute d'accord.

Truite à la matapédienne	Tomates à la provençale
Friture de poulamon à la péradienne	Cuisseau de chevreuil à l'anticostienne
Tourtière à la campivallensienne	Matelote aux anguilles à la trifluvienne

Virgules dans les menus

On utilise des virgules quand le sens l'exige. On ne met jamais de point à la fin de la dénomination d'un mets.

Fondant aux noisettes sauvages et aux trois ganaches, sauce douce au sucre de première sève d'érable

Toponymie

Rappel

Le générique est le nom commun au début de la dénomination ; le spécifique est le mot ou groupe de mots qui spécifie la dénomination.

Définition

La toponymie est l'étude des noms de lieux. Un toponyme est un nom géographique. On distingue deux catégories : les toponymes naturels et les toponymes administratifs.

Toponyme naturel

Nom géographique désignant un espace façonné par la nature. Par exemple,

le lac Noir

est un toponyme naturel, car le lac a été délimité par la nature et non par l'être humain. Le mot *lac* est le générique et le mot *Noir* est le spécifique.

Toponyme administratif

Nom géographique désignant un espace délimité par l'être humain. Par exemple,

la rue Crémazie

est un toponyme administratif, car la rue a été délimitée par l'être humain. Le mot *rue* est le générique et le mot *Crémazie* est le spécifique.

Génériques de toponymes naturels

aiguille	chute	glacier	océan	ruisseau
anse	cime	golfe	péninsule	val
arête	col	ile	pic	vallée
baie	côte	lac	pointe	vallon
bassin	crête	massif	presqu'ile	
bois	dent	mer	rive	
cap	étang	mont	rivière	
chaine	fleuve	montagne	rocher	

Génériques de toponymes administratifs

allée	canton	gare	paroisse	rondpoint
arrêt	chemin	hameau	passage	route
arrondissement	commune	impasse	place	rue
autoroute	comté	jardin	quai	square
avenue	cours	municipalité	quartier	village
boulevard	district	parc	rang	ville

Distinction entre les toponymes

le bas Saint-Laurent	(le cours inférieur du fleuve)	toponyme naturel
le Bas-Saint-Laurent	(division de recensement)	toponyme administratif

Place (ensemble immobilier)

Une place au sens propre ne contient pas d'immeuble. Dans les exemples suivants, on considère donc un ensemble immobilier comme un spécifique, le générique étant *édifice* ou *immeuble,* qui est sous-entendu. Ce spécifique prend des traits d'union, et des capitales aux mots importants.

la Place-des-Arts	la Place-Ville-Marie	la Place-Bonaventure
la station Place-des-Arts	1, édifice Place-Ville-Marie	

Un corps lâché d'une certaine hauteur finit toujours par tomber.

Toponymie : règles

Abréviations des toponymes

Ne pas abréger le générique dans un texte. Mais on peut l'abréger au besoin dans une adresse ou en cartographie. Il faut toujours citer le générique.

Ne pas abréger les spécifiques de tous les toponymes, sauf parfois le mot *Saint*.

J'habite au 24, avenue Dupont.	24, av. Dupont (*adresse*)
J'aime la rivière des Prairies.	Riv. des Prairies (*cartographie*)
Je vais au 24, rue Dupont.	*et non pas :* Je vais au 24, Dupont.
J'aime la ville de Montréal.	*et non pas :* J'aime la ville de Mtl.

Génériques de tous les toponymes

Bas-de-casse initial. Si un adjectif précède le générique, il prend une capitale.

la rue Viger   le square Victoria   le lac Clair   le Petit lac Clair

Spécifiques des toponymes naturels

On ne met pas de traits d'union. Le toponyme naturel est à gauche.

le lac des Deux Montagnes   la ville de Deux-Montagnes

Mais on met des traits d'union quand le spécifique du toponyme naturel est composé d'un des groupes suivants :

verbe+nom : le lac Brise-Culotte   nom+nom : le lac Matchi-Manitou
titre+nom : le mont du Général-Allard   prénom+nom : le ruisseau Jean-Guérin
prénom+prénom : la rivière Marie-Alice

Spécifiques des toponymes administratifs

Capitale initiale à tous les mots, sauf aux articles, prépositions et conjonctions. Les mots sont reliés par un trait d'union, sauf les particules *De, Du, Des, Le, La, Les* si elles font partie d'un nom propre et qu'elles se trouvent au **début** du spécifique.

Bois-des-Filion (*des* est préposition)	rue De Rigaud (*De* est ici particule)
rue Henri-IV	rue du 3-Mai
parc du Marmot-Qui-Rit	parc du Bois-et-des-Berges
boulevard René-Lévesque Est	Lac-à-la-Tortue (municipalité)
station de métro Place-d'Armes	Le Gardeur, La Prairie, Les Éboulements

Si les particules se trouvent à **l'intérieur,** elles prennent une capitale et on met un trait d'union entre la particule et le prénom (à gauche) ou la qualité (à droite). La particule *La,* quand elle suit la particule *De,* n'a pas de trait d'union avant ni après elle[1].

rue Jean-De La Fontaine   rue du Général-De Montcalm

On n'utilise pas de préposition devant un nom de personne (à gauche), sauf si ce nom est précédé d'une qualité (*Président,* à droite).

rue Gabrielle-Roy   avenue **du** Président-Kennedy

➔ Si l'on désire consulter la Commission de toponymie du Québec, on ouvre le site www.toponymie.gouv.qc.ca et on clique sur *Topos sur le Web.* On peut rechercher un nom seul et on obtiendra la liste des toponymes qui contiennent ce nom.

---

1. En France, on ne fait pas de différence entre une particule (à gauche) et une préposition :
   la rue Jean-de-la-Fontaine   la ville de Saint-Maur-des-Fossés

   Force est de constater que cette façon est aussi souvent utilisée au Québec :
   la ville de Dollard-des-Ormeaux   la ville de Bois-des-Filion

---

Toute sa vie, Montaigne a voulu écrire, mais il n'a pu faire que des essais.

Toponymie : odonymes à Montréal

Les odonymes sont des noms de voies de communication. Voici des exemples tirés du *Répertoire des voies publiques,* de la ville de Montréal, officialisé par la Commission de toponymie du Québec. J'ai laissé les particules et les prépositions en début de ligne, pour bien les différencier. Les prépositions *de, du, des* sont en bas-de-casse, alors que les particules nobiliaires *De, Du, Des, Le, La, Les* prennent une capitale.

1ʳᵉ Avenue, 2ᵉ Avenue	De La Dauversière, place	De Sillery, rue
Albert-LeSage, avenue	de la Friponne, rue	De Sorel, rue
Alexandre-DeSève, rue	De La Gauchetière E., rue	de Terrebonne, rue
Alfred-De Vigny, avenue	de La Minerve, place	De Tonty, rue
Charles-De Gaulle, place	de la Miséricorde, avenue	de Valcartier, rue
Charles-De La Tour, rue	De La Peltrie, rue	De Varennes, rue
d'Anjou, rue	de la Place-d'Armes, côte	De Vaudreuil, rue
D'Aragon, rue	De La Roche, rue	de Versailles, rue
d'Armes, place	de La Ronde, chemin	De Villiers, rue
D'Hérelle, rue	De La Vérendrye, boul.	de Vimy, avenue
d'Hibernia, rue	de la Visitation, rue	des Bois-Francs, rue
D'Iberville, rue	De Lanaudière, rue	Des Groseilliers, rue
d'Outremont, avenue	de Lavaltrie, rue	des Marronniers, avenue
D'Youville, place	De Lévis, rue	Des Ormeaux, rue
de Beaurivage, rue	de Lille, rue	des Sœurs-Grises, rue
De Bécancour, rue	De Longueuil, rue	du Bois-de-Boulogne, av.
de Bellechasse, rue	De Lorimier, avenue	du Champ-de-Mars, rue
De Bleury, rue	de Lorraine, rue	du Chenal-Le Moyne, ch.
de Bonsecours, rue	De Lotbinière, parc	du Cheval de Terre, île
De Boucherville, rue	De Maisonneuve Est, bd	du Lac-à-la-Loutre, parc
de Bruxelles, rue	de Marseille, rue	du Marché-du-Nord, place
De Bullion, rue	De Montmagny, avenue	du Mont-Royal Est, av.
de Carignan, avenue	de Montmartre, parc	du Parc-La Fontaine, rue
De Chambly, rue	De Montreuil, avenue	du Père-Marquette, parc
de Chambois, rue	de Nevers, place	Du Quesne, rue
De Champlain, rue	De Normanville, parc	du Tour-de-l'Isle, chemin
de Châteauguay, rue	de Pontoise, rue	du Vieux-Moulin, parc
De Condé, rue	De Ramezay, avenue	Émilie-Du Châtelet, rue
de Dieppe, avenue	de Reims, rue	Henri-IV, rue
De Drucourt, rue	De Renty, avenue	Irma-LeVasseur, rue
de Dunkerque, place	de Repentigny, avenue	Jean-D'Estrées, rue
De Fleurimont, rue	De Richelieu, rue	Jeanne-d'Arc, avenue
de Florence, rue	De Rigaud, rue	Julie-De Lespinasse, rue
De Gaspé, avenue	de Rivoli, avenue	La Fayette, rue
de Granby, avenue	De Roberval, rue	La Fontaine, parc
De Grosbois, rue	de Rouen, rue	Le Moyne, rue
de Hampton, avenue	De Rouville, rue	Le Royer Est, rue
De Jumonville, place	de Rozel, rue	LeMesurier, avenue
de l'Église, avenue	De Saint-Exupéry, rue	Léonard-De Vinci, avenue
De L'Épée, avenue	de Saint-Léonard, allée	Marie-Le Franc, rue
de La Bolduc, parc	De Salaberry, parc	Mathieu-De Costa, rue
De La Bruère, avenue	de Sébastopol, rue	Michelle-Le Normand, rue
de la Cité-du-Havre, parc	De Serres, rue	Pierre-De Coubertin, av.
De La Colombière, place	De Sève, rue	Sophie-De Grouchy, rue
de la Coulée-Grou, parc	de Sienne, parc	Vincent-D'Indy, avenue

---

Le témoin est venu témoigner qu'il n'avait rien vu ni rien entendu.

Toponymes à retenir

Voici une liste de toponymes et de dérivés. Bien noter les capitales et les traits d'union.

Amérique centrale, l'
Arabie Heureuse, l'
Arabie saoudite, l'
Arctique, l'
Asie centrale, l'
Asie Mineure, l'
Australie-Méridionale, l'
baie James[1], la
Baie-James[2]
bas du fleuve[1], le
Bas-du-Fleuve[2], le
bas Saint-Laurent[1], le
Bas-Saint-Laurent[2], le
Bas-Canada[2], le
Basse-Côte-Nord[2], la
Basse-Ville[2], la
Bassin parisien, le
Baton Rouge (Louisiane)
Bois-des-Filion[2]
Bois-Francs[2], les
Bouclier canadien, le
cap de la Madeleine[1], le
Cap-de-la-Madeleine[2]
cap Vert[1], le
Cap-Vert[2]
Cap-Breton[2]
Cap-Rouge[2]
col du Mont-Cenis, le
Cordillère centrale, la
cordillère des Andes, la
côte atlantique, la
Côte d'Azur, la
Côte d'Ivoire, la
côte nord du fleuve[1], la
Côte-Nord[2], la
Côte Vermeille, la
Côte-d'Or, la
Côtes-d'Armor, les
Extrême-Orient, l'
fleuve Jaune, le
Forêt-Noire, la
Grand Canyon, le
Grand Lac Salé, le
Grand Nord, le
Grand Rapids
Grands Lacs, les
Guatemala, le
Haut-Canada[2], le

Haute-Côte-Nord[2], la
Hautes-Laurentides[2], les
Haute-Ville[2], la
hémisphère Sud, l'
Hispaniques, les
ile d'Anticosti[1], l'
Île-d'Anticosti[2]
ile de Montréal[1], l'
Île-de-Montréal[2]
ile des Sœurs[1], l'
Île-des-Sœurs[2]
Île-Perrot[2]
iles de la Madeleine[1], les
Îles-de-la-Madeleine[2]
iles Sous-le-Vent, les
La Prairie[2]
lac Beauport[1], le
Lac-Beauport[2]
lac Drolet[1], le
Lac-Drolet[2]
Las Vegas
Le Gardeur[2]
Les Éboulements[2]
Les Escoumins[2]
Les Méchins[2]
Libye, la
Maison-Blanche, la
Massif central, le
Mecque, La
mer Morte, la
mer Rouge, la
Mongolie-Intérieure, la
mont Blanc, le
massif du Mont-Blanc, le
tunnel du Mont-Blanc, le
mont Royal[1], le
Mont-Royal[2], l'avenue du
mont Saint-Hilaire[1], le
Mont-Saint-Hilaire[2]
mont Tremblant[1], le
montagnes Rocheuses
Mont-Saint-Michel[2], le
Mont-Tremblant[2]
Moyen-Orient, le
New York
New-Yorkais, les
Nord-Africains, les
Nordiques, les

nordistes, les
Nouveau Monde, le
Nouveau-Mexique, le
Nouvelle-Calédonie, la
Nouvelle-Orléans, La
Occidentaux, les
océan Atlantique, l'
Orientaux, les
Pays basque, le
pays de Galles, le
péninsule Ibérique, la
Petit-Champlain[2], le
Plateau-Mont-Royal[2], le
pôle Nord, pôle Sud
proche-oriental, adj.
Provençal, un
provincial, un
quartier Latin[1]
Río de la Plata, le
Rio Grande, le
rive sud du fleuve[1], la
Rive-Sud[2], la
Riviera, la
rivière des Mille Îles[1], la
Rocheuses, les
Saint-Pierre-et-Miquelon
Sierra Leone, la
sierra Nevada, la
sudistes, les
Sud-Ouest américain, le
terre Adélie, la
Terre de Feu, la
tiers-monde, le
tiers-mondiste, un
Val-d'Or[2]
Val-Saint-François[2]
Venezuela, le
Vénézuéliens, les
Vieille capitale, la
Vietnam, le
vieux port (endroit)
Vieux-Montréal[2], le
Vieux-Port[2], le
Vieux-Québec[2], le
Ville éternelle, la
Ville lumière, la
Ville reine, la
Virginie-Occidentale, la

---

1. Toponyme naturel, façonné par la nature : lac, mer, fleuve, cap, ile, col, mont, océan...
2. Toponyme administratif, délimité par l'être humain : ville, rue, avenue, place, station...

Sous le poids du verglas, mon bouleau est devenu un peu plié.

Points cardinaux

Définition

Sont considérés comme points cardinaux les mots suivants : nord, sud, est, ouest, midi, centre, occident, orient, couchant et levant.

Abréviations des points cardinaux

Seuls peuvent s'abréger les quatre premiers points cardinaux cités plus haut. Ces abréviations prennent un point abréviatif.

nord = N.　　　　　　sud = S.　　　　　　est = E.　　　　　　ouest = O. ou W.

Dans l'abréviation de l'indication des vents, on ne met de trait d'union qu'entre les termes ou groupes de termes désignant des aires de vent opposées.

un vent N.-S.　　　　　　　　　un vent N.N.O.-S.S.E.

Signes des points cardinaux

Le signe **degré** est représenté par un cercle supérieur (°). Les **minutes** d'angle sont représentées par le signe ('), les **secondes** d'angle par le signe ("). Ces deux derniers signes ne sont pas des apostrophes et on ne doit pas les utiliser pour écrire des minutes et des secondes de temps. On ne met pas de 0 devant un chiffre inférieur à 10.

un point situé par 53° 8' 25" de latitude N. exactement

Casse dans les points cardinaux

S'il s'agit d'une **direction** : bas-de-casse et traits d'union.

Le vent vient du sud-ouest.　　　　　　Nous avons pris la direction sud.
La maison est exposée au midi.　　　　　Nous admirons le soleil levant.
Le terrain est bordé au nord par la rivière, au sud par la voie ferrée.

Si le point cardinal est suivi de **du** ou **de** : bas-de-casse.

J'irai dans l'extrême-nord du Canada.　　J'aime le midi et le centre de la France.
Je connais le sud-est du Québec.　　　　Cette ville se trouve au sud de Montréal.
Il voyage dans le nord du pays.　　　　　Elle vient de l'ouest de la capitale.
Il neige dans le nord du pays et il pleut dans le sud (sous-entendu *du pays*).

Si le point cardinal n'est pas suivi de **du** ou **de** : capitales, traits d'union au besoin.

Je vais dans l'Extrême-Nord canadien.　　Nous sommes allés dans le Midi.
Je vais en vacances dans le Sud-Est.　　L'Orient et l'Occident sont différents.
Tout le Nord est sous la neige.　　　　　Le Sud est ensoleillé.
Le Sud-Vietnam a bien changé.　　　　　J'ai pris l'avion à Orly-Sud.
Il s'est rendu jusqu'au pôle Nord.　　　（pôle Nord et pôle Sud, tjs avec cap.)

Si c'est le point cardinal qui est précédé de **du** ou **de** : capitale. Trait d'union seulement dans un point cardinal **composé** (voir le dernier exemple).

l'Afrique du Sud　　　　　　　　l'Allemagne de l'Ouest
la Caroline du Sud　　　　　　　l'Irlande du Nord
la Corée du Nord　　　　　　　　l'Asie du Sud-Est

Si le point cardinal sert à préciser une **voie** de communication ou un **édifice** : capitale.

400, rue Rachel Ouest　　　　　　l'autoroute 20 Est
la tour Sud　　　　　　　　　　　l'aile Ouest

Si le point cardinal fait partie d'un **adjectif de lieu** : bas-de-casse et trait d'union.

la politique nord-américaine　　　　la position sud-coréenne
la littérature sud-africaine　　　　　la question nord-irlandaise

Tous les chats devront être vaccinés à la mi-aout.

Cas particuliers des capitales

Organismes

Liste de génériques nationaux et internationaux suivant la même règle :

académie	centre	fonds	parlement
agence	chambre	groupe	régie
alliance	code	inspection	secrétariat
assemblée	comité	institut	sénat
banque	commission	ligue	sommet
bibliothèque	communauté	marché	sureté [sûreté]
bourse	confédération	mouvement	syndicat
bureau	conseil	office	tribunal
caisse	cour	organisation	union

Capitale au premier nom ainsi qu'à l'adjectif qui le précède. Les organismes possèdent une raison sociale. Ils ne sont donc pas touchés par la nouvelle orthographe si leur raison sociale n'a pas été enregistrée avec la nouvelle graphie.

l'Académie française
l'Académie des lettres du Québec
l'Agence nationale pour l'emploi
l'Alliance atlantique
l'Alliance française
les Archives nationales (voir *Bibliothèque*)
l'Assemblée législative
l'Assemblée nationale
la Banque du Canada
la Banque mondiale
Bibliothèque et Archives nat. du Québec
la Bourse de Montréal, jouer en Bourse
le Bureau de la statistique du Québec
le Bureau de normalisation du Québec
le Bureau international du travail
la Caisse populaire des fonctionnaires
le Centre de recherche industrielle
la Chambre des communes
la Chambre des députés
le Code civil
le Comité international olympique
la Commission de toponymie du Québec
la Commission des droits de la personne
la Confédération des syndicats nationaux
le Conseil supérieur de la langue française
le Conseil de sécurité
le Conseil des ministres
le Conseil du Trésor (du Canada)
le Conseil du trésor (du Québec)
le Conseil québécois de la famille
la Cour d'appel du Québec
la Cour des petites créances
la Cour fédérale
la Cour internationale de justice

la Cour supérieure du Québec
la Cour suprême du Canada
la Croix-Rouge
le Fonds de relance industrielle
le Fonds monétaire international
le Grand Conseil des Cris
le Groupe des 7
le Haut-Commissariat aux réfugiés
la Haute Assemblée
la Haute Cour de justice
l'Inspection du bâtiment
l'Institut national des sports
la Ligue arabe
la Ligue des droits de l'homme
la Ligue nationale de hockey
le Marché commun
le Mouvement de la paix
le Mouvement Desjardins
l'Office des changes
l'Office des professions du Québec
l'Organisation mondiale de la santé
le parlement (édifice)
le Parlement (organisme)
la Régie des rentes du Québec
le Secrétariat à la condition féminine
le Secrétariat d'État
le Sénat
le Sommet de la francophonie
la Sûreté du Québec (voir page 71)
le Syndicat des postiers du Canada
le Tribunal des professions
le Tribunal du travail
l'Union des artistes
l'Union européenne

Employés seuls, certains spécifiques prennent la capitale.

les Communes   les Archives
la Francophonie : organisme groupant les pays francophones

Si j'avais été un garçon, est-ce que j'aurais été dans le ventre de papa ?

Réunions de personnes

Les génériques ci-après ont en commun le fait qu'ils désignent une réunion de personnes plus ou moins nombreuses pour discuter et prendre des décisions.

• S'il s'agit d'un **organisme** ou d'une **société,** ces mots prennent une capitale initiale. Un organisme ou une société sont officiels, structurés, et ils comportent des statuts.

• S'il s'agit d'un petit **groupe de personnes** formé à l'intérieur d'un organisme ou d'une société pour participer à sa gestion, ces mots prennent un bas-de-casse initial.

Avec un bas-de-casse		Avec cap. ou bdc	Avec capitale
caucus	discussion	assemblée	congrès
causerie	entretien	bureau	forum
concile	pourparlers	comité	symposium
conclave	réunion	commission	
débat	séminaire	conférence	
délibération	synode	conseil	

Exemples avec un bas-de-casse

Groupes de personnes réunies pour discuter. Ce ne sont pas des organismes.

le caucus du Parti libéral	la discussion d'un projet de loi
la causerie mensuelle des membres	l'entretien entre les parties
le concile Vatican II	les pourparlers entre les pays
le conclave de 1978	la réunion des actionnaires
le débat politique sur la guerre	le séminaire des ingénieurs
la délibération sur le contrat	le synode de 2001

Exemples avec un bas-de-casse ou une capitale

Groupes de personnes, avec bdc	Organismes ou sociétés, avec capitale
l'assemblée générale de l'entreprise	l'Assemblée nationale du Québec
l'assemblée annuelle de la société	l'Assemblée législative
la commission Bouchard-Taylor	la Commission de toponymie du Québec
la conférence de presse	la Conférence de Montréal
la conférence du professeur Dupont	la Conférence du désarmement
le bureau de direction	le Bureau de la traduction
le bureau de l'entreprise	le Bureau de normalisation du Québec
le comité consultatif	le Comité de salut public
le comité de déontologie	le Comité français d'accréditation
le comité de parents	le Comité olympique canadien
le comité des plaintes	le Conseil supérieur de la langue française
le conseil d'administration	le Conseil des arts du Canada
le conseil d'agglomération	le Conseil des ministres
le conseil d'établissement	le Conseil du patronat du Québec
le conseil de bande	le Conseil du statut de la femme
le conseil de classe	le Conseil économique du Canada
le conseil de direction	le Conseil exécutif
le conseil de discipline	le Conseil national du Parti québécois
le conseil de famille	le Conseil québécois de la famille
le conseil des professeurs	le Grand Conseil des Cris
le conseil municipal	le Haut Conseil de la francophonie

Exemples avec une capitale

Ces trois génériques concernent des réunions de nombreuses personnes.

le Congrès de biologie médicale	le Congrès mondial acadien 2004
le Forum des droits sur Internet	le Forum national sur la santé
le Symposium de Baie-Saint-Paul	le Symposium de peinture

Ne nourrissez pas les animaux. Donnez les aliments au gardien.

Bâtiments et lieux publics

Côté physique

Il s'agit du bâtiment lui-même, fait de ciment et de bois, que l'on peut toucher.
Liste de génériques suivant la même règle :

abbaye	cathédrale	colonne	hôtel de ville	oratoire	prison
aéroport	centre	complexe	immeuble	palais	stade
arc	chapelle	fontaine	monument	piscine	statue
aréna	château	galerie	mur	pont	temple
basilique	cimetière	gare	observatoire	porte	tour

Bas-de-casse au générique et capitale au spécifique, qui peut être un nom propre ou un nom commun. On met les traits d'union dans le spécifique.

l'abbaye de Saint-Benoît-du-Lac
l'aéroport Pierre-Elliott-Trudeau
l'arc de triomphe de l'Étoile
l'aréna Maurice-Richard
la basilique du Sacré-Cœur
la cathédrale de Chartres
le centre Bell
la chapelle Sixtine
le château de Versailles
le cimetière de la Côte-des-Neiges
la colonne Vendôme
le complexe Desjardins
la fontaine des Innocents
la galerie des Glaces
la gare du Palais, la gare Centrale
l'hôtel de ville de Laval

l'immeuble Place-des-Arts
le monument aux Morts
le mur des Lamentations
l'observatoire de Dorval
l'oratoire Saint-Joseph
le palais de la Découverte
le palais de la Civilisation
le palais de l'Élysée
la piscine municipale de La Prairie
le pont Pierre-Laporte
la porte Saint-Martin
la prison de Bordeaux
le stade Roland-Garros
la statue de la Liberté
le temple de la Raison
la tour de Pise, la tour Eiffel

Quand la dénomination est elliptique, c'est-à-dire quand le générique est employé seul et que le spécifique sous-entendu est célèbre, le générique prend la capitale.

l'Arc de triomphe　　l'Oratoire　　la Statue　　la Tour
le Château　　　　　le Palais　　le Temple

Côté moral

S'il s'agit du côté moral du bâtiment, la dénomination devient une raison sociale et le premier nom ainsi que l'adjectif qui le précède prennent une capitale, conformément à la règle concernant les sociétés. (Il est évident que les murs du palais de la Civilisation ne peuvent pas intenter une action en justice.)

Physique　Les murs du palais de la Civilisation sont d'une belle couleur.
Moral　　Le Palais de la civilisation a intenté un procès contre Untel.
Physique　Le stade olympique a été agrandi.
Moral　　Le Stade olympique a augmenté ses prix d'entrée.
Physique　Le centre Bell était plein hier soir.
Moral　　le Centre Bell a rédigé son programme de la saison.
Physique　La réunion s'est tenue hier à l'hôtel de ville.
Moral　　L'Hôtel de Ville (ou la Ville) n'augmentera pas les taxes cette année.

➔ Si ces nuances entre *physique* et *moral* vous paraissent trop compliquées, vous pouvez uniformiser en optant pour le côté *moral* (capitale initiale au générique *Centre*).

Le Centre Bell était plein hier soir.　　Le Centre Bell maintient ses prix.

Évidemment, il ne faudra jamais mettre une capitale initiale s'il s'agit d'un monument, puisqu'il ne peut pas être une personne morale, ex. *la statue de la Liberté.*

Il faut éviter de faire du cheval sur un dos-d'âne.

Enseignement

Liste de génériques suivant la même règle (***école*** est traité en détail à la page 85) :

académie	commission scolaire	faculté	polyvalente
cégep	conservatoire	institut	séminaire
collège	cours	lycée	université

Côté physique

S'il s'agit du côté physique, c'est-à-dire du bâtiment lui-même, le générique prend un bas-de-casse. Si la dénomination est composée seulement de noms communs, le générique garde la capitale (à droite).

le toit du cégep André-Laurendeau   l'entrée du Collège de secrétariat

Côté moral

S'il s'agit du côté moral (raison sociale), on met une capitale au premier nom et à l'adjectif qui le précède.

l'Académie des sciences	la Faculté des lettres
le Cégep André-Laurendeau	l'Institut de tourisme et d'hôtellerie
le Collège de secrétariat moderne	le Lycée français
la Commission scolaire Sainte-Croix	la Polyvalente Pierre-Laporte
le Conservatoire Lassalle	le Séminaire de Québec
le Cours Simon	Université : toujours avec une capitale

➜ Si l'on préfère l'uniformité, on peut opter pour la capitale initiale partout, comme dans le côté moral ci-dessus.

Diplômes et grades universitaires

S'ils sont écrits au long, dans un texte courant : tout en bas-de-casse.

Elle a obtenu un diplôme d'études collégiales.

Sigles : en capitales, sans accents, avec points abréviatifs, sans espaces.

B.A.A.	baccalauréat en administration des affaires
B.A.	baccalauréat ès arts
C.A.P.E.S.	certificat d'aptitude pédagogique à l'enseignement secondaire
C.E.E.	certificat pour l'enseignement au cours élémentaire
C.E.C.P.	certificat pour l'enseignement collégial professionnel
D.E.C.	diplôme d'études collégiales
D.P.H.	diplôme de pharmacie d'hôpital
D.S.A.	diplôme de sciences administratives
M.B.A.	maitrise en administration des affaires
D.M.D.	doctorat en médecine dentaire
M.A.	maitrise ès arts

Abréviations (plus d'une lettre) : points abréviatifs, insécable entre éléments, accents.

B. Arch.	baccalauréat en architecture
LL. B.	baccalauréat en droit
B. Éd.	baccalauréat en éducation
B. Inf.	baccalauréat en informatique
B. Ps.	baccalauréat en psychologie
B. Sc. inf.	baccalauréat en sciences infirmières
B. Sc. pol.	baccalauréat en sciences politiques
D. Th.	doctorat en théologie
D. ès L.	doctorat ès lettres
LL. L.	licence en droit
L. Ph.	licence en philosophie
LL. M.	maitrise en droit

Philatéliste cherche une copine ayant un beau timbre de voix.

Écoles

Le générique *école*. Voici les conseils de la Commission de toponymie du Québec concernant l'écriture des noms d'écoles du système scolaire dans un texte courant. On met un bas-de-casse au générique *école*. On ne fait pas de différence entre le côté physique et le côté moral du bâtiment. La particule *De* garde sa capitale.

l'école Micheline-Brodeur　　　　　l'école De Maisonneuve

Utilisation de la préposition *de*. Au lieu d'écrire comme dans la colonne de gauche, alors qu'on hésitait à mettre ou non le spécifique en italique et l'article avec une capitale, on utilise maintenant la préposition *de* et on écrit le tout en romain (à droite).

écriture non recommandée	écriture recommandée
l'école Tourterelle	l'école de la Tourterelle
l'école *la Sapinière*	l'école de la Sapinière
l'école *Les Moussaillons*	l'école des Moussaillons
l'école le Parchemin	l'école du Parchemin

Si le nom de l'école est dans une langue étrangère, il s'écrit en romain.

la Champlain High School

Casse et traits d'union dans les spécifiques. Tous les éléments ont une capitale initiale, sauf les articles et les prépositions. Ils sont reliés par un trait d'union, sauf la particule *La* à l'intérieur du patronyme (dernière ligne à droite).

l'école des Hauts-Bois　　　　　l'école des Prés-Verts
l'école du Petit-Chapiteau　　　　　l'école du Premier-Envol
l'école du Lac-des-Deux-Montagnes　　　　　l'école Saint-Pie-X
l'école Samuel-De Champlain　　　　　l'école Jean-De La Fontaine

Écoles n'appartenant pas au système scolaire. Les écoles privées et les grandes écoles s'écrivent avec un bas-de-casse s'il s'agit de l'aspect physique, une capitale s'il s'agit de l'aspect moral. Si la dénomination ne contient pas de nom propre, elle garde la capitale (à droite).

Physique : le toit de l'école Dupont　　　　　le toit de l'École polytechnique
Moral : l'École Dupont　　　　　l'École polytechnique

Le générique *Université* garde toujours la capitale. Tous les noms des universités du Canada s'écrivent toujours avec une capitale initiale.

le toit de l'Université de Montréal　　　　　l'Université de Montréal

Sports

Liste de génériques suivant la même règle :

challenge	coupe	jeux	prix	tournoi
championnat	fédération	ligue	tour	

Capitale au premier nom ainsi qu'à l'adjectif qui le précède.

le Challenge du Manoir　　　　　les Jeux olympiques
le Championnat du monde de ski　　　　　la Ligue nationale de hockey
la Coupe du monde de football　　　　　le Grand Prix de Monaco
l'Euro 2008　　　　　le Tour du Québec
la Fédération française de rugby　　　　　le Tournoi des cinq nations

S'il s'agit de l'objet, le générique s'écrit avec un bas-de-casse.

La coupe Stanley est très lourde.　　　　　Il a embrassé la coupe.

Si la dénomination est elliptique, le spécifique prend la capitale.

Il joue dans la Ligue nationale.　　　　　Il joue en Nationale.

Le zéro est le seul chiffre qui permet de compter jusqu'à un.

Sociétés et commerces

Liste partielle de génériques suivant la même règle :

agence	bibliothèque	cinéma	établissements	librairie	pharmacie
association	boutique	club	galerie	magasin	restaurant
assurances	brasserie	compagnie	hôpital	maison	service
auberge	café	congrégation	hôtel	musée	société
banque	centre	éditions	imprimerie	ordre	théâtre

Côté physique. Si l'on considère le côté physique de la société ou du commerce, et que le spécifique est un **nom propre,** on met un bas-de-casse au générique.

l'agence de voyage Candiac   la librairie Renaud-Bray
la galerie Jean-Pierre-Valentin   la pharmacie Jean-Coutu
l'hôpital Sainte-Justine   le restaurant Da Giovanni

Si la dénomination ne contient **pas de nom propre,** on met une capitale au premier nom ainsi qu'à l'adjectif qui le précède.

l'Auberge de l'aéroport   la Bibliothèque des arts graphiques
le Grand Café des amis   la Brasserie de la montée

Côté moral. Si l'on considère le côté moral de la société, on met une capitale initiale au premier nom et à l'adjectif qui le précède. Ici, l'usage du trait d'union entre le prénom et le nom de famille est facultatif.

l'Agence de voyage Candiac   la Galerie Alain-Duc (*ou* Alain Duc)
l'Association forestière québécoise   le Grand Café des amis
les Assurances Michel Brosseau ltée   l'Hôpital de Montréal pour enfants
l'Auberge de l'aéroport   l'Hôtel des voyageurs
la Banque de Montréal   l'Imprimerie nationale
la Bibliothèque des arts graphiques   la Librairie Renaud-Bray
la Boutique d'art   le Magasin de la place
la Brasserie de la montée   la Maison de la mariée enr.
le Centre dentaire Durand   le Musée des beaux-arts de Montréal
le Cinéma du plateau   l'Ordre des pharmaciens du Québec
le Club de golf de La Prairie   les Pharmacies Jean-Coutu
la Compagnie canadienne scientifique   le Restaurant de la gare
la Congrégation des chartreux   le Service régional de messageries
les Éditions Durand ltée   la Société des musées québécois
les Établissements Dupont & Fils   le Théâtre du rideau vert

➔ Si l'on préfère l'uniformité, on écrira partout selon le côté moral ci-dessus.

Sociétés au nom spécial

Les dénominations des sociétés s'écrivent en romain. Mais si la société porte un nom spécial destiné à attirer l'attention, on peut, dans un texte courant, utiliser l'italique avec une capitale au premier mot. (Même règle qu'un titre d'œuvre.)

l'auberge *Aux quatre vents*   le restaurant *Le roi de la patate*
l'hôtel *Le chat qui miaule*   le café *La belle et la bête*

Quand l'article est contracté, le premier mot qui suit prend la capitale initiale. Quand le nom de la société est elliptique, l'article reste en romain et en bas-de-casse.

Nous sortons des *Quatre vents.*   Nous irons au *Roi de la patate.*
J'ai dormi au *Chat qui miaule.*   Je vais à la *Belle* (titre elliptique).

Si le nom de la société est composé avec la préposition **de,** il s'écrit en romain avec une capitale au premier nom et à l'adjectif qui le précède.

l'Auberge des quatre vents   le Grand Hôtel du chat qui miaule

---

La femelle du corbeau s'appelle la corbeille.

Accord des noms de sociétés

Si le nom de la société commence par un :

Nom commun avec article. Accord en genre et en nombre avec ce nom commun.

La Baie est ouverte.	Le Musée des beaux-arts est ouvert.
Les Ailes de la mode sont ouvertes.	Les Magasins Dupont sont ouverts.

Nom commun sans article. Accord en genre et en nombre avec ce nom commun ou avec le mot sous-entendu (société, compagnie).

Air Canada a été actif   ou   Air Canada était présente (la société).

Nom propre. Accord avec le mot sous-entendu (société, compagnie).

Alcan était présente.

Services administratifs

Liste de génériques suivant la même règle :

aide juridique	conseil municipal
aide sociale	consulat
ambassade	cour municipale
assurance emploi	curatelle publique
assurance maladie	direction
assurance vie	gouvernement
barreau	mairie
bureau de vote	maison de la culture
cabinet	ministère
chambre de commerce	ministère public
circonscription	palais de justice

Bas-de-casse à tous ces génériques. Capitale au nom spécifique de même qu'à l'adjectif qui le précède. (Dans les mots composés avec le terme *assurance,* seul ce dernier prend la marque du pluriel : *des assurances vie très intéressantes.*)

l'aide juridique	le consulat de Belgique
l'ambassade d'Algérie	la cour municipale de Trois-Rivières
l'assurance automobile	la curatelle publique
l'assurance récolte	la direction de la Sécurité civile
le barreau de Montréal	le gouvernement du Québec
le bureau de vote de Lévis	la mairie de Rivière-du-Loup
le cabinet du premier min. du Québec	la maison de la culture Maisonneuve
la chambre de commerce de Sorel	le ministère des Transports
la circonscription de Mercier	le palais de justice de Saint-Jérôme
le conseil municipal de Laval	

Employés seuls et précédés de l'article défini, certains génériques ont la capitale.

le Barreau	la Cour	le Gouvernement
la Chambre de commerce	le Conseil	le Ministère

Services internes

Les services à l'intérieur d'une entreprise peuvent prendre une capitale initiale, ou bien s'écrire tout en bas-de-casse, selon ce qu'a décidé l'entreprise.

le Département des langues	le département des langues
la Division des consultations	la division des consultations
la Section de rhumatologie	la section de rhumatologie
le Service de la comptabilité	le service de la comptabilité

Raphaël a peint les frasques du Vatican.

Saint ou sainte

Quand il s'agit du saint lui-même, le mot *saint* s'écrit tout en bas-de-casse et sans trait d'union. Il ne s'abrège pas.

Nous prions sainte Justine.

Il célèbre la fête de saint Valentin.

Cette église est dédiée à sainte Anne.

Les saints ont été canonisés.

Quand le mot *Saint* entre dans un nom propre ou la dénomination d'une fête, d'un bâtiment, d'un lieu public, d'un toponyme ou d'un ordre, il s'écrit avec une capitale et un trait d'union.

Saint-Exupéry est né en 1900.

Nous viendrons à la Saint-Valentin.

Il travaille à l'hôpital Sainte-Justine.

Il va à l'église Saint-Vincent.

Elle habite rue Saint-François.

L'ordre de Saint-Michel date de 1469.

Abréviation du mot *Saint* ou *Sainte* avec une capitale

Bien qu'il soit conseillé de ne pas abréger le mot *Saint* ou *Sainte,* on peut, en cas de manque de place, abréger ce mot dans une adresse ou un toponyme administratif. Dans ces cas, il s'écrit sans point abréviatif, avec un trait d'union. La terminaison de l'abréviation de *Saint* peut aussi s'écrire en lettres supérieures (à droite).

34, av. Ste-Marie-de-l'Incarnation   23, pl. St-François-de-Neufchâteau

Orthographes comprenant le mot *saint* ou *sainte*

Bien noter l'emploi des capitales et des traits d'union.

Écriture sainte	Sainte-Trinité
guerre sainte	saint-florentin (fromage), invariable
Lieux saints	saint-frusquin (sans valeur), invariable
Sa Sainteté (le pape)	saint-glinglin (à la)
saint sacrement	Saint-Guy (danse de)
saint-amour (vin), invariable	saint-honoré (gâteau), invariable
saint-bernard (chien), invariable	saint-marcellin (fromage), invariable
saint-crépin (cordonnerie), invariable	saint-nectaire (fromage), invariable
saint-cyrien, saint-cyrienne	Saint-Office
saint-cyriens, saint-cyriennes	saint-paulin (fromage), invariable
sainte Bible	saint-père (le pape), saints-pères
sainte Église	saint-pierre (poisson), invariable
sainte Famille	Saint-Sépulcre
sainte messe	Saint-Siège
sainte table	saint-simonien, saint-simonienne
Sainte Vierge	saint-simoniens, saint-simoniennes
Sainte-Alliance	saint-simonisme
sainte-maure (fromage), invariable	saint-synode, saints-synodes
saint-émilion (vin), invariable	Semaine sainte
Saint-Empire	Terre sainte
sainte-nitouche, saintes-nitouches	Vendredi saint
Saint-Esprit	Ville sainte

Prières

Les prières font partie des titres d'œuvres. Elles s'écrivent en italique et seuls le premier mot et les noms propres prennent une capitale. Ces titres sont invariables.

J'ai récité un *Je vous salue, Marie.*

J'ai récité deux *Notre père.*

Si la prière est un mot latin francisé, il prend les accents mais reste invariable.

J'ai récité deux *Avé Maria.*

Quelle est la sainte qui ne portait pas de jarretelles ? — Sainte Sébastienne.

Dieu

S'il s'agit du personnage lui-même, ou s'il s'agit d'une expression synonyme, ces noms et les adjectifs qui les précèdent prennent la capitale.

le Bon Dieu	l'Enfant Jésus	le Messie	le Seigneur
le Christ	le Fils	le Prophète	le Tout-Puissant
le Ciel	Jésus-Christ	le Saint-Esprit	le Très-Haut

S'il ne s'agit pas du personnage lui-même, ces noms sont en bas-de-casse.

des christs en ivoire	le format jésus
le dieu de la guerre	un grand seigneur
les dieux du stade	un prophète de malheur

Église

Quand il désigne un bâtiment, donc quand il est employé dans un sens concret, ce mot s'écrit avec un bas-de-casse initial.

une église gothique	aller à l'église
un chant d'église	l'église Notre-Dame
une église-halle	le toit de l'église

Quand il désigne un pouvoir spirituel, donc quand il est employé dans un sens abstrait, ce mot s'écrit avec une capitale initiale. Il prend le pluriel.

l'Église catholique romaine	un homme d'Église
les Églises orientales	les États de l'Église
la sainte Église	les Églises uniates

Le terme religieux **Notre-Dame**

la basilique Notre-Dame de Montréal	*Montréal est le lieu où elle se trouve*
l'église Notre-Dame-de-Lorette	*Lorette n'est pas le lieu (église à Paris)*
le village de Notre-Dame-des-Monts	*spécifique d'un toponyme administratif*
le roman *Notre-Dame de Paris*	*de V. Hugo, titre d'œuvre en italique*
Nous prions Notre-Dame.	*nom donné à la Vierge Marie*
Elle collectionne les Notre-Dame.	*images de la Vierge, mot invariable*
Céline est notre dame de la chanson.	*il ne s'agit pas d'un terme religieux*

Dénominations historiques

Les dénominations suivantes sont maintenant passées à l'histoire. Bas-de-casse initial au générique, capitale au spécifique ainsi qu'à l'adjectif qui le précède. L'ordre alphabétique se fait sur la première capitale, dans les noms propres des dictionnaires.

les accords de Bretton Woods	Système monétaire international	1944
l'affaire des Poisons	Arrestation de la marquise de Brinvilliers	1675
le club des Jacobins	Société politique des députés bretons	1789
le colloque de Poissy	Catherine de Médicis réunit les théologiens	1561
la conférence de Yalta	Churchill, Roosevelt, Staline	1945
le congrès de Laibach	Congrès de la Sainte-Alliance	1821
la convention de Varsovie	Concernant le transport aérien	1929
l'école de Barbizon	Peintres : Rousseau, Corot, Millet, Dupré...	1830
l'hôtel de la Monnaie	Musée monétaire à Paris	1777
la ligue du Bien public	Coalition féodale contre Louis XI	1463
la loi des Douze Tables	Première législation romaine av. J.-C.	-451
l'ordre de Saint-Michel	Ordre de chevalerie français	1469
le pacte de Famille	Conclu entre les Bourbons	1761
le plan Barberousse	Plan d'attaque de l'URSS par Hitler	1940
la querelle des Indulgences	Luther attaque les indulgences	1517
le serment du Jeu de paume	Entre les députés du tiers état	1789

Le chef voulait refaire les forces de ses hommes fatigués par un repas chaud.

Récompenses

S'il s'agit d'une récompense signifiant un rang obtenu : bas-de-casse.

la médaille d'argent	la médaille de bronze	la palme d'or

Si le générique est suivi d'un nom propre, il prend un bas-de-casse. Si le générique est suivi d'un nom commun ou d'un adjectif, il prend une capitale, ainsi que l'adjectif qui le précède. On met un trait d'union entre le prénom et le patronyme.

le prix Goncourt	le prix Nobel	le prix Robert-Cliche
le Prix des libraires	le Grand Prix de la critique	le Mérite touristique

Si le spécifique est employé seul, il prend la capitale et reste invariable.

les Anik	les Goncourt	les Jutra
les César	les Grammy	les Molière
les Femina	les Juno	les Nobel
les Gémeaux	les Jupiter	les Olivier
les Oscars (exception)		

Si le nom du prix est choisi par personnification d'un nom commun, par exemple les mots *génie, masque* ou *victoire,* ce nom commun prend la capitale et le pluriel.

les Génies	les Masques	les Victoires

un Masque, un prix Masque, des prix Masques, la Soirée des Masques

Remarques. Le prix Jutra a été instauré en hommage à Claude Jutra. Si, au pluriel, on met un *s* (*les Jutras*), on ne reconnait plus la personne honorée, car *Jutras* avec un *s* existe comme patronyme. Cette règle respecte celle du pluriel des noms propres, qui restent invariables en français : *des Goncourt, des Olivier* (non pas l'arbre), *la Soirée des César* (écriture officielle).

Le mot *oscar* (provenant d'un nom propre) est parfois considéré comme un nom commun. Il devrait donc s'écrire en bas-de-casse et prendre la marque du pluriel. En fait, on le voit le plus souvent avec une capitale et un *s* au pluriel, ce qui est contradictoire, mais très utilisé dans la pratique. Tenant compte de cela, je propose pour lui (par exception) la capitale et la marque du pluriel : *Les Oscars ont été décernés hier.*

D'autre part, on écrit : *Antonine Maillet a gagné le prix Goncourt. Elle est Prix Goncourt.*

Guerres

Liste de génériques suivant la même règle :

bataille	croisade	invasion
campagne	défaite	ligne
combat	évènements	paix
conseil de guerre	expédition	retraite
crise	guerre	victoire

Bas-de-casse initial au générique et capitale au nom spécifique ainsi qu'à l'adjectif qui le précède. Tout en bas-de-casse s'il n'y a pas de nom propre.

la bataille de la Marne	la défaite de Waterloo	la guerre sainte
la campagne d'Égypte	les évènements de mai 68	les grandes invasions
le combat de Camerone	l'expédition des Mille	la ligne Maginot
le conseil de guerre	la guerre de 1914-1918	la paix de Monsieur
la crise du 13 mai 1958	la guerre de Cent Ans	la retraite de Russie
la 8e croisade	la guerre éclair, froide	la victoire de Verdun

Capitale s'ils sont considérés comme des noms propres par l'usage.

la Grande Guerre	la Première Guerre mondiale
la Guerre folle	la Seconde Guerre mondiale

Papa, je ne te dirai pas qui a écrit sur le mur, sinon tu vas disputer Françoise.

Stations de métro

- Je me permets de suggérer quelques petits changements dans l'écriture des stations de métro de Montréal. Ils concernent : *Collège, Concorde, Église* et *Savane*.
- Une préposition ne peut pas se trouver au début du spécifique. On ne devrait pas écrire : *Je descends à Du Collège, à De l'Église, à De la Savane*.
- Il faudrait écrire : *Je descends à Collège, à Concorde, à Église, à Savane*.
- Les particules nobiliaires peuvent se trouver au début du spécifique. On doit donc écrire : *Je descends à De Castelnau, à D'Iberville*.
- Les noms des stations de métro sont des spécifiques (le générique *station* est sous-entendu). Ils prennent donc des traits d'union et on met des capitales à tous les mots, sauf aux prépositions : *Place-des-Arts*.
- Quand il s'agit d'un toponyme surcomposé, on utilise le tiret court entre les deux éléments : *Longueuil–Université-de-Sherbrooke*.

Montréal et région

Acadie	Frontenac	Parc
Angrignon	Georges-Vanier	Peel
Assomption	Guy-Concordia	Pie-IX
Atwater	Henri-Bourassa	Place-d'Armes
Beaubien	Honoré-Beaugrand	Place-des-Arts
Beaudry	Jarry	Place-Saint-Henri
Berri-UQAM	Jean-Drapeau	Plamondon
Bonaventure	Jean-Talon	Préfontaine
Cadillac	Jolicœur	Radisson
Cartier	Joliette	Rosemont
Champ-de-Mars	Langelier	Saint-Laurent
Charlevoix	LaSalle	Saint-Michel
Collège	Laurier	Sauvé
Concorde	Lionel-Groulx	Savane
Côte-des-Neiges	Lucien-L'Allier	Sherbrooke
Côte-Sainte-Catherine	McGill	Snowdon
Côte-Vertu	Monk	Square-Victoria
Crémazie	Mont-Royal	Université-de-Montréal
D'Iberville	Montmorency	Vendôme
De Castelnau	Namur	Verdun
Édouard-Montpetit	Outremont	Viau
Église	Papineau	Villa-Maria
Fabre	Longueuil–Université-de-Sherbrooke	

Arrondissements

Au Québec, la liste de certains arrondissements a changé après le référendum municipal du 20 juin 2004. La nouvelle liste ne sera effective que lorsque la nouvelle loi sera promulguée. Quoi qu'il en soit, voici les règles d'écriture.

Le tiret court ou tiret demi-cadratin {Ctrl+- pavé num.} s'utilise dans les cas où l'on relie deux toponymes dont l'un (ou les deux) contient déjà un trait d'union. En toponymie, tous les noms de ce type ont été normalisés en tenant compte de cette règle.

> Sainte-Foy–Sillery (le deuxième est un tiret court et non pas un trait d'union).
> Rivière-des-Prairies–Pointe-aux-Trembles (le tiret sépare deux noms d'entités administratives distinctes regroupées qui comprennent déjà des traits d'union).

Les prépositions *de, du, des* se placent, le cas échéant, entre le mot *arrondissement* et le spécifique.

> l'arrondissement **de** Newport 　　l'arrondissement **des** Rivières
> l'arrondissement **du** Mont-Bellevue　(exception : l'arrondissement Laurentien)

La vigne a servi à la nourriture des hommes et à leur habillement.

Télévision et radio

Il s'agit ici de règles dans un texte courant. Dans un horaire, tout est en romain.

Émissions

Les émissions de radio et de télévision, par exemple les journaux télévisés ou radio-diffusés et les jeux, ne sont pas considérées comme des titres d'œuvres, car elles ne sont pas l'œuvre d'un ou de plusieurs auteurs. Elles s'écrivent en italique et il faut respecter soigneusement le choix des capitales qui a été fait par leur créateur.

Capital actions	le *Grand Journal*	*Le Téléjournal*
Des chiffres et des lettres	le *Journal FR2*	les *Grands Reportages*
Jamais sans mon livre	le *Journal RDI*	*Les Nouvelles du sport*
L'Aventure olympique	*Le Point*	*Les Règles du jeu*
La Facture	*Les méchants mardis*	le *TVA 18 heures*

Titres d'œuvres à la télévision

Ils comprennent les téléromans, les téléséries, les films et les pièces de théâtre, c'est-à-dire les œuvres qui sont le travail d'un ou de plusieurs auteurs. Ils suivent la règle des titres d'œuvres : en italique, avec capitale au premier mot, quel qu'il soit, et aux noms propres évidemment.

Téléromans	**Films**	**Pièces de théâtre**
La vie, la vie	*L'ombre de l'ours*	*La surprise de l'amour*
Le monde de Charlotte	*Le marché du couple*	*Le misanthrope*
Les Parfaits	*La grande illusion*	*Les femmes savantes*
Mon meilleur ennemi	*Les anges gardiens*	*Les plaideurs*
Virginie	*On connait la chanson*	*Lorsque l'enfant parait*

Les chaines [chaînes]

Le nom des chaines s'écrit en romain, en respectant la raison sociale.

Radio-Canada	Canal Vie	TV5

Histoire et régimes

Liste de génériques suivant la même règle :

confédération	holocauste	principauté	république
duché	journée	querelle	révolution
empire	maison	régime	royaume
État	monarchie	reich	union

Bas-de-casse au générique s'il est suivi d'un nom propre ou d'un mot faisant office de nom propre, capitale s'il est suivi d'un adjectif. Capitale à l'adjectif placé avant. Capitale au générique s'il est employé seul et qu'il est identifié par le contexte.

la Confédération helvétique	la querelle des Investitures
le duché de Luxembourg	l'Ancien Régime
l'Empire britannique	le Troisième Reich (ou IIIe Reich)
l'empire des Indes	la République française
le Second Empire	la république de Venise
les États baltes	la Révolution (celle de 1789)
l'Holocauste perpétré par les nazis	la révolution de 1789
la journée des Dupes	le royaume de Belgique
la maison de Savoie	l'union du Myanmar
la monarchie de Juillet	l'Union sud-africaine
la principauté de Monaco	

Bas-de-casse si ce ne sont pas des dénominations.

La France est une république.	Un holocauste est un sacrifice religieux.

Nous ne déchirons pas vos vêtements avec des machines. Nous le faisons à la main.

Journaux et revues

Titre de journal écrit en français

Si le titre du journal est cité en entier, il s'écrit en italique avec capitale au premier nom et l'article défini prend aussi une capitale, ainsi que l'adjectif qui précède le nom. Quand il y a contraction de l'article, ce dernier s'écrit en bas-de-casse romain.

> Les journalistes de *La Presse* et du *Monde,* ainsi que ceux du magazine *Le Nouvel Observateur,* ont assisté à la réunion.

Si le titre est elliptique (cité en partie), l'article se met en bas-de-casse romain. Dans l'exemple, les articles *la* et *le* sont en bas-de-casse romain, car les titres sont elliptiques. Les titres complets sont : *La Voix de l'Est* et *Le Dauphiné libéré.*

> Nous lisons la *Voix* et aussi le *Dauphiné* tous les jours.

Titre de journal écrit dans une langue étrangère

Si le titre du journal non français est précédé de son générique (journal, quotidien, revue, etc.), il se met en italique sous sa forme exacte, non traduite.

> Les journalistes des journaux *The Gazette, Der Spiegel* et *Il Corriere italiano* étaient présents à la réunion.

Si le titre du journal non français n'est pas précédé de son générique, l'article est traduit en français. Il s'écrit en bas-de-casse romain.

> Nous avons lu dans la *Gazette* que les envoyés du *Spiegel* ainsi que ceux du *Corriere italiano* étaient présents à la réunion.

Époques

Capitale au premier nom ainsi qu'à l'adjectif qui le précède.

les Années folles	le Moyen Âge	le Primaire	le Secondaire
l'Antiquité	l'Occupation	le Quaternaire	le Siècle d'or
la Belle Époque	le Paléolithique	le Quattrocento	le Siècle des Lumières
le Grand Siècle	le Précambrien	la Renaissance	les Temps modernes
l'Inquisition	la Préhistoire	la Ruée vers l'or	le Tertiaire

Bas-de-casse partout quand ces époques sont précédées de leur générique.

l'ère atomique	l'ère secondaire	l'âge féodal	l'âge d'or
l'ère chrétienne	l'ère tertiaire	l'âge du bronze	l'âge de la pierre polie
l'ère primaire	l'ère quaternaire	l'âge du fer	

Doctrines et collectivités

Elles prennent un bas-de-casse initial, ainsi que leurs adhérents.

allophones	clarisses	hindouisme	naturisme
anglicanisme	classicisme	impressionnisme	réalisme
anglophones	communisme	islam	romantisme
autochtones	cubisme	israélites	stoïcisme
bouddhisme	démocratie	jansénisme	sulpiciens
carmélites	despotisme	jésuites	sunnites
cartésianisme	diaspora	judaïsme	surréalisme
catholicisme	épicurisme	libéralisme	symbolisme
charia	existentialisme	marxisme	talibans
chiites	fascisme	matérialisme	trappistes
christianisme	francophones	musulmans	ursulines

Capitale à certains noms ainsi qu'à l'adjectif placé avant.

le Cénacle	le Parnasse	la Pléiade	la Nouvelle Vague

Orphelin, j'ai vécu à droite et à gauche, mais toujours dans le droit chemin.

Particules

Définition : Préposition **de** ou tout autre élément qui précède certains noms de famille. Dans ce livre, je considère donc comme particules les mots *de, du, des, Le, La, Les* quand ils font partie d'un nom de famille ou d'un toponyme. La particule nobiliaire *de, du, des* indique un titre de noblesse présent ou passé.

Particules *de, du, des*

Bas-de-casse à ces particules si elles sont précédées du prénom ou du titre.

Aubert de Gaspé	Monseigneur de Laval
Joachim du Bellay	Madame du Barry
Guillaume des Autels	la comtesse des Essarts

Capitale si elles ne sont pas précédées du prénom ni du titre.

la vie de De Gaspé   les mémoires de Des Prés

Bas-de-casse à la particule **de** placée entre deux noms de famille.

Valéry Giscard d'Estaing   François Chavigny de Berchereau

La particule **de** n'entre pas dans le classement alphabétique ; **du** et **des** s'y trouvent.

Beauharnais (Hortense de)	Du Bellay (Joachim)
Maupassant (Guy de)	Des Loges (Marie)

Quand il s'agit d'un nom **étranger,** la particule s'écrit toujours avec une capitale.

De Sica (Vittorio), Vittorio De Sica   Di Stefano (Alfredo), Alfredo Di Stefano

Particules *Le, La, Les*

Capitale à ces particules si elles font partie d'un nom propre.

Pierre Le Moyne d'Iberville, le marquis de La Jonquière, Les Éboulements (ville)

Ces particules entrent dans le classement alphabétique. On cherche à **L.**

La Fayette (comtesse de)   Le Moyne de Bienville (Jean-Baptiste)

Décorations

Au Canada, capitale au premier nom (à gauche). En France, on la met au spécifique.

la Croix de Victoria	la croix de la Libération
la Croix du service méritoire	la croix de la Légion d'honneur
l'Étoile du courage	l'étoile du Courage
la Médaille de la bravoure	la médaille de la Bravoure
l'Ordre du Canada	l'ordre de la Libération
l'Ordre du mérite militaire	l'ordre du Mérite militaire

Citations et noms d'auteurs

Citation avec les guillemets :

« Dommage qu'on ne puisse bénéficier de l'expérience avant le moment où on l'acquiert ! » (René Julien, *L'allumeur de réverbère.*)

Citation avec l'italique :

Proverbe : *Le tube est au dentifrice ce que la pédale est à la bicyclette ; il faut appuyer sur le premier pour faire avancer le second.* — Pierre Dac

Citation en retrait avec un corps plus petit ou dans le même corps :

L'homme se lança dans une longue tirade philosophique et déclara à voix haute :

Il est tout de même curieux de constater que c'est par le travail en ville qu'on a le salaire, et que c'est par le repos à la campagne qu'on a le bon air.

Philibert de Corvée

La mortalité infantile était très élevée, sauf chez les vieillards.

Textes juridiques

Liste de génériques suivant la même règle :

accord	charte	édit	plan
aide	code	loi	règlement
arrêté	déclaration	ordonnance	serment
article	décret	pacte	traité

Bas-de-casse au générique s'il est suivi d'un nom propre ou d'un numéro faisant office de nom propre, capitale s'il est suivi d'un nom commun ou d'un adjectif. Si la dénomination est elliptique, capitale au premier nom. On utilise le trait d'union entre le prénom et le nom dans un spécifique.

l'Accord de libre-échange nord-américain	les Droits de l'homme (*elliptique*)
l'accord du lac Meech	le décret du 3 mai 1961
l'Aide au cinéma	l'édit de Nantes
l'arrêté du 2 janvier 1993	la loi Frédéric-Falloux
l'article 107	la Loi sur les accidents du travail
la Charte constitutionnelle	l'ordonnance de Villers-Cotterêts
la charte de l'Atlantique	le pacte de Varsovie
la Grande Charte	le Pacte atlantique
le code Napoléon	le plan Marshall
le Code de la route	le Règlement du travail en agriculture
la Déclaration des droits de l'homme	les serments de Strasbourg
	le traité de Versailles

Quand il ne s'agit pas de textes juridiques, le tout s'écrit en bas-de-casse.

la loi de la pesanteur   la loi divine

Manifestations commerciales

Le mot *manifestation* est pris ici dans le sens de « évènement organisé dans un but commercial, artistique, culturel ou sportif ». Il n'est donc pas question d'une *manif,* c'est-à-dire d'un rassemblement destiné à exprimer une revendication.

Liste de génériques suivant la même règle :

biennale	concert	congrès	fête	rallye
carnaval	concours	exposition	floralies	salon
colloque	conférence	festival	foire	

Capitale au premier nom ainsi qu'à l'adjectif qui le précède.

la Biennale de Venise	l'Exposition des arts graphiques
le Carnaval de Québec	le Festival de Cannes
le Colloque des linguistes	la Fête des vendanges
le Concert des trois ténors	les Floralies de Québec
le Grand Concours de pétanque	la Grande Foire du printemps
la Conférence française de scoutisme	le Rallye de Monte-Carlo
le Congrès des fabricants de tissus	le Salon des arts ménagers

On peut avoir plusieurs capitales initiales dans une dénomination.

le Quatrième Colloque du Réseau des traducteurs et traductrices en éducation

Maladies

Bas-de-casse initial. Le nom du découvreur de la maladie prend une capitale. Mais si ce nom est employé seul, il prend un bas-de-casse et il est masculin. Le nom des malades atteints d'une maladie dérivant d'un nom propre prend un bas-de-casse.

le sida	l'hypoglycémie	la maladie d'Alzheimer *ou* l'alzheimer
la rougeole	le parkinson	les parkinsoniens, les parkinsoniennes

---

Vous me fîtes un gratin de pommes de terre et vous m'épatâtes.

Fonctions et titres divers

Liste de génériques suivant la même règle :

l'abbé	le curé	le gouverneur	le professeur
l'académicien	le député	le maire	le protecteur du cit.
l'ambassadeur	le directeur	le ministre	le proviseur
l'archevêque	le docteur	le pape	le recteur
le cardinal	le doyen	le père, religieux	le roi
le chancelier	le duc	le premier ministre	le secrétaire
le comte	l'empereur	le président	le sénateur
le consul	l'évêque	le prince	le vérificateur gén.
le curateur public	le frère, religieux	le procureur	le vice-premier min.

Bas-de-casse initial, que l'on parle de la personne ou que l'on s'adresse à elle.

J'ai vu le pape Benoît XVI.   Bonjour, docteure.
Ida Durand, directrice.   J'ai rencontré madame la directrice.

Si la personne est bien identifiée par le contexte : capitale initiale.

le Cardinal (Richelieu)   le Duce (Mussolini)
le Caudillo (Franco)   l'Empereur (Napoléon Ier)

Si le titre est honorifique : capitale à tous les mots.

Sa Majesté   Sa Grâce   Son Éminence   Son Altesse Royale

Antonomases

Noms propres (ou leurs dérivés) devenus noms communs. Ils ont perdu leur capitale.

agate	Agate	fleuve de Sicile près duquel on trouva la pierre
ampère	Ampère	physicien français (1775-1856)
baïonnette	Bayonne	ville où l'on fabriquait cette arme
baldaquin	Baldacco	ancien nom italien de Bagdad
barème	Barrême	mathématicien français du XVIIe
béchamel	Béchamel	financier du XVIIe siècle
bégonia	Michel Bégon	intendant de Saint-Domingue
benjamin	Benjamin	nom du plus jeune fils de Jacob
bottin	Sébastien Bottin	il publia le premier annuaire français
cabotin	Cabotin	comédien ambulant du XVIIe
calepin	Calepino	lexicographe italien du XVe siècle
corbillard	Corbeil	ville située près de Paris
crésus	Crésus	roi de Lydie très riche du VIe s. av. J.-C.
félix	Félix Leclerc	compositeur et écrivain québécois
gibus	Gibus	fabricant de chapeaux
harpagon	Harpagon	personnage de *L'avare*
hercule	Hercule	fils de Jupiter, personnifiait la force
macadam	MacAdam	ingénieur écossais
mansarde	Mansart	architecte français du XVIIe
mécène	Mécène	favori d'Auguste, empereur romain
mégère	Mégère	la plus hideuse des trois Furies
morse	Morse	inventeur américain, en 1832
nicotine	Nicot	introduisit le tabac en France en 1590
pantalon	Pantalon	personnage de la comédie italienne
pimbêche	Pimbêche	personnage des *Plaideurs*
polichinelle	Polichinelle	personnage des *Farces napolitaines*
poubelle	Poubelle	préfet de la Seine qui en imposa l'usage
sandwich	Sandwich	mets préparé pour Lord Sandwich
silhouette	Silhouette	contrôleur des Finances de Louis XV

Docteur, mon mari est cloué au lit ; j'aurais aimé que vous le vissiez.

Unités militaires canadiennes

Les dénominations suivantes sont officielles et leur écriture doit être respectée.

la 16e Escadre
la 17e Escadrille de renfort de la Réserve aérienne
le 1er Groupe-brigade mécanisé du Canada
l'Artillerie royale canadienne
le Centre d'alerte provincial Valcartier
le Centre des opérations aéroportées du Canada
le Commandement aérien
le Commandement de la Force terrestre
la Compagnie du renseignement du Secteur de l'Ouest de la Force terrestre
l'École d'état-major des Forces canadiennes
l'École de combat de l'Artillerie royale canadienne
l'École de navigation aérienne des Forces canadiennes
la Force terrestre
les Forces canadiennes
la Musique du Commandement aérien
le Quartier général du Commandement de la Force terrestre
la Réserve aérienne
le Royal 22e Régiment
la Station des Forces canadiennes Flin Flon

Subdivisions militaires ou policières

En français international, les numéros de subdivisions militaires ou policières s'écrivent en chiffres arabes, et le nom prend un bas-de-casse.

la 1re armée	le 5e bataillon	le 13e régiment	la 2e brigade
la 2e section	la 3e escadre	la 5e division	le 1er corps

Signes du zodiaque

Les signes du zodiaque prennent une capitale initiale. Le premier chiffre est le mois.

le Verseau	♒ 01-21 – 02-18	le Lion	♌ 07-22 – 08-22
les Poissons	♓ 02-19 – 03-20	la Vierge	♍ 08-23 – 09-21
le Bélier	♈ 03-21 – 04-20	la Balance	♎ 09-22 – 10-22
le Taureau	♉ 04-21 – 05-21	le Scorpion	♏ 10-23 – 11-21
les Gémeaux	♊ 05-22 – 06-21	le Sagittaire	♐ 11-22 – 12-21
le Cancer	♋ 06-22 – 07-21	le Capricorne	♑ 12-22 – 01-20

Le nom des personnes nées sous les signes du zodiaque garde la capitale. Il garde aussi le pluriel, même s'il est précédé d'un article au singulier. Le pluriel se fait normalement.

un Verseau, un Poissons, un Gémeaux — les Verseaux, les Béliers, les Taureaux

Allégories ou personnifications

Ces deux mots sont synonymes. Personnifier, c'est attribuer à une chose abstraite ou inanimée la figure, le langage, etc., d'une personne.

S'il s'agit de l'allégorie ou de la personnification, on met une capitale initiale.

Vénus est la déesse de l'Amour.
La Mort est apparue au bucheron de la fable.
On dit que la Vérité sort du puits.
Je pense que dame Nature a bien fait les choses.
Le Bien et le Mal sont traités en philosophie.

Quand ils ne sont pas des allégories, ces mots restent en bas-de-casse.

C'est une belle histoire d'amour.   Il ne faut pas craindre la mort.

Les Romains organisaient des combats de radiateurs.

Astres

S'il s'agit de l'astre lui-même, ces mots et l'adjectif qui les précède ont une capitale.

l'Étoile polaire	la Grande Ourse	la Croix du Sud	la Voie lactée
la Lune	la Terre	le Soleil	

S'ils ne désignent pas l'astre lui-même, ces mots restent en bas-de-casse. Pour la Lune, la Terre et le Soleil, la nuance est souvent difficile à distinguer.

    un clair de lune   la terre est basse   un coucher de soleil

Planètes

Elles prennent une capitale initiale. On connait autour du Soleil huit planètes principales, qui sont, de la plus proche du Soleil à la plus éloignée :

    Mercure, Vénus, la Terre, Mars, Jupiter, Saturne, Uranus, Neptune.

Pluton ne ferait plus partie des planètes principales. Le mot *galaxie* prend un bas-de-casse quand il désigne un ensemble d'étoiles, de poussières et de gaz interstellaires. Il prend une capitale quand il désigne la galaxie dans laquelle est situé le système solaire.

Habitants, civilisations et races

Les habitants se nomment aussi les **gentilés.** Ils prennent une capitale et concernent les continents, les villes, les pays et leurs subdivisions (États, provinces, départements). Les noms de civilisations et de races prennent aussi une capitale.

les Européens (continent)	les Mayas (civilisation)	les Noirs
les Montréalais (ville)	les Latins (civilisation)	les Blancs
les Français (pays)	les Occidentaux (civilisation)	les Jaunes
les Québécois (province)	les Inuits, Inuites	les Métis
les Isérois (département)	les Juifs (communauté israélite)	
les Californiens (État)	*mais :* les juifs (de religion judaïque)	

Les adjectifs d'habitants, de civilisations et de races prennent un bas-de-casse.

    la race jaune, l'art latin   l'art canadien-français, *mais* les Canadiens français
    Je suis Belge (nom), *ou*   Je suis belge (adjectif) : les deux sont corrects.

Les noms et adjectifs de langue s'écrivent avec un bas-de-casse initial.

    Elles étudient le français.   Ils étudient la langue française.

Les noms débutant par **néo-** prennent une capitale initiale seulement si le pays existe. Il existe une Nouvelle-Zélande, mais il n'y a pas de Nouveau-Québec. À gauche, le trait d'union disparait en nouvelle orthographe. À droite, il est maintenu devant une capitale. S'il s'agit de l'adjectif, les capitales et les traits d'union disparaissent (deuxième ligne).

    les Néozélandais, les Néocalédoniens   les néo-Québécois, les néo-Canadiens
    l'art néozélandais, l'art néocalédonien   l'art néoquébécois, l'art néocanadien

Jardin

Selon la Commission de toponymie, ce générique est un toponyme administratif, tout comme *parc.* Dans un toponyme, il est en bas-de-casse et le spécifique prend des capitales et des traits d'union. Le mot *jardin* est pris ici dans son sens **physique.**

    le jardin des Oliviers   le jardin d'Acclimatation

Si le générique est précisé par un adjectif, les deux restent en bas-de-casse.

    le jardin botanique de Montréal   le jardin zoologique de Granby

Si le mot *jardin* est pris dans son sens **moral,** il s'écrit comme une société, avec une capitale au premier nom seulement.

    Le Jardin botanique de Montréal a eu un bilan positif.

N'écoutant que son courage, il fit la sourde oreille.

Styles artistiques

Quand la dénomination concerne un personnage historique ou une époque, le générique est en bas-de-casse et le spécifique prend la capitale. On n'emploie pas de traits d'union dans le spécifique.

un buffet Henri II	une chaise Directoire
un fauteuil Renaissance	un lit Louis XVI
un meuble Empire	une table Louis XV

Quand le style est déterminé par un adjectif ou un nom pris comme qualificatif, le tout reste en bas-de-casse.

une tombe mérovingienne	un arc néoclassique
une chapelle carolingienne	un opéra éclectique
une église romane	un baldaquin baroque
une cathédrale gothique	une église rococo

Logiciels et polices

En romain. Il faut respecter les capitales, même celles à l'intérieur d'un mot.

Verdana	Adobe Reader	Excel	PageMaker
Garamond	Antidote	Windows	FrontPage Express
Symbol	InDesign	Word	StarOffice

Animaux

Les noms de races d'animaux prennent un bas-de-casse initial. Dans les ouvrages très spécialisés, on met une capitale au nom ainsi qu'à l'adjectif qui le précède.

Chiens	**Chats**	**Chevaux**	**Oiseaux**
des foxhounds	des abyssins	des arabes	des geais bleus
des huskys	des angoras	des ardennais	des grands ducs
des labradors	des chartreux	des camargues	des grives fauves
des saint-hubert	des colourpoints	des pur-sang	des grèbes cornus

Reptiles	**Poissons**	**Insectes**
des caïmans	des barracudas	des ammophiles
des caouannes	des baudroies	des doryphores
des cistudes	des congres	des forficules
des geckos	des exocets	des scarabées

État

Ce mot prend une capitale initiale quand il désigne un pays, un gouvernement ou une administration (à gauche). Sinon, il s'écrit avec un bas-de-casse (à droite).

une affaire d'État	en l'état
un chef d'État	un état civil
une chef d'État	un état d'âme
un coup d'État	un état de santé
un État de droit	un état de siège
un État providence	un état des lieux
un État totalitaire	un état-major
un État-Major général	les états généraux de l'Éducation
un État-nation	*mais* les États généraux de 1789
les États membres	le tiers état
les États-Unis d'Amérique	
une raison d'État	
un secret d'État	
un ou une secrétaire d'État	

Les lapins ont tendance à se reproduire à la vitesse du son.

Fêtes et pratiques

Les fêtes ne durent qu'un jour. Bas-de-casse au générique, capitale au spécifique et à l'adjectif qui le précède. Les périodes (avent, carême, ramadan) s'étalent sur plusieurs jours et prennent un bas-de-casse initial.

le 14 Juillet	le Mardi gras
l'Action de grâce	le mercredi des Cendres
l'avent (période avant Noël)	la Mi-Carême (jeudi de la 3e semaine)
le carême (période de jeûne)	Noël, les Noëls de mon enfance
le dimanche de Pâques	le Nouvel An
la fête des Mères	la période des fêtes (période)
la fête des Pères	le Premier de l'an
la fête du Canada	le ramadan (période de jeûne)
la fête du Travail	les Rameaux
les fêtes de fin d'année (période)	la Saint-Jean-Baptiste
le jour de l'An	la Shoah (extermination)
le jour des Morts	le temps des fêtes (période)
le jour des Rois	la Tora (bible juive)
le lundi de Pâques	le Vendredi saint

Quand des fêtes autres que celles-ci-dessus sont créées, elles sont considérées comme des manifestations, avec une capitale au nom *Fête* ainsi qu'à l'adjectif qui le précède.

la Fête des handicapés	la Grande Fête des personnes âgées

Systèmes

Les noms de systèmes s'écrivent complètement en bas-de-casse.

le système alphabétique	le système linguistique phonologique
le système d'équations	le système métrique
le système de référence	le système monétaire européen
le système décimal	le système nerveux
le système international d'unités	le système solaire

S'il s'agit d'un livre portant un titre qui commence par le mot *système,* le titre s'écrit en italique avec une capitale initiale, comme un titre d'œuvre.

J'ai lu le livre *Système international d'unités* avec plaisir.

Accents sur les capitales

Les accents sur les capitales sont requis, sinon le sens peut différer.

Avec les accents	**Sans les accents**
AUGMENTATION DES RETRAITÉS	AUGMENTATION DES RETRAITES
LA RELIGIEUSE ADORAIT LES JEÛNES	LA RELIGIEUSE ADORAIT LES JEUNES
DES LIVRES ILLUSTRÉS	DES LIVRES ILLUSTRES
ÉTUDE DU MODELÉ	ETUDE DU MODELE
DAME CHERCHE AMI MÊME ÂGÉ	DAME CHERCHE AMI MEME AGE
IL DORT OÙ IL TRAVAILLE	IL DORT OU IL TRAVAILLE
NOUS ALLONS OÙ VOUS ALLEZ	NOUS ALLONS OU VOUS ALLEZ

Surnoms

Pas de trait d'union dans les surnoms. Le terme qualificatif prend la capitale ainsi que l'adjectif qui le précède. Les articles et les prépositions sont en bas-de-casse.

Fanfan la Tulipe	Monica la Mitraille
Richard Ier Cœur de Lion	Jean sans Peur
Philippe IV le Bel	Charles II le Chauve
Louis V le Fainéant	Rosalie les Belles Gambettes

Le vieillard craignait de se casser un bras, une jambe ou un autre membre.

Partis politiques

Capitale au premier nom ainsi qu'à l'adjectif qui le précède.

l'Action démocratique du Québec (ADQ)   le Parti libéral du Canada (PLC)
le Bloc québécois (BQ)   le Parti québécois (PQ)
le Nouveau Parti démocratique (NPD)   le Parti vert du Canada (PVC)
le Parti conservateur du Canada (PCC)   Québec solidaire (QS)

Quand le mot *parti* ne fait pas partie de la dénomination, il est le générique et il s'écrit en bas-de-casse. Dans ce cas, l'article avant la dénomination est supprimé.

le parti Action démocratique du Québec   le parti Québec solidaire

Bas-de-casse aux membres et adhérents de partis politiques.

les adéquistes   les démocrates   la gauche   l'opposition
les bloquistes   la droite   les libéraux   les péquistes
les communistes   l'extrême droite   la majorité   les socialistes
les conservateurs   l'extrême gauche   les néodémocrates   les Verts

Vents

Bas-de-casse initial.

l'autan   vent du sud-est qui souffle sur le haut Languedoc
le chinook   vent chaud et sec qui descend des montagnes Rocheuses
le mistral   vent violent qui souffle dans la vallée du Rhône et le Midi
le noroit   vent qui souffle du nord-ouest
le sirocco   vent chaud qui souffle du Sahara sur le sud de la Méditerranée
la tramontane   vent du nord-ouest qui souffle sur le bas Languedoc
le vaudaire   vent du sud-est qui souffle sur le lac Léman

Capitales des États américains

Alabama	Montgomery	Michigan	Lansing
Alaska	Juneau	Minnesota	Saint Paul
Arizona	Phoenix	Mississippi	Jackson
Arkansas	Little Rock	Missouri	Jefferson City
Californie	Sacramento	Montana	Helena
Caroline du Nord	Raleigh	Nebraska	Lincoln
Caroline du Sud	Columbia	Nevada	Carson City
Colorado	Denver	New Hampshire	Concord
District of Columbia	Washington	New Jersey	Trenton
Connecticut	Hartford	Nouveau-Mexique	Santa Fe
Dakota du Nord	Bismarck	New York	Albany
Dakota du Sud	Pierre	Ohio	Columbus
Delaware	Dover	Oklahoma	Oklahoma City
Floride	Tallahassee	Oregon	Salem
Géorgie	Atlanta	Pennsylvanie	Harrisburg
Hawaii	Honolulu	Rhode Island	Providence
Idaho	Boise City	Tennessee	Nashville
Illinois	Springfield	Texas	Austin
Indiana	Indianapolis	Utah	Salt Lake City
Iowa	Des Moines	Vermont	Montpelier
Kansas	Topeka	Virginie	Richmond
Kentucky	Frankfort	Virginie-Occidentale	Charleston
Louisiane	Baton Rouge	Washington	Olympia
Maine	Augusta	Wisconsin	Madison
Maryland	Annapolis	Wyoming	Cheyenne
Massachusetts	Boston		

Maman, quand tu étais petite et que papa était petit, c'était qui, mes parents?

Petites capitales

Pas de règles absolues

Il n'existe pas de règles absolues dans l'emploi des petites capitales. On les utilise quand on pense que les capitales paraitront trop grandes visuellement. Voici pourtant quelques cas où l'emploi des petites capitales est le plus souvent utilisé.

Articles de lois

Les articles de lois, décrets, règlements, statuts et circulaires peuvent s'écrire en abrégé et en petites capitales, sauf l'article premier, qui s'écrit au long. On utilise une grande capitale initiale à l'abréviation et une espace insécable avant le numéro. L'usage des petites capitales n'est pas obligatoire, et l'écriture au long est plus lisible.

> ARTICLE PREMIER. —   ART. 234. —   Article 234. —

Bibliographies

Dans une bibliographie, le nom de l'auteur peut se mettre tout en grandes capitales, ou en petites capitales avec une grande capitale initiale.

> DURAND, Pierre.   DURAND, Pierre.

Capitale initiale

Un sigle en petites capitales ne prend pas de grande capitale initiale. Mais on utilisera cette dernière chaque fois qu'elle aura une raison d'être.

> le sigle OQLF (Office québécois de la langue française)
> les QUÉBÉCOIS, les ANGLO-SAXONS

Lettrine

Une lettrine est une grande lettre qui orne le début d'un texte. Voici quelques conseils :

- Composer en petites capitales au moins le reste du mot commencé par la lettrine.
- Le reste du mot commencé est collé à la lettrine.
- Les autres lignes sont décollées de la lettrine par un demi-cadratin.
- Un guillemet avant la lettrine ou une apostrophe après sont dans le corps du texte.
- Il faut éviter de commencer un texte avec une seule lettre, comme le **À** par exemple.
- Si **M.** est la lettrine, le point abréviatif est composé dans le corps de la lettrine.

Pièces de théâtre en vers

On met les noms des interlocuteurs en petites capitales avec capitale initiale.

> PYRRHUS
> Me cherchiez-vous, madame? Un espoir si charmant me serait-il permis?
>
> ANDROMAQUE
> Je passais jusqu'aux lieux où l'on garde mon fils, puisqu'une fois le jour...

Pages liminaires

On peut utiliser les petites capitales dans les folios des pages liminaires (pages qui précèdent le chapitre premier).

> I   II   III   IV   V   VI   VII   VIII

Notes de bas de page

On met le nom de l'auteur en petites capitales avec une capitale initiale. Le numéro de l'acte se met en chiffres romains en capitales, et celui de la scène en petites capitales.

> 1. RACINE, *Britannicus,* acte IV, scène VI.

Mon père est maire et mon frère est masseur.

Coupures

Définitions

Trait d'union

Le trait d'union est le signe qui sert à unir deux ou plusieurs mots et on doit le taper comme une autre lettre. On le nomme aussi **trait d'union sécable,** c'est-à-dire que l'ordinateur peut faire en fin de ligne la coupure d'un mot à ce trait d'union. Les traits d'union d'un mot ne disparaissent pas, quelle que soit la position du mot dans la ligne.

        grand-père   arc-en-ciel   qu'en-dira-t-on

Trait d'union conditionnel

On le nomme aussi **césure.** C'est le signe qui sert à autoriser la coupure d'un mot en bout de ligne. Si on lui demande, l'ordinateur peut couper automatiquement les mots en fin de ligne. On peut aussi placer soi-même les traits d'union conditionnels à l'endroit de son choix. Dans ce cas, il faut veiller à mettre des traits d'union conditionnels et non pas des traits d'union normaux, car ceux-ci resteront apparents si les mots coupés ainsi sont chassés plus loin. Si l'on ajoute du texte avant un mot coupé par un trait d'union conditionnel et que ce mot est chassé sur la ligne suivante, le trait d'union conditionnel disparait et le mot est reformé. Sur un PC, le trait d'union conditionnel s'obtient en tapant Ctrl+trait d'union. Sur un Macintosh : Com+trait d'union.

Trait d'union insécable

Le trait d'union insécable empêche l'ordinateur de couper un mot à ce trait d'union. On l'utilise dans les exemples suivants pour empêcher une coupure au trait d'union et éviter que le premier élément ne se trouve à la fin d'une ligne et le second au début de la ligne suivante. Sur PC : Ctrl+Maj+trait d'union. Sur Mac : Com+Maj+trait d'union.

        3-2   St-Luc   un à-côté

Coupures de mots

Dans ces exemples, les coupures **interdites** ont été marquées par une barre **oblique,** et les coupures **permises** par un **trait d'union.** On sera plus tolérant si l'on travaille sur des colonnes étroites. On sera aussi plus tolérant pour un journal que pour un livre.

Coupure étymologique

On peut couper selon l'étymologie.

        chlor-hydrique   atmo-sphère

Coupure syllabique

On peut aussi couper entre les syllabes.

        ré-demp-tion   par-le-ment

Abréviations

Ne pas couper les abréviations courantes ni les symboles d'unités.

        géo / gr. (géographie)   M / Hz (mégahertz)

Noms de famille

Dans la mesure du possible, il faut éviter de couper les noms de famille et les prénoms, si ce sont des mots courts. On peut évidemment toujours les couper aux traits d'union s'il s'agit de noms composés. Il est permis d'avoir une séparation, c'est-à-dire d'avoir le prénom en fin de ligne et le nom de famille sur la ligne suivante.

        Mar / cel-Lu / cien Du / rand-Com / tois (Marcel-Lucien Durand-Comtois)

Mon mari est tellement infidèle que je me demande si nos enfants sont bien de lui.

Apostrophe

Ne pas couper avant ni après une apostrophe.

aujourd / ' / hui   qu / ' / en-dira-t-on

Mots composés

Ne pas couper un mot composé ailleurs qu'à son trait d'union.

porte-ban / nière   tim / bre-poste

Consonnes doubles

On doit couper entre les consonnes doubles d'un mot.

com-mis-sion   ordon-nance   tranquil-lité

Syllabe finale

Ne pas couper avant une syllabe finale sonore de moins de trois lettres, ni avant une syllabe finale muette de moins de quatre lettres.

ten / du   ten-due   blan / che   ils appel-lent

Deux consonnes interdites

Ne pas couper entre : bl, br, ch, cl, cr, dr, fl, fr, gl, gn, gr, pl, pr, th, tr, vr.

semb / lable   ac / ronyme   imbrog / lio   app / récier
nomb / ril   hyd / rophyle   renseig / ner   sympat / hie
parc / hemin   aff / luent   géog / raphie   apost / rophe
inc / lus   chiff / rier   imp / liquer   ouv / rage

Deux consonnes permises

On peut couper entre : bv, cq, ct, mb, mn, mp, nc, ng, nt, pç, pt, rt, sc, sh, sp, st.

sub-venir   am-nésie   men-tal   des-cendre
ac-quitter   am-phibien   soup-çonner   dés-habiller
ponc-tuer   man-chot   accep-ter   gas-pillage
ressem-bler   jon-gler   par-tenaire   obs-tination

Deux voyelles

Ne pas couper entre deux voyelles, sauf si l'étymologie le permet.

cré / ancier   cré / ateur   pro-éminent   extra-ordinaire

Lettres *x* et *y*

Ne pas couper avant ni après les lettres *x* ou *y* placées entre deux voyelles.

deu / x / ième   soi / x / ante   cro / y / ance   ro / y / auté

Malsonnante

Éviter les coupures malsonnantes.

J'ai mal occu / pé ma jeunesse.

Mathématiques

Il faut s'efforcer de ne pas couper une suite mathématique en reformulant la phrase.

(4 + 2 - 3) * 6 = 18 (dans Word, on peut utiliser des sécables ou des insécables)

Nombres en chiffres

Ne pas couper les nombres écrits en chiffres, même après la virgule.

42 000 / 000   12 346, / 50

Nos sandwichs au menu : Dinde : 6,50 $ — Poulet : 6,00 $ — Enfants : 4,00 $.

Deux traits d'union

Ne pas couper un mot composé ou une locution qui contient deux traits d'union après le second mais après le premier, afin de n'avoir qu'un trait d'union sur chaque ligne.

c'est-à- / dire   cria-t- / elle   arc-en- / ciel   bric-à- / brac

Première lettre

Ne pas couper après la première lettre, même si elle est précédée d'une apostrophe.

i / tinérant   l'é / ternité

Sigles et acronymes

Ne pas couper les sigles, que ceux-ci soient écrits avec ou sans les points abréviatifs.

CR / TC   C.R. / T.C.   Ac / nor   UNI / CEF

Mots coupés de suite

Ne pas avoir plus de deux lignes de suite qui se terminent par une coupure de mot. Il faut aussi éviter d'avoir plusieurs mots ou lettres semblables de suite en fin de ligne.

Fin de paragraphe ou de page

Ne pas finir un paragraphe ou une page par la seconde partie d'un mot coupé, ni par un mot seul s'il est très court.

Séparations de mots

Séparer des mots ou des nombres signifie accepter qu'ils ne soient pas sur la même ligne. Sur une colonne étroite, on pourra accepter une séparation. Souvent, pour éviter une séparation, on utilisera une espace insécable, ou on reformulera la phrase.

Dates

Ne pas séparer les éléments des dates. Une tolérance est accordée dans le second exemple, où l'on peut séparer le nom du jour (dimanche) de la date.

24 juin 1997   dimanche 26 janvier 1997

Énumérations

Ne pas séparer le nombre ni la lettre du texte qui suit ou qui précède.

chapitre II   art. 3   Henri IV   XI. Typographie   3. Coupures

Noms propres

Ne pas séparer les abréviations des prénoms, des titres de fonction ou de civilité des noms propres qu'ils accompagnent. On peut évidemment faire des séparations si tous les mots sont écrits au long.

A. Dupont   Dr Dubois   M. Durand

Symboles

Ne pas séparer les nombres en chiffres des symboles qui les suivent.

25,50 $ 21 × 27 cm   15 h 05

Pages

Ne pas séparer le mot *page* ou *p.* du numéro qui suit (exemples fictifs).

(Voir page 324.)   (Voir p. 324.)   (*Suite à la page 324.*)

Mon chien est très attachant. C'est pour ça que je l'attache.

Italique

Latin

Latin : mots francisés

Les mots latins francisés s'écrivent dans la même face que le texte et comportent des accents. Les noms prennent la marque du pluriel (s). Cette liste ne comprend pas les citations latines, par exemple *Carpe diem* ou *Alea jacta est,* dont on peut trouver la liste dans les grands dictionnaires. Les mots suivants sont maintenant francisés.

à capella	exlibris	postpartum, s
à contrario	extramuros	postscriptum, s
addenda, s	extrémum, s	prorata, s
à fortiori	exvoto, s	proscénium, s
agenda, s	facsimilé, s	putto, s
alibi, s	grosso modo	quantum, s
alinéa, s	impédimenta, s	quatuor, s
alléluia, s	imprimatur, s	quorum, s
alter égo, s	in extenso	quota, s
à minima	in extrémis	recto, s
angélus	incipit, s	référendum, s
à postériori	intramuros	sanatorium, s
à priori (locution adv.)	in vitro	satisfécit, s
apriori, s (nom)	in vivo	scénario, s
arborétum, s	latifundium, s	sédum, s
bénédicité, s	limès	sempervivum, s
bis	maximum, s	sénior, s
candéla, s	mea-culpa, inv.	sérapéum, s
consortium, s	média, s	sic
crédo, s (non religieux)	médium, s	solo, s
curriculum vitae	mémento, s	spéculum, s
curriculums vitae	mémorandum, s	statuquo, s
de visu	minimum, s	tépidarium, s
décorum, s	muséum, s	ter
déléatur, s	nova, s	tollé, s
délirium trémens	numérus clausus	triplicata, s
déliriums trémens	oppidum, s	ultimatum, s
désidérata, s	optimum, s	ultrapétita
duplicata, s	par intérim	vadémécum, s
égo, s	parabellum, s	varia, s
emporium, s	pensum, s	vélarium, s
erratum, s	placébo, s	verso, s
etcétéra, s	plénum, s	véto, s
exéat, s	pomérium, s	via
exéquatur, s	postabortum, s	

Latin : mots non francisés

Dans un texte en romain, ces mots doivent s'écrire en italique, sans accents et ils restent invariables. Les abréviations de plusieurs éléments de une lettre ne prennent pas d'espace entre les éléments. Le tiret (—) signifie qu'il n'y a pas d'abréviation.

Locution	Abréviation	Traduction
ad hoc	—	qui convient à la situation
ad libitum	*ad lib.*	à volonté, au choix
ad litem	—	limité au seul procès
ad litteram	*ad litt.*	littéralement

On dit que le sel se dissout dans l'eau. Moi, je n'ai pas vu de dix sous dans l'eau.

Locution	Abréviation	Traduction
ad nauseam	—	à n'en plus finir
ad nutum	—	de façon instantanée
ad patres	—	vers les ancêtres, mourir
ad valorem	—	selon la valeur
ad vitam æternam	—	pour toujours
casus belli	—	cas de guerre
confer	*cf.* ou *conf.*	se reporter à
de facto	—	selon le fait
de jure	—	selon le droit
delineavit	*delin.*	a dessiné
duplicata littera	*dupl. litt.*	lettre redoublée
eadem pagina	*ead. pag.*	même page
et alii	*et al.* [1]	et autres
ex aequo	—	à égalité
ex cathedra	—	avec un ton doctoral
exempli gratia	*e.g.* [1]	ex.
hoc est	*h.e.*	c'est
ibidem	*ibid.*	au même endroit
id est	*i.e.* [1]	c'est-à-dire, c.-à-d.
idem	*id.*	le même
in limine	*in lim.*	au commencement
in memoriam	—	à la mémoire de
in situ	—	dans son milieu naturel
in transitu	*in trans.*	en passant
initio	*init.*	au début
invenit	*inv.*	a créé, inventé
ipso facto	—	par le fait même
lato sensu	—	au sens large
loco citato	*loc. cit.*	passage cité
loco laudato	*loc. laud.*	passage approuvé
manu militari	—	par la force militaire
minus habens	—	personne peu intelligente
modus vivendi	—	manière de vivre
ne varietur	*n.v.*	édition définitive
nec plus ultra	—	ce qu'il y a de mieux
nota bene	*NB*	notez bien
opere citato	*op. cit.*	dans l'ouvrage déjà cité
opere laudato	*op. laud.*	ouvrage approuvé
passim	*pass.*	en divers endroits
persona grata	—	personne bienvenue
persona non grata	—	personne non souhaitée
pinxit	*pinx.*	a peint
requiem	—	prière pour les morts
sequiturque	*sq.*	et suivant
sine die	—	sans fixer de jour
sine qua non	—	condition indispensable
stricto sensu	—	au sens strict
supra	*sup.*	ci-dessus
ultimo	*ult.*	en dernier lieu
ut dictum	*ut dict.*	comme il a été dit
vice-versa ou *vice versa*	—	inversement

1. Cette abréviation latine est à éviter ; utilisez plutôt la traduction française.

Commerçant en pleine déconfiture offre stock de fraises à bas prix.

Titres d'œuvres

Les titres d'œuvres s'écrivent en italique dans un texte en romain. Liste des œuvres :

ballet	conte	gravure	peinture	récit	téléroman
chanson	essai	hymne	pensées	roman	théâtre
comédie mus.	film	nouvelle	poésie	sculpture	

Méthode 1

Cette méthode est utilisée dans ce livre. Elle est bien plus simple que la méthode 2.

Seul le premier mot, quel qu'il soit, prend une capitale initiale.

J'ai lu *Le français au bureau.*   J'ai lu *Les fausses confidences.*
J'ai lu *Le roi se meurt.*   J'ai lu *On ne badine pas avec l'amour.*
J'ai vu le film *À bout de souffle.*   J'ai lu *Le loup et l'agneau.*

Deux éléments unis par *ou*

S'il s'agit d'un titre composé de deux éléments unis par **ou** et dont le second sert de sous-titre, seul le premier mot de chaque élément prend une capitale. Tout en italique.

J'ai lu *Le feu sur la terre ou Le pays sans chemin.*

Mots qui gardent leur capitale

J'ai lu *Les coutumes des Français.*	Français	gentilé
J'ai lu *Ma vache Bossie.*	Bossie	nom propre
J'ai lu *L'histoire de l'Alliance atlantique.*	Alliance	organisme
J'ai lu *Le meurtre de la rue du Marché.*	Marché	spécifique de toponyme
J'ai lu *Fanfan la Tulipe.*	Tulipe	surnom
J'ai lu *La vie de* La Presse.	La Presse	titre de journal

Méthode 2

Le titre commence par l'article défini, mais il n'est pas une proposition

Bas-de-casse et italique à l'article défini, capitale au premier nom et à l'adjectif qui éventuellement le précède.

J'ai lu *le Français au bureau.*   J'ai lu *les Fausses Confidences.*

Le titre commence par l'article défini, mais il est une proposition

Capitale à l'article défini seulement.

J'ai lu *Le roi se meurt.*   J'ai lu *Les fées ont soif.*

Le titre ne commence pas par l'article défini

Capitale au premier mot seulement.

J'ai vu *À bout de souffle.*   J'ai lu *On ne badine pas avec l'amour.*

Noms réunis par *et* ou par *ou*

Capitale aux deux noms qui sont réunis par ces mots.

J'ai lu *le Loup et l'Agneau,* ainsi que *le Feu sur la terre ou le Pays sans chemin.*

Ordre alphabétique des titres d'œuvres

Au premier mot important. Les articles n'entrent pas dans l'ordre alphabétique.

Après l'orage	on cherche à	*après*	préposition
Du contrat social	on cherche à	*contrat*	nom
La jeune captive	on cherche à	*jeune*	adjectif
Très riches heures	on cherche à	*très*	adverbe

Le général Cambronne n'était pas homme à mâcher ses mots.

Définitions des œuvres artistiques

Ballet
Danse exécutée par plusieurs personnes, qui comporte le plus souvent une part de pantomime, avec un accompagnement de musique et quelquefois de texte parlé.

Comédie musicale
Genre de spectacle où alternent des scènes dansées et chantées, des textes parlés et de la musique.

Conte
Récit, souvent assez court, de faits, d'aventures imaginaires. Conte de fées : récit merveilleux dans lequel interviennent les fées.

Essai
Ouvrage en prose rassemblant des réflexions diverses ou traitant un sujet d'intérêt général sans prétendre l'épuiser ni arriver à des conclusions fermes ou définitives. Souvent la première production d'un auteur.

Gravure
Résultat du fait de tracer des traits, des caractères, des figures sur une surface dure pour les reproduire.

Histoire
Relation des faits, des évènements passés concernant la vie de l'humanité, d'une personne, d'une société, etc.

Hymne
1. Chant, poème lyrique à la gloire d'un personnage ou d'une grande idée ; 2. Hymne national : chant patriotique associé aux cérémonies publiques.

Nouvelle
Récit plus court que le roman, de construction dramatique simple, mettant en scène peu de personnages.

Pensées
Réflexions écrites sur divers sujets, par exemple les *Pensées* de Pascal.

Poésie
Art de combiner les sonorités, les rythmes, les mots d'une langue pour évoquer des images, suggérer des sensations, des émotions.

Récit
Relation écrite ou orale de faits réels ou imaginaires. *Récit d'aventures.*

Roman
Œuvre littéraire, récit en prose généralement assez long, dont l'intérêt est dans la narration d'aventures, l'étude de mœurs ou de caractères, l'analyse de sentiments ou de passions, la représentation, objective ou subjective, du réel.

Téléroman
Feuilleton télévisé.

Importante société pétrolière cherche représentant raffiné.

Titres d'œuvres en gras

Dans un texte courant, les titres d'œuvres s'écrivent en italique maigre, mais, quand ils sont dans une liste, en première position, ils peuvent être écrits en gras romain.

Le, La, Les (dans un titre d'œuvre)

Si le titre est complet, l'article défini en faisant partie se met en italique aussi et prend une capitale. Il se met en romain bas-de-casse s'il ne fait pas partie du titre.

> J'ai lu *Les caractères* de La Bruyère.   J'ai lu les *Pensées* de Pascal.

Dans des listes alphabétiques, ces titres apparaissent ainsi :

> *Caractères (Les)* de La Bruyère...   *Pensées* de Pascal...

Si le titre est elliptique, l'article reste en romain bas-de-casse.

> Dans le *Malade,* Molière parle des médecins (titre elliptique).

Si l'article est contracté (du), il reste en romain bas-de-casse.

> La présentation du *Malade imaginaire* a eu lieu hier soir.

Accord du titre d'œuvre

Le titre est un nom propre : accord en genre.

> *Athalie* a été jouée hier. *Émile* a été écrit par Jean-Jacques Rousseau.

Le titre est un nom commun précédé de l'article défini : accord en genre et en nombre.

> *Les misérables* ont été joués hier.

Le titre est un nom commun non précédé de l'article défini : masculin singulier.

> *Romances sans parole* a été lu en classe.

Le titre est une proposition : accord avec le sujet de cette proposition.

> *La guerre de Troie n'aura pas lieu* a été jouée hier.

Le titre contient deux noms unis par *et* ou par *ou* : accord avec le premier nom.

> *La belle et la bête* a été écrite par Jean Cocteau.
> *La répétition ou l'amour puni* a été représentée récemment.

Exemples de titres d'œuvres

Le lac des cygnes	ballet	Peter Illitch Tchaïkovsky
Pour que tu m'aimes encore	chanson	Jean-Jacques Goldman
Notre-Dame de Paris	comédie musicale	Luc Plamondon
Ma vache Bossie	conte	Gabrielle Roy
Jack Kérouac	essai	Victor-Lévy Beaulieu
Les invasions barbares	film	Denys Arcand
Le moucheticaire	gravure	Pierre Ayotte
Le Québec : un pays, une culture	histoire	Françoise Tétu de Labsade
La Marseillaise	hymne	Rouget de Lisle
Fuites et poursuites	nouvelle	Chrystine Brouillet
Quatre femmes	peinture	Alfred Pellan
Le dictionnaire insolite	pensées	Jacques Languirand
Je vous entends rêver	poésie	Gilles Vigneault
Les voyageurs sacrés	récit	Marie-Claire Blais
Les fous de Bassan	roman	Anne Hébert
L'homme de fer	sculpture	Germain Bergeron
Le temps des lilas	téléroman	Marcel Dubé
Avec l'hiver qui s'en vient	théâtre (pièce)	Marie Laberge

Les croisades, c'était des voyages en bateaux organisés par le pape.

Cas particuliers de l'italique

Bibliographies

Voici l'ordre des entrées :

1.	Auteur	point	RAMAT, Aurel.
2.	Titre	virgule	*Le Ramat de la typographie,*
3.	Auteurs secondaires	virgule	illustrations de Catherine Ramat,
4.	Numéro de l'édition	virgule	9e éd., *ou* 9e édition,
5.	Collection	virgule	coll. Typographie,
6.	Lieu de publication	virgule	Montréal,
7.	Nom de l'éditeur	virgule	Aurel Ramat éditeur,
8.	Date	virgule	2008,
9.	Volume	virgule	(*monographie*)
10.	Nombre de pages	virgule	224 p., *ou* 224 pages,
11.	Renseignements	point final	19,95 $.

RAMAT, Aurel. *Le Ramat de la typographie,* illustrations de Catherine Ramat, 9e édition, coll. Typographie, Montréal, Aurel Ramat éditeur, 2008, 224 pages, 19,95 $.

- Plusieurs auteurs :

Deux auteurs	DUBOIS, Luc, et Ève DUPONT.
Trois auteurs	DUBOIS, Luc, Ève DUPONT et Chantal DURAND.
Plus de trois auteurs	DUBOIS, Luc, et autres (de préférence à *et al.*)

- La composition se fait en sommaire simple, c'est-à-dire que la première ligne est au fer à gauche (sans retrait) et les lignes suivantes sont en retrait ;
- S'il n'y a pas de nom d'auteur, on commence par le titre en italique ;
- S'il n'y a qu'un seul volume (monographie), il est inutile de le mentionner ;
- Les renseignements peuvent être : le prix du livre, ses récompenses, etc. ;
- S'il s'agit d'un article dans un périodique, on met le titre de l'article entre guillemets et le nom du périodique en italique.

BONNEAU, Jean. « Cuisine familiale », *La Presse,* 8 mars 2008, page 28.

Lettres de l'alphabet

Les lettres de l'alphabet ou les lettres de référence s'écrivent en italique. Il est inutile d'y ajouter des guillemets. On peut aussi utiliser le gras romain ou le gras italique.

La lettre *m* est large.   La figure **b** est très détaillée.

Créations commerciales

Les créations commerciales (surtout dans la parfumerie et la haute couture) s'écrivent en italique avec une capitale au nom spécifique ainsi qu'à l'adjectif qui le précède.

le parfum *Chanel n° 5*   le parfum *Soir de Paris*
le chemisier *Petit Prince*   la robe *Premier Bal*

Ouragans ou cyclones

Ces deux noms sont synonymes. Le spécifique s'écrit en italique. L'accord se fait au masculin (le générique *ouragan* ou *cyclone* étant sous-entendu, à droite).

l'ouragan *Nargis* en Birmanie   *Katrina* a été très fort.

Indications aux lecteurs

Les parenthèses sont en romain. On met une capitale initiale et un point final.

(*Suite de la page précédente.*)   (*Suite à la page 324.*)

Molière est mort sur la Seine.

Notes de musique

Seule la note est en italique. Dans un titre d'œuvre, la note reste en italique.

un *si* bémol   *Concerto en fa majeur*

Devise, maxime et proverbe

En français ou dans une langue étrangère, on les écrit en italique et sans guillemets.

Devise de la sobriété : *Prenons garde aux grands crus qui provoquent les cuites.*
Elle avait pour maxime : *When you do something, do it right.*
Proverbe géométrique : *Quand on prend les virages en ligne droite, c'est que ça ne tourne pas rond dans le carré de l'hypoténuse.*

Guillemets et italique opposés

En principe, l'italique ou les guillemets sont utilisés pour faire ressortir un mot ou une expression. Pour les opposer, on utilise d'abord l'italique, puis les guillemets.

Dans ce contrat, les mots *la Compagnie* signifient « la Compagnie d'assurances ».

→ Par souci de simplicité, je propose de garder l'italique sans guillemets partout.

Dans ce contrat, les mots *la Compagnie* signifient *la Compagnie d'assurances.*

Ne pas ajouter de guillemets à des mots en italique, sauf s'il s'agit d'une citation de mots étrangers.

Il lui déclara : «*I love you*» en anglais. (Les guillemets restent en romain.)

Dans un texte en romain, les mots à faire ressortir se mettent en italique. Inversement, dans un texte en italique, les mots à faire ressortir se mettent en romain.

Renvois

Un renvoi est une invitation faite au lecteur pour le renvoyer à un autre mot ou à une autre page. L'invitation se met en romain et le mot ou titre est en italique. On peut utiliser ou non les parenthèses, qui seront en romain. Quand il s'agit d'un mot ou d'un groupe de mots qui doivent normalement s'écrire en italique, on les garde en italique. La ponctuation finale se met avant la parenthèse si le mot *Voir* a une capitale initiale.

Voir le chapitre *Abréviations.*   ... (voir le chapitre *Capitales*).
Consulter *Le Ramat de la typographie.*   ... (comparer avec le mot *ibidem*).

Langues étrangères

Un mot ou une expression dans une langue étrangère se met en italique.

« Comment allez-vous ? » se traduit par *How do you do?*

Dans certains dictionnaires, des mots français d'origine étrangère sont notés comme (*mot angl.*), par exemple *hockey* et *football*, laissant croire qu'il faut donc les écrire en italique. Or, ils s'écrivent en romain, car ils sont dans un dictionnaire français.

Je joue au hockey.   J'aime aussi le football.

On n'écrit pas en italique un patronyme sous prétexte d'une connotation étrangère.

Ce matin, j'ai rencontré Mme Greenwood et M. Smith.

Qu'ils soient traduits en français ou non, les mots suivants restent en romain :

Organismes	le Foreign Office, le Labour Party
Sociétés	la Toronto Public Library, la National Gallery
Écoles	la Wilson Junior High School
Manifestations	le Fourth of July Parade
Sports	le Queen's Plate, le Super Bowl
Fêtes	la Thanksgiving Day

Le garçon utilisa son pourboire pour manger.

Produits et spécialités

Les produits qui portent des noms propres se composent en romain et prennent une capitale initiale. Ils restent invariables.

deux Boeing	cinq Chevrolet	trois Airbus	plusieurs Ricard
trois Honda	trois Mirage	cinq Ford	quatre Pernod

Si le produit porte un nom déposé, il apparait dans les dictionnaires Larousse parmi les noms communs avec une grande capitale initiale. Il est invariable.

des Coca-Cola   des Frigidaire   des Opinel   des Martini

Si le produit portant un nom propre est si connu qu'il est devenu un nom commun, il s'écrit avec un bas-de-casse. Il prend la marque du pluriel s'il s'agit d'un nom simple, mais il reste invariable s'il s'agit d'un nom composé.

Noms simples	**Noms composés**
des camemberts, des bourgognes	des pont-l'évêque, des pouilly-fuissé

Si cet ancien nom propre est précédé de son générique (fromage, vin, etc.), il reprend sa capitale et son invariabilité.

des fromages de Camembert   des vins de Bourgogne

Voici des noms communs, ils prennent le bas-de-casse et le pluriel.

vodka, vodkas   marsala, marsalas   whisky, whiskys   vermouth, vermouths

Véhicules

Les noms propres de bateaux, d'avions, de trains et même de locomotives sont en italique avec une capitale au premier nom ainsi qu'à l'adjectif qui le précède. Dans un texte courant, on met des traits d'union dans les noms. (Exemples fictifs.)

le *Jean-Bart*   le *Prince-de-Galles*

Avec son générique : article en italique avec une capitale s'il fait partie du nom.

J'ai pris le train *Le Corridor.*   J'ai pris l'avion *Château-de-Versailles.*

Sans son générique : l'article est en romain avec un bas-de-casse.

J'ai pris le *Corridor.*   J'ai pris le *Château-de-Versailles.*

Quand le nom du véhicule est **masculin,** l'article qui le précède est masculin, même si le type de véhicule est féminin.

le *Prince-de-Galles*	*Prince*	est masculin, il s'agit d'un paquebot
le *Château-de-Versailles*	*Château*	est masculin, il s'agit d'un avion
le *Corridor*	*Corridor*	est masculin, il s'agit d'un train
le *Jean-Tangue*	*Jean*	est masculin, il s'agit d'une frégate

Quand le nom du véhicule est **féminin,** l'article qui le précède est masculin si le type de véhicule est masculin ; cet article est féminin si le type de véhicule est féminin.

le *France*	*France*	est féminin, il s'agit d'un paquebot
le *Maryse-Bastié*	*Maryse*	est féminin, il s'agit d'un avion
le *Chaleur*	*Chaleur*	est féminin, il s'agit d'un train
la *Chamade*	*Chamade*	est féminin, il s'agit d'une frégate
la *Trombe*	*Trombe*	est féminin, il s'agit d'une locomotive

On écrit avec italique : la capsule *Apollo,* l'explosion de la navette *Columbia.*

Villas

Mêmes règles que les titres d'œuvres : capitale au premier mot.

J'adore notre villa *La belle vie.*   Notre propriété *Belle vue* est agréable.

Maman, je veux une petite sœur. — Papa ne veut pas. — Faisons-lui la surprise.

Théâtre et jeux de scène

S'ils sont placés avant le début du dialogue, qui commence par un tiret, les tons et les mouvements se mettent en italique, sans parenthèses.

> Juliette, *d'un air sévère.* — Je n'ai jamais dit ça.

S'ils sont placés après, ils se mettent en italique, avec parenthèses en romain et ponctuation finale avant la parenthèse fermante.

> Jules. — Je vous verrai demain. (*Il sort par la porte côté jardin.*)

Les réactions sont en italique, avec parenthèses, en bas-de-casse, sans ponctuation. Elles comportent les mots *applaudissements*, *huées*, *murmures*, *rires*, *sifflets*.

> Le ministre. — Je vous promets une réduction d'impôts (*applaudissements*).

Pages liminaires d'un livre

Les pages liminaires sont les pages qui précèdent le chapitre premier.

Introduction	Texte rédigé en page impaire par l'auteur pour présenter son livre et donner des précisions. Se compose en romain ou en italique.
Préface	Texte rédigé par une autorité en la matière et destiné à présenter le livre et son auteur. Elle se compose en romain ou en italique et se place au début du livre. Synonyme : *Avant-propos.*
Postface	Semblable à la préface, mais elle se place à la fin du livre.

Pour détacher un mot

On doit utiliser l'italique ou les guillemets, mais l'italique est préférable.

> Dans ce texte, le mot *suivant* est très important.
> Dans ce texte, le mot « suivant » est très important.
> Dans ce texte, le mot suivant est très important. (*non-sens*)

Italique dans ce livre

Les exemples sont en italique quand ils sont à l'intérieur d'un texte.
Les exemples sont en romain quand ils sont sur des lignes séparées.

> Le verbe s'accorde avec son sujet : *Les feuilles tombent en automne.*
> la Belle Époque   les Temps modernes

Séminaires, cours, concours, etc.

Les titres de séminaires, cours, concours, programmes et expositions se composent en italique, avec une capitale initiale au premier mot seulement, quel qu'il soit.

> Le séminaire *L'an 2000 sans bogue* était intéressant.
> J'ai assisté au cours *Faire de l'argent avec celui des autres* la semaine dernière.
> Le concours *L'orthographe facile* a été un succès.
> L'orateur nous a parlé du programme *Risques limités* avec clarté et précision.
> Nous avons visité l'exposition *Le mystérieux peuple des tourbières* hier soir.

Lois

Généralement en romain, mais en italique dans l'administration fédérale canadienne. Évidemment, s'il s'agit du titre d'un livre, il s'écrit en italique (deuxième ligne).

> la Loi de l'impôt sur le revenu   la *Loi de l'impôt sur le revenu* (Canada)
> le livre *Loi de l'impôt sur le revenu*

Concernant la casse, le mot *loi* dans les textes juridiques prend un bas-de-casse s'il est suivi d'un nom propre, et une capitale s'il n'est pas suivi d'un nom propre.

> la loi Murphy   la Loi sur les accidents du travail

Les rivières coulent toujours dans le sens de l'eau.

Nombres

Écriture des nombres en lettres

L'orthographe traditionnelle est indiquée entre crochets. Choisissez.

Définitions

Numéral cardinal (quantité)

un, deux, trois, dix-sept, vingt-cinq, cent, mille, etc.

Numéral ordinal (rang)

premier, deuxième, troisième, dix-septième, centième, etc.

Il n'y a jamais de trait d'union entre un numéral et le nom qu'il accompagne.

vingt-deux jours   *et non pas :* vingt-deux-jours
vingt-deuxième jour   *et non pas :* vingt-deuxième-jour

Fraction

Le chiffre qui se trouve avant la barre oblique est le numérateur, celui après est le dénominateur. Il n'y a jamais de trait d'union entre eux. Le dénominateur s'accorde en nombre. On utilise le mot *de* après une fraction en lettres : *trois quarts de tarte.*

1/4	un quart	3/4	trois quarts
1/5	un cinquième	3/5	trois cinquièmes
6/10	six dixièmes	25/100	vingt-cinq centièmes

Traits d'union

En nouvelle orthographe (à gauche), tous les éléments sont reliés par un trait d'union. En orthographe traditionnelle, ils sont parfois reliés par un trait d'union, parfois non.

Numéral cardinal (quantité)

cent-trente-deux   vingt-et-un   [cent trente-deux]   [vingt et un]
soixante-et-onze   quatre-vingt-un   [soixante et onze]   [quatre-vingt-un]

Numéral ordinal (rang)

deux-cent-cinquante-troisième   [deux cent cinquante-troisième]
soixante-dixième, vingt-et-unième   [soixante-dixième, vingt et unième]
Elle est arrivée six-centième (600e).   [Elle est arrivée six centième (600e).]
Ils sont arrivés six-centièmes (600es).   [Ils sont arrivés six centièmes (600es.)]

Fraction

Pas de trait d'union entre le numérateur (*vingt-et-un*) et le dénominateur (*centièmes*).

Ils sont arrivés avec vingt-et-un centièmes de seconde de retard (21/100).
[Ils sont arrivés avec vingt et un centièmes de seconde de retard (21/100).]

La nouvelle orthographe permet de différencier diverses fractions et un rang.

mille-cent-vingt septièmes	1120/7	[mille cent vingt septièmes]
mille-cent vingt-septièmes	1100/27	[mille cent vingt-septièmes]
mille cent-vingt-septièmes	1000/127	[mille cent vingt-septièmes]
mille-cent-vingt-septièmes	1127[es]	[mille cent vingt-septièmes]

Chiffres et lettres mélangés

Il faut éviter de mélanger les chiffres et les lettres, sauf avec **million** et **milliard** quand ils sont employés **seuls.** On le fait pour éviter les nombreux zéros et ainsi faciliter la lecture. Dans ce cas, il n'y a pas de trait d'union dans les deux orthographes.

120,3 millions de dollars   la somme de 28 milliards de dollars
mais pas : 120 millions 300 mille   *ni :* 27-milliards-six-cent-millions

---

Perdu partie haute d'un dentier. Merfi de le reftituer auffitôt.

Noms sans traits d'union

Les noms suivants ne sont pas des numéraux. En nouvelle orthographe tout comme en orthographe traditionnelle [entre crochets], ils ne prennent pas de trait d'union avant ni après eux (sauf *demi* quand il est suivi d'un nom, comme dans *une demi-heure*).

neuvaine	quinzaine	quarantaine	centaine	demi
dizaine	vingtaine	cinquantaine	millier	tiers
douzaine	trentaine	soixantaine	moitié	quart

vingt-et-une douzaines d'œufs		[vingt et une douzaines d'œufs]
vingt-et-un tiers	21/3	[vingt et un tiers]
vingt et un tiers	20 1/3	[vingt et un tiers]
trente-et-un et quart	31 1/4	[trente et un et quart]
vingt-et-un trois quarts	21 3/4	[vingt et un trois quarts]

Les noms *million* et *milliard*

Ces noms prennent la marque du pluriel. En nouvelle orthographe, ils sont reliés aux autres mots par des traits d'union (à gauche). En orthographe traditionnelle, ils ne sont pas reliés aux autres mots par des traits d'union (à droite).

un-million-six-cent-mille	[un million six cent mille]
six-millions-cent-dix-sept-mille	[six millions cent dix-sept mille]
un-milliard-trois-cent-millions	[un milliard trois cents millions]
dix-milliards-six-cent-millions	[dix milliards six cents millions]

Accord de *cent*

Multiplié et suivi d'un nom	six-cents euros	[six cents euros]
Pas multiplié	mille-cent euros	[mille cent euros]
Suivi d'un numéral	deux-cent-trois	[deux cent trois]
Suivi de **mille** (numéral invariable)	deux-cent-mille	[deux cent mille]
Suivi de **millions** ou **milliards**	deux-cent-millions	[deux cents millions]
Désignant une quantité	deux-cents pages	[deux cents pages]
Désignant un rang	la page deux-cent	[la page deux cent]

Accord de *quatre-vingt*

Suivi d'un nom	quatre-vingts ans	[quatre-vingts ans]
Suivi d'un numéral	quatre-vingt-deux	[quatre-vingt-deux]
Suivi de **mille** (numéral invariable)	quatre-vingt-mille	[quatre-vingt mille]
Suivi de **millions** ou **milliards**	quatre-vingt-millions	[quatre-vingts millions]
Désignant une quantité	quatre-vingts pages	[quatre-vingts pages]
Désignant un rang	la page quatre-vingt	[la page quatre-vingt]

Le mot *un*

Élision

Quand le mot **un** ou **une** est numéral cardinal, on ne fait généralement pas l'élision : on écrit *de un, que un*. Quand il est article indéfini, on fait l'élision : *d'un, qu'un*.

une pièce de un dollar (numéral)   le chant d'un oiseau (article indéfini)
Ça ne coute que un dollar.   Il faut qu'une solution soit trouvée.

Trait d'union

Quand le mot **un** fait partie d'un numéral, il prend un trait d'union en nouvelle orthographe, mais il ne prend pas de trait d'union en orthographe traditionnelle, sauf dans *quatre-vingt-un*. Il n'en prend jamais quand il est article indéfini.

avoir un-million [un million] de dollars à la banque (numéral, somme exacte)
avoir un million [un million] de choses à faire (article indéfini, approximation)

La nuit, pour éviter les moustiques, il faut dormir avec un mousquetaire.

Emplois des nombres

Historique

Avant Jésus-Christ, les Arabes utilisaient des cailloux pour calculer. (Le mot *calcul* vient du latin *calculus,* qui signifie *caillou.*) Leur système ne comprenait pas de zéro. Pour compter ses moutons, le berger posait par terre un caillou pour chaque mouton qui passait. Le soir, il comparait les cailloux avec les moutons. Au cinquième siècle après Jésus-Christ apparaît aux Indes l'emploi des dix chiffres de 0 à 9. Le mot *zéro* vient de l'arabe *sifr,* changé en *zero* en 1491 dans un traité de Florence. C'est à partir de 1440, grâce aux imprimeurs, que la forme des dix chiffres a été définitivement fixée.

Travaux juridiques

Dans les travaux juridiques, on écrit le nombre en lettres et on le répète en chiffres entre parenthèses. Si l'un des deux nombres devenait illisible par accident, l'autre donnerait alors la précision souhaitée.

Cette proposition expirera après un délai de quatre-vingt-dix (90) jours.

Travaux littéraires

Les nombres s'écrivent en lettres dans les travaux littéraires. Les nombres y sont peu nombreux et donnent rarement lieu à des comparaisons.

Mon âme aux mille voix, que le dieu que j'adore
Mit au centre de tout, comme un écho sonore. — Victor Hugo

Travaux scientifiques

Les nombres s'écrivent en chiffres dans les travaux scientifiques. Ces ouvrages comportent de nombreux chiffres, et écrire ces derniers en lettres prendrait trop de place. Il faut dire que la lecture d'un nombre écrit en chiffres est toujours plus facile.

Le nombre π (3,141 592 653 5...) se retient en comptant les lettres des mots de ce poème :

Que j'aime à faire apprendre un nombre utile aux sages...

Travaux ordinaires

Dans les travaux ordinaires, quand les nombres n'entrent pas dans l'une des catégories mentionnées dans la section *Chiffres arabes* (pages 121 à 123), ils s'écrivent :

En lettres

pour les nombres de **un** à **neuf** inclus.

Charles IV le Bel a régné pendant six ans.

En chiffres

pour les nombres à partir de **10** s'ils sont entiers.

Louis XIV a régné pendant 72 ans.
Son règne a duré soixante-douze ans et demi environ.

En chiffres

si les deux cas se trouvent dans la même phrase.

George Sand passa sa jeunesse à Nohant entre 4 et 14 ans.

Remarque

Ces règles dans les travaux ordinaires ne sont pas obligatoires. Cela pourra dépendre de la place disponible, ainsi que de la sorte de travail. Si ce travail est plutôt littéraire, les lettres seront préférées. L'important sera de rester cohérent.

Pour mieux conserver la glace, il faut la geler.

Chiffres arabes

Nombre signifiant une quantité

Les nombres signifiant une quantité (et non pas un rang) sont séparés en groupes de trois chiffres détachés par une espace insécable, même dans la partie des décimales. Si le nombre n'a que quatre chiffres (sans décimales), on peut l'écrire avec ou sans espace. On met une espace insécable entre le nombre et le symbole.

   23 234,78 $ 2 678 kg   *ou*   2678 kg   52,791 22 g

Nombre signifiant un rang

Les numéros d'adresses, d'années, d'articles, de circulaires, de loteries, de pages et de projets de lois s'écrivent en chiffres. On ne met pas d'espace entre les tranches de trois chiffres, car il ne s'agit pas d'une quantité mais d'un rang.

   12345, rue Dupont   l'année 2009   l'article 3243   la circulaire 18976
   le billet 879809   la page 14565   le projet de loi 1056

Début d'une phrase

Un nombre au début d'une phrase s'écrit en lettres. On évitera cette tournure de phrase si le nombre est très grand.

   Il y avait 25 personnes. Dix-huit d'entre elles appartenaient à la Société.
   Il y avait 25 personnes, dont 18 appartenaient à la Société.

Âges

Les nombres dans les âges s'écrivent en lettres de un à neuf inclus, et en chiffres à partir de 10. Si le nombre n'est pas entier, on l'écrit en lettres.

   Ce bébé a deux mois.   Victor Hugo est mort à 83 ans.
   Geneviève a deux ans et onze mois.   François a dix-sept ans et demi.

Cartes à jouer

Les nombres des cartes à jouer s'écrivent en lettres.

   le neuf de carreau   le dix de pique

Classes d'école

En lettres avec bas-de-casse initial aux classes d'école, de train ou d'avion.

   la seconde C, abrév. : 2de C   la classe de quatrième
   en deuxième année, 2e année   voyager en première

Densités

Un nombre dans une densité s'écrit en chiffres. Il est décimal, donc avec une virgule.

   Le plomb a une densité de 11,35. Il fond à 327,5 °C. Il bout à 1740 °C.

Statistiques

Les nombres dans les statistiques s'écrivent tous en chiffres.

   Les travailleurs sont-ils pour ou contre les vacances ?
   456 m'ont répondu : « Je suis pour. »
    4 m'ont répondu : « Je ne suis pas contre. »

Proverbes

Les nombres dans les proverbes s'écrivent en lettres.

   Une image vaut mille mots.

Les prêtres n'ont pas besoin d'automobile, car ils ont des habits sacerdotaux.

Degré

Le signe de degré (un petit cercle ° supérieur) s'emploie dans les domaines suivants : longitude et latitude, angles plans, degrés d'alcool et températures. Il ne peut être utilisé que lorsqu'il est précédé d'un nombre de quantité écrit en chiffres (premier exemple), et non s'il est précédé d'un numéro d'ordre (30e, à droite). On ne l'emploie pas s'il n'y a pas de nombres écrits en chiffres.

Il a fait 4° à l'ombre aujourd'hui.   Il est au 30e degré de latitude N.
Il fait plus chaud de trois degrés.   Il faut indiquer votre degré de parenté.

Longitude, latitude, angles plans

Le signe ° est collé au nombre qui le précède. On met une espace insécable entre les éléments. Ces valeurs sont données en degrés, minutes d'angle et secondes d'angle. On ne met pas de zéro devant les chiffres inférieurs à 10. Il y a 360 degrés dans une circonférence, 60 minutes dans un degré et 60 secondes dans une minute. La longitude est précisée par E. ou O., la latitude par N. ou S.

Ce point est situé par 41° 8′ 25″ de latitude N. exactement.
Ce triangle a un angle de 43° 9′ 25″ exactement.
Un angle droit est un angle de 90° exactement.

Degré d'alcool

Le signe ° est collé au nombre qui le précède (décimales comprises) et il est suivi d'une espace sécable. Ces valeurs sont décimales, donc avec la virgule.

un vin de 10° très fruité   un vin de 10,4° excellent

Degré de température

Si la précision C ou F (Celsius ou Fahrenheit) n'est pas donnée, le signe ° est collé au nombre qui le précède (décimales comprises) et il est suivi d'une espace sécable ; si le signe est précisé par C ou F, il est détaché du nombre par une espace insécable et collé à la lettre C ou F. Ces valeurs sont décimales, donc avec une virgule. Quand le chiffre est sous zéro (chiffre négatif), on utilise le trait d'union collé.

Il a fait 26,7° aujourd'hui.   Il a fait 26,7 °C aujourd'hui.
Il a fait -6,4° aujourd'hui.   Il a fait -15,6 °C aujourd'hui.

Horaires

Les horaires de trains, d'avions ou d'autocars sont donnés en heures et en minutes. La journée commence à minuit. Dans un même jour, le premier train peut partir à 00:00 et le dernier à 23:59. On utilise toujours quatre chiffres.

00:00	ou	0000	minuit
01:01	ou	0101	une heure une minute du matin
12:15	ou	1215	midi et quart
15:00	ou	1500	quinze heures (trois heures de l'après-midi)
23:59	ou	2359	une minute avant le jour suivant

Poésies

Dans les poésies, les nombres s'écrivent tous en lettres.

Ce siècle avait deux ans. Rome remplaçait Sparte.
Déjà Napoléon perçait sous Bonaparte.

Votes

Les nombres indiquant le résultat d'un vote s'écrivent tous en chiffres.

Le résultat du vote fut le suivant : 16 voix pour et 5 voix contre.

La vieillesse, c'est quand les bougies valent plus cher que le gâteau.

Pourcentages

Dans les pourcentages, les nombres accompagnés du signe % s'écrivent en chiffres. Le signe % est détaché du nombre par une espace insécable, alors que les fractions (¼, ½, ¾, etc., en petits caractères) sont précédées si possible d'une espace fine, ou sinon elles sont collées au nombre qui les précède.

    50 %   12 ½ %   6,125 %   3,5 p. 100   dix pour cent

On emploiera la forme % dans les textes scientifiques, les tableaux et les textes ordinaires. La forme *p. 100* sera utilisée sur demande de l'auteur seulement. La forme *pour cent* sera utilisée dans les textes littéraires. Si le nombre n'est pas entier, il est préférable d'utiliser la forme avec la virgule plutôt que les fractions (6,125 % plutôt que 6 ¼ %). Les mêmes règles s'appliquent à ‰ (pour mille).

Répétition de symboles

Les symboles peuvent être répétés (à gauche) ou non dans les exemples suivants :

    un intérêt annuel de 4 % à 6 %   un annuel intérêt de 4 à 6 %
    un gain de 100 $ à 150 $ un gain de 100 à 150 $
    une température entre 6 °C et 12 °C   une température entre 6 et 12 °C

Il faut dire : un quart pour cent (0,25 %)   *plutôt que :* un quart de un pour cent.

Nombres négatifs

Certains organismes, comme l'ISO et l'AFNOR, préconisent de faire précéder le nombre négatif par un tiret demi-cadratin, lui-même suivi d'une espace insécable.

    une température de – 18 °C   ou : une température de – 18°

Je préconise d'utiliser un trait d'union collé au nombre.

    une température de -18 °C   ou : une température de -18°

En effet, l'écriture avec le trait d'union est universellement utilisée dans les travaux ordinaires. (Peut-être que l'emploi du tiret demi-cadratin se justifie dans les travaux scientifiques.) Ensuite, l'emploi du trait d'union dans Word donne des résultats de calculs exacts, alors qu'ils sont inexacts si l'on utilise le tiret demi-cadratin.

trait d'union sans espaces	30-5	=	25	exact
trait d'union avec espaces sécables	30 - 5	=	25	exact
trait d'union avec espaces insécables	30 - 5	=	25	exact
tiret sur demi-cadratin sans espaces	30–5	=	35	inexact
tiret sur demi-cadratin avec espaces sécables	30 – 5	=	35	inexact
tiret sur demi-cadratin avec espaces insécables	30 – 5	=	35	inexact

Nombres en lettres dans les années

Noter la casse et les nombres en lettres dans les locutions suivantes :

    souhaiter la bonne année   Bonne Année!
    être dans sa quinzième année   mes meilleurs vœux de bonne année
    les Années folles (1920-1930)   d'année en année
    l'Année sainte   l'année olympique
    les années trente (*ou* 30)   une année-lumière, des années-lumière
    les années quatre-vingt (*ou* 80)   s'en ficher comme de l'an quarante

L'écriture avec l'**apostrophe** ('80) est un anglicisme et n'est pas permise en français.

Le mot **circa** est un mot latin qui a été adopté en langue anglaise et qui s'abrège **ca.** avec le point abréviatif selon la méthode anglaise. Mais c'est un anglicisme et il ne figure pas dans les dictionnaires français. À sa place, on utilise le mot **vers.**

    Ne pas dire ni écrire : circa 1920   *mais dire et écrire :* vers 1920.

Ma grand-mère dit que mon grand-père est un continent.

Chiffres romains

Les chiffres romains sont utilisés pour définir un **rang** et non une quantité.
Les lettres supérieures ^{e, er} restent toujours en bas-de-casse.

Alignement

Dans un tableau, les chiffres arabes s'alignent sur la droite et les chiffres romains sur la gauche ou la droite. Dans une table des matières, ils s'alignent sur la droite.

							Table des matières	
	Exemple de tableau						**Table des matières**	
1	I	9	IX	80	LXXX		I.	Abc de typographie
2	II	10	X	90	XC		II.	Abréviations
3	III	20	XX	100	C		III.	Capitales
4	IV	30	XXX	200	CC		IV.	Coupures
5	V	40	XL	300	CCC		V.	Italique
6	VI	50	L	400	CD		VI.	Nombres
7	VII	60	LX	500	D		VII.	Orthographe
8	VIII	70	LXX	1000	M		VIII.	Ponctuation

I	peut se soustraire de V et X	Exemples :	IV	4		IX	9
X	peut se soustraire de L et C	Exemples :	XL	40		XC	90
C	peut se soustraire de D et M	Exemples :	CD	400		CM	900

Acte de théâtre

acte III, scène II   *ou* : acte III, scène ıı (petites capitales)

Chapitre, tome, volume

le chapitre IV   le tome III   le volume II

Concile

le concile Vatican II   le concile de Latran IV

Manifestation commerciale

les XIXes Jeux olympiques   le XVe Salon de l'automobile

Millénaire

le IIIe millénaire   le Ier millénaire

Monument

Pour indiquer la date sur un monument : MCMLXXXVII (1987)

Régime politique

la IVe République   le IIIe Reich

Siècle

le XXe siècle   LE XXe SIÈCLE
On peut aussi écrire : le vingtième siècle, le 20e siècle.

Souverain

Louis XIV   Jean XXIII

Les ordres religieux les plus célèbres sont les bénédictins et les trapézistes.

Orthographe

Nomenclature simplifiée

NOM : mot variable qui désigne soit un être, soit une chose.

Genre	nom masculin (un sac), féminin (une vie), épicène (un, une élève).
Nombre	nom singulier (un chat, une table), pluriel (des chats, des tables).
Forme	nom simple (timbre, ciel), composé (timbre-poste, arc-en-ciel).
Sens	sens propre (une fleur des champs), figuré (la fleur de l'âge).
Acception	nom concret (enfant, maison), abstrait (confiance, fermeté).
Statut	nom commun (chien, fauteuil), propre (Dupont, Montréal).
Pluralité	nom individuel (rédacteur, banc), collectif (un groupe, une foule).

DÉTERMINANT : mot variable qui précise un nom et le précède.

Démonstratif	ce, cet, cette, ces.
Possessif	mon, ton, son, ma, ta, sa, mes, tes, ses, notre, votre (*sans accents*)...
Interrogatif	quel, quelle, quels, quelles.
Indéfini	certains, certaines, aucun, aucune, plusieurs, divers, tout, toute...
Numéral	cardinal (un, deux, trois, dix, cent, mille)...
Article	défini (le, la, les), indéfini (un, une, des), partitif (du, de la, des).

PRONOM : mot variable qui remplace un nom déjà exprimé ou sous-entendu.

Démonstratif	ce, ceci, cela, celle, celle-ci, celle-là, celui, celui-ci, celui-là...
Possessif	le mien, le tien, le sien, la mienne, la nôtre, la vôtre (*avec accents*)...
Interrogatif	qui, que, quoi, lequel, laquelle, duquel, auquel...
Indéfini	aucun, certains, plus d'un, personne, plusieurs, l'un, quelqu'un...
Personnel	je, tu, il, elle, on, nous, vous, ils, elles, me, te, se, moi, toi, soi...
Relatif	qui, que, quoi, dont, où, lequel, laquelle, lesquels, lesquelles...

ADJECTIF : mot variable qui qualifie le nom ou le pronom.

Qualificatif	qui qualifie un nom (petit, grand, chanceux, habile).
Verbal	venant d'un verbe (souriant, souriante).
Ordinal	indique un rang (premier, deuxième, centième, millième)...
De couleur	simple (bleu, rouge), formé d'un nom (cerise, noisette).

VERBE : mot variable qui exprime l'action ou l'état du sujet.

Voix	active (je lis), passive (le livre est lu), pronominale (il se lit bien).
Transitivité	transitif direct, transitif indirect, intransitif.
Personnes	1re (je, nous), 2e (tu, vous), 3e (il, elle, ils, elles, on).
Modes	infinitif, indicatif, subjonctif, impératif, participe... (voir page 134)

Temps			
présent (indic.)	j'aime	passé composé	j'ai aimé
imparfait (indic.)	j'aimais	plus-que-parfait	j'avais aimé
passé simple (indic.)	j'aimai	passé antérieur	j'eus aimé
futur simple (indic.)	j'aimerai	futur antérieur	j'aurai aimé
cond. présent (indic.)	j'aimerais	cond. passé	j'aurais aimé
présent (subj.)	que j'aime	passé (subj.)	que j'aie aimé

ADVERBE : mot invariable qui modifie un verbe, un adjectif ou un autre adverbe.
Elle marche *vite.* Ils sont *peu* efficaces. Elle parle *très* bien.

CONJONCTION : mot invariable qui joint des mots ou des propositions.
Coordination (mais, ou, et, or, ni, car), subordination (si, que, quand...).

INTERJECTION : mot (ou groupe de mots) invariable qui signale une émotion.
Douleur ou joie (Ah! que je suis content!), regret (Hélas! il pleut.)...

PRÉPOSITION : mot invariable qui sert à introduire un complément.
à, de, en, sur, avec, par, pour... (Je vais *à* Québec. J'aime les chansons *de* Céline.)

Le singe fait des grimaces. C'est l'animal qui ressemble le plus à l'homme.

Fonctions du nom

Sujet

Il répond à la question **qui est-ce qui?** ou **qu'est-ce qui?** posée avant le verbe.

> *Caroline* joue au tennis.   La *pluie* tombe.

Complément d'objet direct (c.o.d.)

Il répond à la question **qui?** ou **quoi?** posée après le verbe. On dit alors que le verbe est *transitif direct.*

> Paul appelle le *directeur.*   La jeune fille lit le *journal.*

Complément d'objet indirect (c.o.i.)

Il répond aux questions **à qui? à quoi? de qui? de quoi?** posées après le sujet et le verbe. Le verbe est alors *transitif indirect,* car il est construit avec une préposition. Un verbe qui n'a ni c.o.d. ni c.o.i. est dit *intransitif.*

> Les soldats obéissent *au* capitaine.   La dame renonce *à* la poursuite.
> Il se souvient *de* ses parents.   Je marche (*verbe intransitif*).

Apposition

Un nom est en apposition quand il est à côté d'un autre nom pour le préciser.

> Madame Ève Roy, présidente, a pris la parole. (*présidente* : apposition détachée)
> Le professeur nous a montré des lettres types. (*types* : apposition attachée)

Propositions

Subordonnée circonstancielle

Elle indique les circonstances. Elle est suivie d'une virgule si elle est au début.

> *Quand le chat est parti,* les souris dansent.

Subordonnée relative explicative

Elle est introduite par un pronom relatif : *qui, que, quoi, dont, où...* Entre deux virgules, elle « explique » que tous les joueurs étaient présents et qu'ils ont tous été félicités.

> Les joueurs, *qui étaient présents,* ont été félicités.

Subordonnée relative restrictive

Elle est introduite par un pronom relatif : *qui, que, quoi, dont, où...* Sans virgules, elle « restreint » le nombre de joueurs qui ont été félicités (seuls ceux qui étaient présents).

> Les joueurs *qui étaient présents* ont été félicités.

Subordonnée participiale

Son verbe est un participe (présent ou passé). Suivie d'une virgule si elle est au début.

> *Espérant une réponse,* je vous adresse mes sincères salutations.
> *Le beau temps revenu,* nous avons repris notre marche.

Incise et incidente

L'incise (verbe indiquant qu'on rapporte des paroles) et l'incidente (intervention personnelle) sont entre deux virgules.

> « Cette salade, *dit-elle,* est délicieuse. »   (*incise*)
> « Ce cheval, *il me semble,* est nerveux. »   (*incidente*)

Les hommes sont de plus en plus intéressés par leur arbre gynécologique.

Accords

Accord du verbe avec le sujet

Le verbe s'accorde en personne et en nombre avec son sujet (en italique).

La *fille* et le *gars* s'avancent. *Luc* sort les tiroirs et les fouille.
Ils nous donneront les résultats quand *nous* les demanderons.
Toute la nombreuse *famille* était réunie.

Accord du verbe avec un infinitif

Quand le sujet est un infinitif, le verbe se met au singulier.

Pratiquer différents sports est un exercice qui forme le corps et l'esprit.

Accord du verbe avec des pronoms personnels différents

La première personne l'emporte sur la deuxième, et la deuxième sur la troisième.

Toi et moi chanterons.   *Vous et moi* chanterons.   *Vous et lui* chanterez.
Elle et moi chanterons.   *Lui, toi et moi* chanterons.   *Toi et lui* chanterez.

Accord du verbe avec deux sujets de genre différent

Avec deux sujets de genre différent, l'accord se fait au genre masculin non marqué.

La *fille* et le *garçon* sont arrivés.   La *table* et le *banc* sont bleus.

Accord du verbe avec le pronom relatif *qui*

Le verbe se met à la même personne et au même nombre que l'antécédent.

Est-ce *toi* qui as frappé?   C'est *moi* qui ai dit cela.

Accord du verbe avec un adverbe de quantité + *de*

Le verbe est au pluriel seulement si le nom qui suit est au pluriel et peut se compter.

assez de	bien des	moins de	plus de	tant de
beaucoup de	combien de	peu de	que de	trop de...

Beaucoup de joueurs riaient.   *Beaucoup de tendresse* illuminait son regard.

Accord de l'adjectif qualificatif

L'adjectif qualificatif s'accorde en genre et en nombre avec le nom ou le pronom auquel il se rapporte.

Ces robes sont *belles* ; je *les* trouve *magnifiques.*

Accord de l'adjectif avec deux noms de même genre

L'adjectif qui se rapporte à deux noms singuliers s'accorde en genre et en nombre avec les noms auxquels il se rapporte.

Le chemin et le pont sont très *beaux.*
La route et la rivière sont très *belles.*

Accord de l'adjectif avec deux noms de genre différent

L'adjectif se met au masculin pluriel (genre non marqué).

Il portait une cravate et un manteau *noirs. (les deux étaient noirs)*

Accord de l'adjectif avec un seul des noms

Si l'adjectif se rapporte à un seul des noms, l'accord se fait selon ce que l'on précise.

Il portait une cravate et un manteau *noir. (seul le manteau était noir)*

«Le voleur a volé les pommes», où est le sujet? — En prison.

Accord de deux adjectifs pour un seul nom

L'accord des adjectifs se fait selon le sens. (Au Canada, il y a un seul gouvernement fédéral et il y a plusieurs gouvernements provinciaux.)

> Les gouvernements *fédéral* et *provinciaux* sont représentés.

Accord de l'adjectif avec deux noms unis par *de*

L'accord de l'adjectif se fait selon le sens.

> une forêt de sapins *immense*   *c'est la forêt qui est immense*
> une forêt de sapins *immenses*   *ce sont les sapins qui sont immenses*
>
> un panier de cerises *solide*   *c'est le panier qui est solide*
> un panier de cerises *rouges*   *ce sont les cerises qui sont rouges*

Accord de l'adjectif employé comme adverbe

Cet adjectif employé après un verbe reste invariable, comme un adverbe.

> Léa parle *fort* (fortement).   Ces élèves comptent *juste* (justement).

Accord de l'adjectif de couleur simple

Cet adjectif s'accorde en genre et en nombre avec le nom auquel il se rapporte.

> des robes *bleues*

Accord de l'adjectif de couleur formé d'un nom

Cet adjectif reste invariable, même au pluriel.

> des robes *citron*

Accord de l'adjectif de couleur suivi d'un nom

L'adjectif de couleur et le nom qui le suit sont invariables, sans trait d'union.

> des robes *rouge cerise*

Accord de l'adjectif de couleur suivi d'un adjectif

L'adjectif de couleur et l'adjectif qui le suit sont invariables, sans trait d'union.

> des robes *bleu clair*

Accord de l'adjectif composé de deux couleurs mélangées

Invariable, avec trait d'union. Couleurs mélangées pour former une nouvelle couleur.

> une encre *bleu-noir*

Accord des adjectifs de deux couleurs additionnées

Les deux adjectifs de couleur restent invariables, et l'on utilise le mot **et** sans trait d'union. Ces robes ont chacune du noir et du blanc additionnés, mais non mélangés.

> des robes *noir et blanc*   des photos *noir et blanc*

Accord des adjectifs de deux couleurs pour un seul nom

Il y a des robes noires et des robes blanches à l'étalage. Les deux adjectifs s'accordent.

> des robes *noires* et *blanches*   ou   des robes *noires* et des robes *blanches*

Les grévistes de WonderBra recherchent un soutien.

Accord du participe passé

Règles générales

1. **Le participe passé** est dans la liste des pages 132 et 133 .... **invariable**

   Les reines se sont *succédé.*
   Les filles se sont *plu* à raconter des anecdotes.
   Les garçons se sont *ri* des menaces qui leur étaient adressées.

2. **Sans auxiliaire** .... **accord comme un adjectif**

   Il reçut enfin la lettre *attendue.*
   Celle-ci, *écrite* à la main, lui plut.
   Les feuilles *tombées* ont été ramassées.

3. **Avec c.o.d. placé avant** .... **accord avec le c.o.d.**

   La voiture que j'ai *achetée* est bleue.
   C'est la règle que lui a *fixée* son père.
   Ils se sont *blessés* à la tête.
   La table qu'il s'est *fabriquée* est bancale.
   Je les en ai *informés.*

4. **Avec c.o.d. placé après** .... **invariable**

   J'ai *écrit* une lettre.
   Elle a *acheté* un livre.
   Elle s'est *acheté* une robe.
   Ils se sont *pardonné* leurs fautes.

5. **Avec *avoir* sans c.o.d.** .... **invariable**

   Elles ont beaucoup *attendu.*
   Ils ont *chanté* hier soir.
   Elles ont *lu* pendant une heure.
   Il vous en a *parlé.*
   Cette maison nous a *appartenu.*
   Elle a *rêvé* toute la nuit.
   Les rivières ont *débordé.*

6. **Avec *être* sans c.o.d.** .... **accord avec le sujet**

   Les joueuses sont *arrivées.*
   Toutes les personnes ont été *ravies.*
   On est *entré* chez moi par effraction.
   La bague et le bracelet ont été *vendus.*
   Elle est *allée* à Québec et elle en est *enchantée.*
   Ils se sont *souvenus* de leur enfance.
   Elle s'est *aperçue* de l'erreur.
   Elle s'est *attendue* à cette question.
   Elle s'est *trompée* d'escalier.

   Sauf si le pronom réfléchi (nous, vous, se) **est c.o.i.** .... **invariable**

   Nous nous sommes *parlé* (nous avons parlé l'une à l'autre).
   Vous vous êtes *téléphoné* (vous avez téléphoné l'une à l'autre).
   Elles se sont *écrit* (elles ont écrit l'une à l'autre).

Une racine carrée n'est pas vraiment une racine, et n'est pas vraiment carrée.

Cas particuliers du participe passé

7. Verbe impersonnel (se conjugue seulement avec **il** neutre) .... **invariable**

La décision qu'il a *fallu* prendre a été pénible.
Les jours qu'il a *neigé,* c'était beau.
La rumeur qu'il y a *eu* était exagérée.
Les orages qu'il a *fait* ont tout gâché.

8. *L'* neutre .... **invariable**

La photo est plus belle que je l'avais *craint.*
La fleur est plus belle que je l'avais *cru.*
Rendons justice à celui qui l'a *mérité.*
Elle est fâchée, comme je l'avais *prévu.*

9. P.P. suivi d'un infinitif, le c.o.d. fait l'action .... **accord avec le c.o.d.**

Les feuilles que j'ai *vues* tomber.
La dame que j'ai *vue* sourire était jolie.
Ces barbares, je les ai *vus* piller.
La chanteuse que j'ai *entendue* chanter avait une belle voix.

10. P.P. suivi d'un infinitif, le c.o.d. ne fait pas l'action .... **invariable**

Les feuilles que j'ai *vu* ramasser.
La rue que j'ai *vu* réparer est ouverte.
Ces victimes, je les ai *vu* piller.
La chanteuse que j'ai *entendu* applaudir le méritait bien.

11. P.P. suivi d'un infinitif sous-entendu .... **invariable**

J'ai fait les choses que j'ai *voulu* (sous-entendu : *faire.*)
J'ai rendu les services que j'ai *pu.*
Il a rempli les engagements qu'il a *dû.*

12. *Fait* et *laissé* suivis d'un infinitif .... **invariables**

Elle s'est *fait* entendre. Ils se sont *fait* aimer.
Elles se sont *laissé* convaincre.
Les enfants que nous avons *laissé* jouer.

13. *En* quand il est c.o.d. .... **invariable**

De la confiture, j'en ai pris (j'ai pris quoi ? — *en,* mis pour *confiture*).
Des tomates, on en a *mis* beaucoup.
Des poires, j'en ai *mangé.*
Des pays, ils en ont *visité.*

**14. *Coucher, courir, couter, mesurer, peser, souffrir, valoir, vivre*
au sens intransitif** .... **invariable**

La nuit que nous avons *couché* chez vous a été agréable.
Il a neigé pendant l'heure qu'il a *couru.*
Je ne regrette pas les dix dollars qu'a *couté* ce livre.

au sens transitif direct .... **variable**

Les enfants que nous avons *couchés* étaient fatigués.
Les dangers qu'il a *courus* sont chose du passé.
Je me souviens des efforts qu'a *coutés* ce travail.

Apportez vos choses inutiles à la vente de bienfaisance. Amenez vos maris.

Participes passés invariables

Les verbes...

transitifs indirects	qui s'emploient avec une préposition	jouir de
intransitifs	qui n'ont pas de c.o.d. ni de c.o.i.	éternuer, rire
transitifs	employés au sens intransitif	courir, coucher
impersonnels	qui se conjuguent avec *il* seulement	falloir, neiger

... ne peuvent pas avoir de c.o.d. Les participes passés suivants sont donc invariables.

abondé	cohabité	dépéri	fraichi
abouti	coïncidé	déplu	fraternisé
aboyé[1]	commercé	déraillé	frémi
accédé	comparu	dérapé	frétillé
acquiescé	compati	dérogé	frissonné
adhéré	complu	détalé	fructifié
afflué	concouru	détoné	fugué
agi	consisté	détonné	fureté
agonisé	contrevenu	devisé	galéré
aluni	contribué	dialogué[1]	galopé
amerri	convergé	diné	gambadé
appartenu	conversé	discordé	gargouillé
atermoyé	convolé	discouru	gazouillé
attenté	coopéré	divagué	geint
atterri	copiné	divergé	gémi
babillé	correspondu	dormi	gesticulé
badiné	couché[1]	duré	giclé
baguenaudé	couru[1]	émané	gigoté
bâillé	cousiné	empiété	gouaillé
banqueté	couté[1]	enquêté	gravité
bataillé	crâné	équivalu	grêlé[1]
batifolé	craqueté	erré	grelotté
bavardé	créché	été	grimacé
bénéficié	crépité	éternué	grincé
bifurqué	croulé	étincelé	grisonné
blêmi	croustillé	eu (il y a)	grogné[1]
boité	crouté	excellé	guerroyé
bondi	crû (*croitre*)	excipé	haleté
bourlingué	culminé	existé	henni
brillé	daigné	explosé	herborisé
bronché	déambulé	exulté	hésité
cabriolé	déblatéré	faibli	hoqueté
capitulé	déchanté	failli	implosé
caqueté	déconné	fainéanté	influé
caracolé	découché	fait (impersonnel)	insisté
cessé[1]	découlé	fallu	intercédé
chancelé	décru	fauté	interféré
cheminé	défailli	finassé	jailli
chialé	dégénéré	flamboyé	jasé
chinoisé	dégoutté	flanché	jeuné
chuté	déjeuné	flâné	jonglé
circulé	délibéré	foisonné	joui
clignoté	déliré	folâtré	jubilé
cliqué	démérité	fonctionné	langui
cliqueté	démordu	forci	larmoyé
coexisté	déparlé	fourmillé	légiféré
lésiné	persévéré	résisté	sursis[1]

Les enfants ne sont pas tous du même lit, car nous avons changé nos meubles.

Participes passés invariables *(suite)*

louché	persisté	résonné	survécu
louvoyé	pesé[1]	resplendi	sympathisé
lui	pesté	ressemblé	tablé
lunché	pétaradé	retenti	tâché
lutté	pétillé	rêvassé	tangué
magasiné	philosophé	réveillonné	tardé
maraudé	pinaillé	ri	tâtonné
médit	pioncé	ricané	tempêté
menti	piqueniqué	ricoché	temporisé[1]
mesuré[1]	pirouetté	rigolé	tergiversé
mésusé	pivoté	rivalisé	testé
miaulé	planché	rôdé	titubé
milité	pleurniché	ronchonné	tonitrué
minaudé	plu (plaire)	ronflé	tonné
miroité	plu (pleuvoir)	roté	topé
monologué	poireauté	roupillé	tourbillonné
moussé	polémiqué	rouspété	tournoyé
mugi	pontifié	rugi[1]	toussé
musardé	potiné	ruisselé	toussoté
nasillé[1]	pouffé	salivé	transigé
navigué	pouliné	sangloté	transparu
neigé	prédominé	sautillé	transpiré[1]
niaisé	préexisté	scintillé	trébuché[1]
nui	préludé	scrabblé	tremblé
obtempéré	procédé	séjourné	trembloté
obvié	profité	semblé	trépigné[1]
œuvré	progressé	sévi	tressailli
officié	proliféré	siégé	triché
opiné	prospéré	skié	trimé
opté	pu	sombré	trinqué
oscillé	pué[1]	sommeillé	triomphé
ovulé	pullulé	songé	trôné
pactisé	queuté	souffert[1]	trotté
palabré	radoté[1]	soupé	trottiné
palpité	raffolé	sourcillé	vacillé
papillonné	ragé	souri	vagabondé
papoté	râlé	spéculé	valu[1]
paradé	rampé	sprinté	vaqué
paressé	randonné	stagné	vécu[1]
parlementé	réagi	statué[1]	végété
participé	rechigné	subsisté	venté
pataugé	récidivé	subvenu	verdoyé
pâti	récriminé	succédé	vivoté
patienté	reflué	succombé	vogué
patrouillé	regorgé	suffi	voisiné
pausé	rejailli	suppuré	volé (en l'air)
péché	relui	surabondé	voleté
pédalé	remédié	surenchéri	voltigé
perduré	renâclé	surgi	voyagé
péri	renchéri[1]	suri	vrombi
périclité	répugné[1]	surnagé	zézayé
péroré	résidé	sursauté	zigzagué

---

1. Participe passé invariable quand ce verbe est employé intransitivement.

Si on payait mieux les bénévoles, plus de bénévoles travailleraient gratuitement.

Modes et temps

Aujourd'hui, dans le français courant :

Le subjonctif imparfait est remplacé par le subjonctif présent :	Il craignait **que je parlasse.** Il craignait **que je parle.**
Le subjonctif plus-que-parfait est remplacé par le subjonctif passé :	Il craignait **que j'eusse parlé.** Il craignait **que j'aie parlé.**
Le conditionnel passé seconde forme est remplacé par le conditionnel passé :	Si tu l'avais désiré, **j'eusse parlé.** Si tu l'avais désiré, **j'aurais parlé.**

Terminaisons du subjonctif présent

Le subjonctif présent de tous les verbes (excepté **être** et **avoir**) se termine toujours par les lettres en gras de la première colonne.

	Premier groupe	Deuxième groupe	Troisième groupe
-e	que je mang**e**	que je finiss**e**	que je croi**e**
-es	que tu mang**es**	que tu finiss**es**	que tu croi**es**
-e	qu'il/elle mang**e**	qu'il/elle finiss**e**	qu'il/elle croi**e**
-ions	que nous mang**ions**	que nous finiss**ions**	que nous croy**ions**
-iez	que vous mang**iez**	que vous finiss**iez**	que vous croy**iez**
-ent	qu'ils/elles mang**ent**	qu'ils/elles finiss**ent**	qu'ils/elles croi**ent**

Terminaisons de l'impératif

La deuxième personne du singulier de l'impératif se termine par **e** dans les verbes en -er (excepté *va*) : *manger*, impératif *mange*. La règle est la même pour les verbes suivants et leurs dérivés.

Infinitif	Impératif	Infinitif	Impératif	Infinitif	Impératif
assaillir	assaille	défaillir	défaille	souffrir	souffre
avoir	aie	offrir	offre	tressaillir	tressaille
couvrir	couvre	ouvrir	ouvre	vouloir	veuille
cueillir	cueille	savoir	sache		

Devant **en** et **y,** on ajoute un **s** : mange**s**-en, cueille**s**-en, chante**s**-y, cueille**s**-y.

Le conditionnel

Les linguistes s'accordent aujourd'hui pour ne plus considérer le conditionnel comme un mode, mais comme un temps de l'indicatif. (*Le bon usage,* 14e éd., § 768, *a,* 1°.)

Verbes pronominaux

Les verbes pronominaux se conjuguent tous avec le verbe **être.** Le participe passé des verbes qui sont toujours pronominaux (*s'évader, s'abstenir...*) s'accorde avec le sujet.

Ils se sont évadés de leur prison.   (seul *complu* est toujours invariable)

Exception : *s'arroger* s'accorde avec le c.o.d. si celui-ci est placé avant.

Elle s'est arrogé les pouvoirs.   Les *pouvoirs* qu'elle s'est *arrogés.*

Syllabe muette

Selon *Le bon usage,* Grevisse-Goosse, 14e éd., § 103, 2°, on a **è** quand la syllabe suivante est formée d'une consonne et d'un **e** muet, et **é** dans le cas contraire. Exceptions : Les préfixes *dé-* et *pré-* (*démesuré, prélever,* etc.) ; les **é** au début (*élever, édredon,* etc.) ; les mots *médecin* et *médecine.*

Avec **è** *grave*	enlèvement	discrètement	il sèmera
Avec **é** *aigu*	témoin	léser	téléphone

Les élèves font du broue-à-rat dans la classe.

Conjugaison

-ayer **payer.** Le **y** devient **i** devant un **e** muet : *je paie, tu paies, nous payons.* Comparer le présent, l'imparfait et le subjonctif : *payons, payions, payions.*

-cer **avancer.** Noter le **ç** devant **a** et **o** pour garder le son **s** : *avança, avançons.*

-éder **céder.** Avant-dernière syllabe accentuée. On met **è** grave devant une syllabe muette, **é** aigu devant une syllabe non muette : *cède, cédons.* Deux exceptions : futur et conditionnel, **é** : *je céderai, je céderais.* **En nouvelle orthographe,** il n'y a plus d'exceptions : *je cèderai, cèderais.*

-éer **créer.** Ces verbes gardent partout leur **é** du radical. Noter le **e** muet régulier après le **é** au futur et au conditionnel : *créerai, créerais.*

-eler **En orthographe traditionnelle,** il y a 28 verbes avec cette règle : Quand le **e** devant le **l** est muet, il est suivi de un **l** : *nous épelons.* Quand le **e** devant le **l** n'est pas muet, il est suivi de **ll** : *j'épelle.* De plus, il y a 17 verbes avec cette autre règle : On met un **e** muet devant une syllabe non muette : *nous pelons.* On met un **è** grave devant une syllabe muette : *je pèle.* **En nouvelle orthographe,** tous les verbes se terminant par **-eler** prennent un **e** muet devant une syllabe non muette, et un **è** grave devant une syllabe muette : *épeler, nous épelons, j'épèle, elles épèlent.* Sur 45 verbes, une seule exception : *appeler* (+dér.), qui ne change pas.

-eter **En orthographe traditionnelle,** il y a 36 verbes avec cette règle : Quand le **e** devant le **t** est muet, il est suivi de un **t** : *nous cachetons.* Quand le **e** devant le **t** n'est pas muet, il est suivi de **tt** : *je cachette.* De plus, il y a 7 verbes avec cette autre règle : On met un **e** muet devant une syllabe non muette : *nous achetons.* On met un **è** grave devant une syllabe muette : *j'achète.* **En nouvelle orthographe,** tous les verbes se terminant par **-eter** prennent un **e** muet devant une syllabe non muette, et un **è** grave devant une syllabe muette : *cacheter, nous cachetons, je cachète, elles cachètent.* Sur 43 verbes, une seule exception : *jeter* (+dér.), qui ne change pas.

-ener **mener.** Avant-dernière syllabe muette. On met **è** devant une syllabe muette, **e** muet devant une syllabe non muette : *mène, menons.*

-er **aimer** (et verbes du premier groupe). L'impératif s'écrit sans **s** : *aime.*

-ger **manger.** Le **g** est suivi du **e** devant **a** et **o** : *mangea, mangeons.*

-gner **soigner.** Comparer le présent, l'imparfait et le subjonctif : *soignons, soignions, soignions.* L'impératif s'écrit sans **s** : *soigne.*

-guer **distinguer.** Ces verbes gardent toujours le **u** après le **g**. Attention à certains noms dérivés, sans **u** après le **g** : *allégation, navigation.*

-ier **copier.** Au futur et au conditionnel, le **e** muet subsiste après le **i** : *copierai, copierais.* Présent, imparfait et subjonctif : *copions, copiions, copiions.*

-iller **tailler.** Toujours deux **l.** Noter le présent, l'imparfait et le subjonctif : *taillons, taillions, taillions.* L'impératif s'écrit sans **s** : *taille.*

-ir **finir.** Le deuxième groupe comporte les verbes dont le participe présent finit en *-issant* : *accomplir, agrandir, faiblir, maigrir,* etc.

-oyer **ployer.** Le **y** devient **i** devant un **e** muet : *je ploie, il ploiera.* Comparer le présent, l'imparfait et le subjonctif : *ployons, ployions, ployions.* Au futur et au conditionnel, seul *envoyer* prend **err** : *enverrai, enverrais.*

-quer **appliquer.** Ces verbes gardent toujours le **u** après le **q**. Attention à certains noms dérivés, avec un **c** : *application, fabrication.*

Futur du verbe *je bâille* : *je dors.*

-uer **jouer.** Le **e** subsiste au futur et au conditionnel : *jouerai, jouerais.*

-uyer **essuyer.** Comparer le présent, l'imparfait et le subjonctif : *essuyons, essuyions, essuyions.* Au futur et au conditionnel, **e** muet devant le **r** : *essuierai, essuierais.*

absoudre *dissoudre.* Pas de **d** au présent : *j'absous, il absout.* Participe passé : absous, absoute. **En nouvelle orthographe :** absout, absoute.

acquérir *conquérir, requérir.* Un **è** devant une syllabe muette, **é** devant une syllabe non muette : *acquièrent, acquérez.* Futur et conditionnel : *acquerrai, acquerrais.*

aller Noter l'impératif : *va* sans **s,** sauf dans *vas-y* pour faciliter la prononciation.

assaillir *défaillir, tressaillir.* Comparer le présent, l'imparfait et le subjonctif : *assaillons, assaillions, assaillions.* L'impératif s'écrit sans **s** : *assaille.*

asseoir (Littéraire) Comparer le présent, l'imparfait et le subjonctif : *asseyons, asseyions, asseyions.* Noter le **é** au futur et au conditionnel : *assiérai, assiérais.*
(Courant) Comparer le présent, l'imparfait et le subjonctif : *assoyons, assoyions, assoyions.* Le **e** devant le **o** n'existe qu'à l'infinitif : *asseoir, je m'assois.* **En nouvelle orthographe,** l'infinitif s'écrit *assoir.*

battre *abattre, combattre, débattre, s'ébattre, rabattre, rebattre.* Impératif : *bats.* Ces verbes ont **tt** quand il y a plusieurs syllabes : *je bats, il battait.*

boire Pas de **û** au participe passé : *bu, bue, bus, bues.*

conduire *construire, cuire, déduire, détruire, enduire, induire, instruire, introduire, produire, reconduire, réduire, séduire, traduire.* Impératif : *conduis.* Verbes transitifs, donc p.p. variables : *conduit, conduite.*

coudre *découdre, recoudre.* On garde le **d** au présent : *je couds, tu couds, il coud.* Impératif : *couds.*

courir *accourir, concourir, discourir, encourir, parcourir, recourir, secourir.* Le futur et le conditionnel prennent **rr** : *courrai, courrais.* Noter : *je cours, il court / que je coure, qu'il coure.*

craindre *contraindre, plaindre.* Comparer le présent, l'imparfait et le subjonctif : *craignons, craignions, craignions.* Pas de **d** au présent : *je crains, il craint.*

croire Comparer le présent, l'imparfait et le subjonctif : *croyons, croyions, croyions.* Le participe passé n'a pas d'accent circonflexe sur le **u.** Noter : *je crois, il croit / que je croie, qu'il croie.*

croître Verbe intransitif, son participe passé est invariable et prend un **û.** **En nouvelle orthographe,** on garde l'accent seulement pour distinguer ce verbe du verbe *croire* : *croitre, je croîs en sagesse,* mais *je crois en toi.*

cueillir *accueillir, recueillir.* Comparer le présent, l'imparfait et le subjonctif : *cueillons, cueillions, cueillions.* L'impératif s'écrit sans **s** : *cueille.*

devoir *redevoir.* Le participe passé masculin singulier prend un accent circonflexe : *le montant dû, redû, la somme due, les montants redus, les sommes dues.*

dire *redire.* Noter : *nous disons, vous dites.* Mais *vous vous contredisez, vous vous dédisez, vous interdisez, vous médisez, vous prédisez.*

dormir Les verbes *dormir* et *redormir* (intransitifs) ont un p.p. invariable. Les verbes *endormir* et *rendormir* (transitifs) ont un p.p. variable.

écrire *décrire, inscrire, prescrire, proscrire, transcrire.* Verbes transitifs, donc p.p. variable : *écrit, écrite.* Impératif : *écris.*

exclure *conclure.* Comparer le présent et le subjonctif : *j'exclus, que j'exclue.* Le participe passé n'a pas de **s** : *exclu, exclue, conclu, conclue.*

Conjugaison : « Il pleut », c'est quel temps? — Un mauvais temps.

fuir   *s'enfuir.* Comparer le présent, l'imparfait et le subjonctif : *aujourd'hui nous fuyons, hier nous fuyions, il faut que nous fuyions.*

haïr   Le **h** est aspiré : on ne fait donc jamais la liaison. Les lettres **ai** se prononcent séparément quand le **i** comporte un tréma : *je hais, j'ai haï.*

inclure   *occlure.* Comparer le présent et le subjonctif : *j'inclus, que j'inclue.* Le participe passé comprend un **s** : *inclus, incluse, occlus, occluse.*

joindre   *adjoindre, disjoindre, enjoindre, oindre, poindre, rejoindre.* Comparer le présent, l'imparfait et le subjonctif : *joignons, joignions, joignions.*

mordre   *démordre, distordre, tordre.* Impératif : *mords.* Le p.p. de *mordre, distordre* et *tordre* est variable. Celui de *démordre* est invariable : *démordu.*

mourir   Le futur et le conditionnel prennent **rr** : *mourrai, mourrais.* Les temps composés se conjuguent avec l'auxiliaire *être* : *j'étais mort, je serai mort.*

mouvoir   *émouvoir, promouvoir.* Présent : *je meus, j'émeus, je promeus.* Le p.p. de *mouvoir* s'écrit *mû* seulement quand il comporte deux lettres : *mû, mue.* **En nouvelle orthographe,** plus d'accent : *mu,* comme *ému et promu.*

naître   Le **î** ne se trouve que devant un **t** et dans *naquîmes.* **En nouvelle orthographe,** le **î** devant le **t** devient **i** : *naitre, il nait.*

nuire   *luire, reluire.* Verbes sans c.o.d., donc p.p. invariables : *nui, lui, relui.* Impératif : *nuis.*

ouvrir   *couvrir, découvrir, entrouvrir, offrir, recouvrir, souffrir.* Noter l'impératif qui s'écrit sans **s** : *ouvre.*

paraître   et dérivés. Noter le **î** devant un **t** seulement : *paraître, il paraît, je parais.* **En nouvelle orthographe,** plus d'accent : *paraitre, il parait, je parais.*

partir   *ressortir, sortir.* Les temps composés se conjuguent avec l'auxiliaire *être* : *je suis parti.* Impératif : *pars.*

perdre   Verbe transitif, donc p.p. variable : *perdu, perdue.* Impératif : *perds.*

plaire   *complaire, déplaire.* Verbes transitifs indirects, leur participe passé est invariable : *plu, complu, déplu.* Noter le **î** à la troisième personne du présent : *il plaît, elle plaît.* **En nouvelle orthographe,** il n'y a plus d'exception, le **î** devient **i** partout au présent : *je plais, tu plais, il plait, elle plait, nous plaisons, vous plaisez, ils plaisent, elles plaisent.*

pourvoir   Comparer le présent, l'imparfait et le subjonctif : *pourvoyons, pourvoyions, pourvoyions.* Futur et conditionnel : *je pourvoirai, je pourvoirais.*

prédire   *contredire, se dédire, interdire, médire.* Noter : *vous prédisez, vous vous contredisez, vous vous dédisez, vous interdisez, vous médisez.*

prévaloir   Attention au **x** : *je prévaux, tu prévaux.* Impératif : *prévaux.* Noter la différence avec *valoir* au subjonctif : *que je vaille / que je prévale.*

prévoir   Comparer le présent, l'imparfait et le subjonctif : *prévoyons, prévoyions, prévoyions.* Futur et conditionnel : *je prévoirai, je prévoirais.*

recevoir   *apercevoir, concevoir, décevoir, percevoir.* On met un **ç** seulement devant les lettres **o** et **u** : *reçois, reçu, recevons.* Impératif : *reçois.*

résoudre   Pas de **d** au présent : *je résous, il résout.* Participe passé : *résolu, résolue.*

rire   *sourire.* Comparer le présent, l'imparfait et le subjonctif : *rions, riions, riions.* Verbes intransitifs, donc p.p. invariables : *ri, souri.* Impératif : *ris.* Noter : *je ris, il rit / que je rie, qu'il rie.*

voir   *entrevoir, revoir.* Comparer le présent, l'imparfait et le subjonctif : *voyons, voyions, voyions.* Ces verbes utilisent **err** : *je verrai, entreverrai, reverrai.*

La fiancée : « Mon futur, ici présent, n'est pas imparfait ; il est plus que parfait. »

Genres à retenir

Abréviations : f.p. (féminin pluriel), m.p. (masculin pluriel), m./f. (masculin ou féminin).

abaque, m.	asphalte, m.	gélule, f.	ouïe, f.
abatis, m.	astérisque, m.	gemme, f.	ovule, m.
abscisse, f.	astragale, m.	gens bons, m.p.	ozone, m.
abysse, m.	athénée, m.	bonnes gens, f.p.	palabre, f.
acné, f.	atmosphère, f.	gent, f.	pantomime, f.
acoustique, f.	augure, m.	girofle, m.	pâque juive, f.
acrostiche, m.	auspices, m.p.	glaire, f.	Pâques, m./f.
agrume, m.	autoclave, f.	granule, m.	parka, m./f.
aigle, m./f.	autographe, m.	haltère, m.	paroi, f.
albâtre, m.	automne, m.	hémicycle, m.	pastiche, m.
alcôve, f.	avant-midi, m./f.	hémisphère, m.	patère, f.
alèse, f.	azalée, f.	hémistiche, m.	pénates, m.p.
algèbre, f.	camée, m.	holocauste, m.	pendule, m./f.
alvéole, f.	câpre, f.	hyménée, m.	penne, f.
amalgame, m.	cent (*mon.*), m.	hymne, m./f.	perce-neige, m./f.
ambre, m.	chrysanthème, m.	immondices, f.p.	périgée, m.
améthyste, f.	chrysalide, f.	insigne, m.	pétale, m.
amiante, m.	cookie, m.	interfrange, m.	pétoncle, m.
amibe, f.	cuticule, f.	interligne, m.	planisphère, m.
ammoniac, m.	débâcle, f.	interstice, m.	polichinelle, m.
amour, m.	décombres, m.p.	interview, m./f.	pore, m.
amours, f.p.	délice, m.	ivoire, m.	postiche, m.
ampère, m.	délices, f.p.	jade, m.	prémices, f.p.
anagramme, f.	ébène, f.	job, m.	prémisse, f.
anathème, m.	ébonite, f.	jute, m.	primevère, f.
ancre, f.	ecchymose, f.	libelle, m.	psyché, f.
anicroche, f.	échappatoire, f.	lobule, m.	quadrille, m.
ankylose, f.	écharde, f.	mandibule, f.	réglisse, f.
antichambre, f.	écritoire, f.	méandre, m.	relâche, m./f.
antidote, m.	effluve, m.	métatarse, m.	satire, f.
antifumée, m.	égide, f.	météorite, f.	satyre, m.
apanage, m.	embâcle, m.	molécule, f.	sbire, m.
aphte, m.	emblème, m.	moustiquaire, f.	sitcom, m./f.
apogée, m.	encaustique, f.	nacre, f.	spore, f.
apologue, m.	entête, m.	narcisse, m.	stalactite, f.
apostrophe, f.	entracte, m.	nimbe, m.	stalagmite, f.
apothéose, f.	enzyme, m./f.	oasis, f.	starting-gate, f.
appendice, m.	éphéméride, f.	obèle, m.	strate, f.
appendicite, f.	épice, f.	obélisque, m.	ténèbres, f.p.
après-guerre, m.	épigramme, f.	obsèques, f.p.	tentacule, m.
après-midi, m./f.	épigraphe, f.	ocre, f.	termite, m.
arabesque, f.	épitaphe, f.	octave, f.	testicule, m.
arachide, f.	épithète, f.	odyssée, f.	topaze, f.
arcane, m.	épitre, f.	office, m.	trampoline, m.
aréna, m.	équinoxe, m.	omoplate, f.	trial (moto), f.
argile, f.	équivoque, f.	once, f.	trial (sport), m.
armistice, m.	escarre, f.	orbite, f.	tubercule, m.
arnaque, f.	esclandre, m.	orge, m./f.	ulcère, m.
arnica, m./f.	espace, m./f.	orgue, m.	uréthane, m.
aromate, m.	évangile, m.	orgues, f.p.	urticaire, f.
arpège, m.	exergue, m.	oriflamme, f.	vermicelle, m.
ascenseur, m.	fiasque, f.	orteil, m.	viscère, m.

Croisant un chien tenu en laisse par son maitre, j'ai été mordu par ce dernier.

Orthographes à retenir

Certains de ces mots sont homophones. D'autres concernent la casse et les accents.

accusation (à la cour), l'
acquis (avantage obtenu)
acquit (quittance)
amande (fruit)
amende (contravention)
ammoniac (gaz)
ammoniaque (solution)
appâts (charmes féminins)
appât (pour le poisson)
ayons, ayez (jamais de *i*)
bailler, seulement dans :
   vous me la baillez belle
bâiller (ouvrir la bouche)
balade (promenade)
ballade (poème)
ban (proclamation)
ban de tambour
ban (sentence d'exclusion)
banc pour s'assoir
banc de sable
banc de poissons
baptiste (égl. protestante)
batiste (toile de lin)
basilic (plante aromatique)
basilique (église)
bayer aux corneilles
box (compartiment)
boxe (sport)
Brigades internationales
buté (obstiné)
butée (butée de pont)
buter (heurter)
butter (garnir de terre)
cadran (d'une montre)
quadrant (¼ de circonf.)
cahot (rebond)
chaos (désordre)
cal (durillon)
cale (pièce d'arrêt)
cap (partie de côte)
cape (manteau)
catarrhe (gros rhume)
cathare (d'une secte)
céans (ici)
séant (convenable)
cendre (qui a brulé)
sandre (poisson)
cep (pied de vigne)
cèpe (champignon)
chas (trou d'une aiguille)
chemineau (vagabond)

cheminot (du train)
chorale (société musicale)
corral (lieu pour le bétail)
colline parlementaire, la
cols blancs ou bleus, les
Couronne (à la cour), la
cours (allée)
court (terrain de tennis)
datte (fruit du dattier)
défense (à la cour), la
dessin (de *dessiner*)
dessein (but, intention)
détoner (exploser)
détonner (chanter faux)
différend (désaccord)
différent (distinct)
écho (répétition du son)
écot (contribution)
éthique (morale)
étique (maigre)
étrier (anneau en métal)
étriller (brosser)
exaucer (satisfaire)
exhausser (surélever)
exprès (le faire exprès)
express (un café)
express (un train)
express (une voie)
expresse (une condition)
flan (entremets)
flanc (partie du corps)
fonction publique, la
fond (partie la plus basse)
fonds (de commerce)
fonts (baptismaux)
for (mon for intérieur)
fors (excepté)
foret (outil de perçage)
front commun, le
gué (pour passer à pied)
guet (faire le guet)
heur (chance)
heurt (choc)
jarre (urne de terre cuite)
jars (mâle de l'oie)
livre blanc, le
marines, les
martyr (une personne)
martyre (grande douleur)
mess (pour les officiers)
mines antipersonnel

n'eût été (avec un flexe)
palier (plateforme)
pallier (verbe tr. dir.)
pâté (hachis de viande), le
pâtée (pour animaux), la
pause (du verbe *pauser*)
pose (du verbe *poser*)
pêcher (arbre)
pêcher la truite
pécher (fauter)
pêne (partie de serrure)
penne (longue plume)
pers (des yeux pers)
plain (de plain-pied)
plastic (explosif)
plastique (arts plastiques)
pool (groupement)
pore (orifice de la peau)
port (pour les bateaux)
pouls (battement artériel)
prémices (premiers fruits)
prémisse (de syllogisme)
prou (peu ou prou)
proue (avant d'un navire)
puits (trou pour l'eau)
puy (montagne)
qui l'eût cru ? (avec flexe)
rainette (grenouille)
reinette (pomme)
rendu compte (invariable)
rêne (pr guider le cheval)
renne (animal)
repaire (refuge)
repère (pour trouver)
salon rouge, le
satire (critique)
satyre (homme vicieux)
sceau (cachet officiel)
sceptique (méfiant)
septique (fosse)
session (période)
cession (donation)
soyons, soyez (pas de *i*)
taie (d'oreiller)
tapis rouge, le
tribut (payer un tribut)
tsunami, des tsunamis
union sociale, l'
verni, vernie (adjectif)
vernis (nom)
Verts, les

L'oiseau migrateur est un oiseau qui ne peut se gratter que la moitié du dos.

Noms et adjectifs composés

Tous ces mots gardent leurs traits d'union. Les lettres après la virgule indiquent la lettre finale de chaque élément quand le mot est au pluriel. Invariable = inv.

aller-retour, s s
année-lumière, s e
arc-en-ciel, s n l
arrière-saison, e s
attaché-case, s s
auto-infection, o s
avant-centre, s s
avant-dernier, t s
avant-poste, t s
avion-cargo, s s
bain-marie, s e
bande-annonce, s s
bande-son, s n
belle-de-nuit, s e t
bloc-notes, s s
bouche-à-bouche, inv.
bouton-pression, s n
bracelet-montre, s s
bric-à-brac, inv.
bulletin-réponse, s e
camion-citerne, s s
carte-lettre, s s
carte-réponse, s e
centre-ville, s s
chef-d'œuvre, s e
cheval-vapeur, aux r
chevau-léger, u s
chou-fleur, x s
compte-chèque, s s
compte-rendu, s s
coq-à-l'âne, inv.
cou-de-pied, s d
couche-tard, inv.
coupon-réponse, s e
court-circuit, s s
court-métrage, s s
court-vêtue, t s
croc-en-jambe, s n e
cul-de-lampe, s e e
cul-de-sac, s e c
déjà-vu, inv.
delta-plane, a s
dessous-de-plat, inv.
dessus-de-lit, inv.
deux-pièces, inv.
deux-points, inv.
disc-jockey, c s
dos-d'âne, inv.
double-croche, s s

expert-comptable, s s
extra-utérin, a s
face-à-face, inv.
fait-divers, s s
fan-club, s s
fier-à-bras, s à s
franc-parler, s s
franc-tireur, s s
génito-urinaire, o s
goal-average, l s
grand-guignolesque, d s
grand-père, s s
grand(s)-mère, s
guet-apens, s s
haut-commissaire, s s
haut-fourneau, s x
homme-grenouille, s s
homme-sandwich, s s
hors-d'œuvre, inv.
hors-la-loi (n.), inv.
ingénieur-conseil, s s
je-m'en-fichiste, s
jupe-culotte, s s
jusqu'au-boutiste, u s
laissé-pour-compte, s r e
laisser-aller, inv.
laissez-passer, inv.
lève-tôt, inv.
lieu-dit, x s
loi-cadre, s s
long-courrier, g s
long-métrage, s s
main-d'œuvre, s e
mal-en-point, inv.
mandat-carte, s s
médecin-conseil, s s
moins-perçu, s s
montre-bracelet, s s
mort-né, mort-née, s s
moyen-courrier, n s
moyen-métrage, s s
music-hall, c s
nid-d'abeilles, s s
nid-de-poule, s e
night-club, t s
non-dit, inv.
nouveau-né, u s
nouveau-née, u s
nu-propriétaire, s s

nu-pieds, inv.
nue-propriétaire, s s
œil-de-perdrix, s e x
oiseau-mouche, x s
on-dit, inv.
opéra-comique, s s
orang-outan, s s
papier-émeri, s i
papier-filtre, s s
pas-de-porte, inv.
pas-grand-chose, inv.
pause-café, s s
personne-ressource, s s
petit-beurre, s e
petit-four, s s
photo-finish, s h
photo-roman, s s
pied-à-terre, inv.
pied-de-poule (adj.), inv.
pied-de-poule (n.), s e e
pis-aller, inv.
plein-temps, s s
point-virgule, s s
porte-à-porte, inv.
pot-au-feu, inv.
pot-de-vin, s e n
prêt-à-manger, s à r
prêt-à-porter, s à r
pro-vie, inv.
propre-à-rien, s n
punching-ball, g s
pur-sang, inv.
quatre-saisons, inv.
queue-de-cheval, s e l
raz-de-marée, inv.
rez-de-chaussée, inv.
roman-feuilleton, s s
saint-honoré, inv.
saisie-exécution, s s
saut-de-lit, s e t
self-service, f s
soutien-gorge, s e
strip-tease, p s
tête-à-tête, inv.
timbre-poste, s e
tout-petit, t s
tout-puissant, t s
tout-terrain, inv.
toute-puissante, s s

La pérennité, c'est quand on devient père.

Rhétorique

La rhétorique est l'art de s'exprimer ou d'écrire avec justesse, éloquence et persuasion.

Allitération. Des mots débutent par la même lettre ou le même son.

Popaul, passe-moi le pinceau qui est dans le pot de peinture près de la porte.

Anagramme. Mot formé des lettres d'un autre mot dans un ordre différent.

Un anagramme de *Salvador Dali* est *Avida Dollars.*

Antonomase. Un nom propre devenu un nom commun.

Une silhouette, une poubelle, un calepin.

Apologue. Récit qui a pour but de donner une leçon de morale.

Il a écrit un apologue pour enseigner l'honnêteté.

Apostrophe rhétorique. On s'adresse à une personne ou à une chose.

À moi, comte, deux mots. Montagnes, vous êtes mes amours.

Ellipse. On supprime un ou plusieurs mots pour plus de rapidité.

Deux personnes ont été tuées, et six autres blessées.

Pléonasme. C'est le contraire de l'ellipse. On ajoute un mot inutile.

Bon : Je l'ai vu de mes propres yeux. Mauvais : Monter en haut.

Euphémisme. Il adoucit une expression trop cruelle ou choquante.

Il a vécu (il est mort). Il ne se sent pas bien (il est malade).

Gradation. Suite de mots dans un ordre

Ascendant   Il part, il court, il vole.
Descendant   Un souffle, une ombre, un rien lui fait peur.

Hyperbole. Figure par laquelle on exagère les choses.

Il court plus vite que le vent. Il va plus lentement qu'une tortue.

Inversion. On inverse l'ordre naturel des mots.

À la pêche aux moules je ne veux plus aller.

Image. Comparaison à l'aide d'un mot de comparaison (*ainsi, comme,* etc.).

Ce guerrier s'élance comme un lion.

Métaphore. Comparaison sans mot de comparaison.

Ce lion s'élance (*en parlant d'un homme*).

Onomatopée. Mot créé pour imiter un son.

Miauler, ronron, tictac, chuchoter, craquer.

Litote. On dit moins pour faire entendre plus.

Elle ne dit pas non (elle accepte).

Palindrome. Mot ou groupe de mots qui peut être lu dans les deux sens.

Laval. Ésope reste ici et se repose.

Le mercure est le seul liquide imbuvable parce qu'il est solide.

Difficultés orthographiques

Ces entrées sont par ordre alphabétique.

accaparer

Ce verbe est transitif direct	Le voleur a accaparé les bijoux.
Il faut éviter d'écrire	Le voleur s'est accaparé les bijoux. (*fautif*)
	Le voleur s'est accaparé des bijoux. (*fautif*)

accents en français

On distingue 12 sortes d'accents. (L'accent circonflexe se dit *flexe* en imprimerie.)

Accent aigu	**é**	Accents circonflexes	**â, ê, î, ô, û**
Accents graves	**à, è, ù**	Trémas	**ë, ï, ü**

à	pour éviter les confusions	a/à, la/là, ça/çà
â	pour éviter les confusions	acre/âcre, mat/mât, tache/tâche
é	devant une syllabe non muette	irrémédiable, problématique, régner
è	devant une syllabe muette	remède, problème, je règne
ê	remplace souvent un ancien **s**	bête (beste), fête (feste)
ë	dans certains noms propres	Noëlle, Raphaël, Israël, Citroën
î	au passé simple et au subjonctif	nous fîmes, qu'elle fît
ï	pour prononcer séparément	haïr, maïs, Haïti, Adélaïde
ô	remplace souvent un ancien **s**	hôpital (hospital), hôte (hoste)
û	au passé simple et au subjonctif	nous fûmes, qu'elle fût
ù	pour éviter la confusion	ou/où (*où* indique le lieu)
ü	pour prononcer séparément	aigüe, argüer, gageüre

aide-

Nom masculin	un aide de camp, des aides de camp
Nom féminin	une aide ménagère, des aides ménagères
	une aide familiale, des aides familiales
	une aide maternelle, des aides maternelles
Nom+métier	un aide-comptable, des aides-comptables
	une aide-comptable, des aides-comptables
	un aide-soignant, des aides-soignants
	une aide-soignante, des aides-soignantes
Verbe+nom	un aide-mémoire, des aide-mémoires

attendu – excepté – ôté – vu

Placés avant le nom, ces mots sont des prépositions. Ils sont donc invariables.

> Attendu les évènements, la fête est annulée.
> Nous avons cueilli les pommes, excepté les vertes.
> Le livre de cet auteur est bien écrit, ôté l'introduction.
> Je vous signale que, vu les difficultés, nous renonçons à ce projet.

Placés après le nom, ils sont des participes passés et ils s'accordent avec le nom.

> Les évènements attendus ne se sont pas produits.
> Nous avons cueilli les pommes, les vertes exceptées.
> L'introduction ôtée, ce livre est acceptable.
> Les difficultés, vues sous cet angle, sont surmontables.

aucun

Le nom qui suit *aucun* est au singulier, sauf si le singulier n'existe pas.	Aucun effort n'a été épargné, et il n'y aura aucuns frais.

Exposition de tableaux de peintres exécutés au cours des dernières années.

aussi tôt – aussitôt

Remplacement par *aussi tard*	Pourquoi es-tu venu aussi tôt ?
Remplacement impossible	Je partirai aussitôt que tu arriveras.

avant que – après que

Avant que veut un subjonctif (éventualité)	Je dois sortir avant qu'il pleuve.
Après que veut un indicatif (réalité)	Il a plu après que je suis sorti.

avoir l'air

Remplacement de *l'air* par *l'air d'être*	Elle a l'air heureuse dans son travail.
Remplacement impossible	Elle a l'air heureux des gens calmes.

ça – çà – ç'a – c'en – ceci – cela

ça	remplacement de *ça* par *cela*	Ça va bien. (*pour avoir le son* **s**)
çà	dans l'expression *çà et là* seulement	Il s'en allait çà et là.
ç'a	raccourci pour *cela a*	Ç'a été dur. (*ç devant un* **a**)
c'en	raccourci pour *cela en*	C'en est touchant. (*c devant un* **e**)
ceci	introduit ce qui suit	Il faudrait éviter d'écrire «ceci dit».
cela	renvoie à ce qui précède	Vous êtes étonné, cela se comprend.

c cédille

devant	**a**	ça	avança	pour obtenir le son **s**
devant	**o**	ço	façon	pour obtenir le son **s**
devant	**u**	çu	reçu	pour obtenir le son **s**
pas devant	**e**	ce	cela	on a déjà le son **s**
pas devant	**i**	ci	merci	on a déjà le son **s**

censé – sensé

Remplacement par *supposé*	Vous êtes censé être présent à la réunion.
Remplacement par *qui a du bon sens*	Vous êtes une personne sensée.

c'est – ce sont

Avec un nom singulier : *c'est.* Avec un nom pluriel : *ce sont.*

C'est une belle voiture.	Ce sont de belles voitures.

Avec *moi, toi, lui, elle, nous, vous,* on emploie *c'est.*

C'est moi, c'est toi, c'est lui, c'est elle, c'est nous, c'est vous.

Avec *eux, elles,* on peut employer *ce sont* ou *c'est.*

Ce sont eux qui ont perdu.	C'est elles qui ont gagné.

c'était – s'était

Remplacement de *c'* par *cela*	Comme c'était permis,
Remplacement impossible	il s'était assis dans l'herbe.

chef

Placé avant le nom : var. sans trait d'union	des chefs traducteurs
Placé après le nom : var. avec trait d'union	des adjudants-chefs
Avec *en* : invariable	des infirmières en chef

chez

Quand ce n'est pas un nom commun	chez moi, chez toi, chez soi
Quand il fait partie d'un nom commun	mon chez-moi, ton chez-toi, un chez-soi

---

La pesanteur, c'est que, s'il n'y en avait pas, on s'envolerait.

ci-annexé – ci-inclus – ci-joint

Placés avant le nom : invariables
Placés après le nom : variables

Veuillez trouver ci-joint les épreuves.
Veuillez trouver les épreuves ci-jointes.

combien en

Si *combien* est placé avant *en* : p.p. var.
Si *combien* est placé après *en* : p.p. inv.

Des livres, combien en a-t-il lus ?
Des livres, il en a lu combien ?

comme

Avec deux virgules, au singulier
Sans virgules, verbe au pluriel

Le cinéma, comme le théâtre, me plait beaucoup.
Le cinéma comme le théâtre me plaisent beaucoup.

compris – non compris

Placés avant le nom : invariables
Placés après le nom : variables

8 $, compris la taxe ; 8 $, non compris la taxe
8 $, taxe comprise ; 8 $, taxe non comprise

continuer *à* ou *de*

Nuance très faible. Éviter *à*+*a*. Au lieu de *continuer à aller,* écrire *continuer d'aller.*
Éviter aussi *de*+*de*. Au lieu de *continuer de demander,* écrire *continuer à demander.*

convenir

Ce verbe transitif indirect peut se conjuguer avec *avoir* ou *être. Nous avons convenu d'un lieu de rencontre.* Ou bien : *Nous sommes convenus d'un lieu de rencontre.*

dans – d'en

Remplacement par *à l'intérieur de*
Remplacement impossible

J'ai des bonbons dans ma poche, car
je viens d'en mettre.

davantage – d'avantage

Remplacement par *plus*
Remplacement impossible

Je l'estime davantage chaque jour.
Il s'agit d'avantages monétaires.

de

Quand deux noms sont liés par **de,** la difficulté consiste à savoir si l'on doit mettre le second nom au singulier ou au pluriel. Le **second nom** est :

au singulier s'il donne l'idée d'**unicité**

des chefs de bureau
des comités d'entreprise

des couvertures de lit
des peaux de mouton

au pluriel s'il donne l'idée de **pluralité**

un carnet de chèques
un chiffre d'affaires

un règlement de comptes
une divergence d'opinions

au singulier avec **gelée, jus, liqueur** ou **sirop**

des gelées de groseille
des jus de pomme

des liqueurs de framboise
des sirops de fraise

au pluriel avec **compote, confiture, marmelade** ou **pâte**

de la compote de poires
de la confiture de fraises

de la marmelade d'abricots
de la pâte de coings

de nouveau – à nouveau

Les deux sont admis. Éviter *de*+*de* et *a*+*à* : *Il a à nouveau repeint sa cuisine.* (à éviter)

Il faisait un froid de six béries.

définitivement

En anglais, *definitely* signifie *certainement,* et *definitively* signifie *définitivement.*
Irez-vous à Québec demain ? Si vous répondez *définitivement,* vous venez de dire que vous resterez à Québec pour toujours. Alors que vous voulez dire simplement que vous irez *certainement* à Québec demain.

déjeuner

Du latin *disjejunare,* rompre le jeûne. Le premier repas qui rompt le jeûne s'appelle le *déjeuner,* comme son nom l'indique. Le repas du midi est le *dîner.* Le repas du soir est le *souper.* Cette méthode s'applique au Canada, en Suisse et en Belgique.

Dans une bonne partie de la France, ces trois repas se nomment le *petit déjeuner,* le *déjeuner* et le *dîner.* Il est curieux de noter que le repas de midi se nomme *déjeuner,* alors que le jeûne a déjà été rompu par le *petit déjeuner.*

de même que

Avec deux virgules, verbe au singulier	L'art, de même que le sport, me plait.
Sans virgules, verbe au pluriel	L'art de même que le sport me plaisent.

demi

Avant un nom : invariable, avec trait d'union	Il me téléphone toutes les demi-heures.
Après un nom : accord en genre seulement	La réunion a duré deux heures et demie.
à demi + adj. ou p.p. : inv., sans trait d'union	Une tasse à demi vide, à demi remplie.

des plus – des moins – des mieux

Remplacement par *parmi les plus*	C'est un homme des plus désagréables.
Remplacement impossible	Cela devient des plus désagréable.
Pour certains grammairiens, *des plus = très*	C'est un homme des plus désagréable.

différent – différend

Différent (adjectif)	Ce joueur est différent des autres.
Différend (nom) = dispute	Ces deux athlètes ont eu un différend.

dont – d'on

Remplacement de *d'on* par *de on*	La nouvelle vient d'on ne sait où.
Remplacement par *de qui* ou *de quoi*	C'est la personne dont je t'ai parlé.
Ne pas écrire :	*Mais écrire :*
Le gars dont j'ai marché sur les pieds.	Le gars sur les pieds de qui j'ai marché.
L'auteur dont je m'intéresse à l'œuvre.	L'auteur à l'œuvre de qui je m'intéresse.
L'église dont on aperçoit son clocher.	L'église dont on aperçoit le clocher.

double

Adjectif : accord normal	un double foyer, des doubles foyers
Adverbe = *doublement* : invariable	Les gens ivres voient double.
Nom : accord normal	faire des doubles, les doubles au tennis

é – er

Essayer *prendre.* Si l'on obtient *pris* ou *prise* : p.p. Si l'on obtient *prendre* : infinitif.

Sa collation *terminée,* il s'est mis à *chausser* ses patins.

échapper

Au Québec, ce verbe peut être transitif direct. *Il a échappé le ballon.* Dans le reste de la francophonie, on écrit *Il a laissé échapper le ballon,* ou bien *Il a lâché le ballon.*

La nouvelle ministre, vêtue d'une robe légère, a promis la transparence.

échappé belle

Toujours invariable.   Il (ou elle) l'a échappé belle.

égaler – égaliser

Le verbe *égaler* signifie *être égal à*   Cet athlète a égalé le record du monde.
Le verbe *égaliser* signifie *rendre égal*   Koivu a égalisé à la dixième minute.

en – en n'

Remplacement de *n'* par *ne*   En n'arrivant pas tôt, on rate le train.
C'est la liaison qu'on entend   En arrivant tôt, on trouve une place.

et/ou

Il faut éviter d'employer cette forme. C'est par l'accord au singulier ou au pluriel que l'on montrera ce que l'on veut dire.

> Pierre ou Paul est le bienvenu.   (*l'un ou l'autre*)
> Pierre ou Paul sont les bienvenus.   (*l'un ou l'autre ou les deux*)

et surtout

Avec deux virgules, le verbe est au singulier. Sans virgules, le verbe est au pluriel.

> Le sport, et surtout la course, m'attire énormément.
> Le sport et surtout la course m'attirent énormément.

étant donné

Placé avant le nom : invariable. Placé après le nom : accord avec ce dernier.

> Étant donné les circonstances, la réunion sera reportée.
> Ces précisions étant données, nous avons pu discuter de l'affaire.

faux

Avec un trait d'union : *faux-bord, faux-cul, faux-filet, faux-fuyant, faux-monnayeur, faux-semblant, faux-sens.* Sans trait d'union : *faux bond, faux cils, faux témoignage.*

fin

Employé comme adverbe : invariable   Elles sont fin prêtes.   Ils sont fin prêts.

fleurs

Fleurs d'une même espèce : singulier   un poirier en fleur   des poiriers en fleur
Fleurs d'espèces diverses : pluriel   un pré en fleurs   des prés en fleurs
(Cette nuance n'est pas toujours respectée et l'on tend à utiliser le pluriel partout.)

genre non marqué

Il s'emploie pour désigner les deux sexes et il a la même forme que le masculin.

> joueur = joueur *ou* joueuse   Le joueur doit suivre les règles du jeu.
> étudiants = étudiants *et* étudiantes   Les étudiants se sont réunis hier.

grand

Employé adverbialement : variable   des portes grandes ouvertes
Noms composés : variables en nombre   des grands-pères, des grand(s)-mères

hors-

Quand il signifie *en dehors de*   Ces joueurs étaient hors jeu.
Quand c'est un nom commun : trait d'union   Ils ont commis des hors-jeux.

Grâce à la structure de son œil, un aigle est capable de lire un journal.

jadis – naguère – antan

Jadis = il y a longtemps, autrefois
Naguère = il n'y a guère de temps
Antan a souvent le même sens que *jadis*

Jadis, ce château appartenait à un roi.
Naguère encore, vous étiez mon ami.
Je me souviens des soirées d'antan.

là – ci

Si **là** ou **ci** touche le mot auquel il se rapporte : trait d'union.

cette robe-là　　　ces deux-là　　　cette idée-ci　　　ces trois enfants-ci

Si **là** ou **ci** ne touche pas le mot auquel il se rapporte : pas de trait d'union.

cette robe d'été là　　　　　　cette tarte aux fraises ci
(*là* se rapporte à *robe,* non à *été)*　　(*ci* se rapporte à *tarte,* non à *fraises)*

la plupart

Le verbe se met au pluriel.

La plupart sont courageux.

le peu de

Quantité suffisante : verbe au pluriel
Quantité insuffisante : verbe au singulier

Le peu d'efforts lui ont suffi pour réussir.
Le peu d'efforts a été la cause de l'échec.

le plus – le moins – le mieux

Avec comparaison : l'article **le** est variable.

C'est la fille **la** plus brillante, **la** moins rusée, **la** mieux préparée de sa classe.

Sans comparaison, quand il s'agit du degré extrême : l'article **le** est invariable.

C'est à l'oral qu'elle a été **le** plus brillante, **le** moins rusée, **le** mieux préparée.

le plus... que – le moins... que

Avec le subjonctif quand on veut insister sur le côté exceptionnel. Avec l'indicatif quand on veut montrer simplement la réalité d'un fait.

C'est la personne la plus extraordinaire que j'aie rencontrée.
C'est la personne la plus extraordinaire que j'ai rencontrée.

le premier qui – le seul qui

Avec le subjonctif quand on veut insister sur le côté exceptionnel. Avec l'indicatif quand on veut montrer simplement la réalité d'un fait.

Tu es le premier qui ait compris.　　Elle est la seule qui ait compris.
Tu es le premier qui a fini son devoir.　Elle est la seule qui a fini son devoir.

leur – son

Avec *chacun,* on peut employer *son* ou *leur*

Ils sont partis chacun de son côté.
Ils sont partis chacun de leur côté.

leur – leurs

Ces mots sont variables en nombre seulement (première ligne).
Mais **leur** est invariable quand il est le pluriel de **lui** (seconde ligne).

Les enfants jouent avec leur balle.　Ils retroussent leurs manches.
Je leur ai répondu.　　　　　　　Je les leur donne.

l'un et l'autre

Le verbe peut se mettre au singulier ou au pluriel.

L'un et l'autre projet est accepté.　　L'un et l'autre projets sont acceptés.

Mon coiffeur rase les murs et frise la quarantaine.

l'un ou l'autre

Si c'est l'un des deux : verbe au singulier.   L'un ou l'autre jour est acceptable.

même

Adjectif : accord en nombre avec le nom ou le pronom démonstratif.

le même jour	la même nuit	les mêmes jours	les mêmes nuits
le garçon même	la fille même	les garçons mêmes	ceux-là mêmes

Pronom personnel : trait d'union et accord en nombre.

lui-même	elle-même	eux-mêmes	elles-mêmes

Adverbe que l'on peut remplacer par *aussi* : invariable.

Même les hommes sont mortels.	Ils se disaient même médecins.
Les hommes même sont mortels.	Elles voulaient même l'épouser.

moins de deux

Le verbe se met au pluriel.   Moins de deux mois se sont écoulés.

ne explétif

En langue parlée, ce **ne** superflu est de moins en moins utilisé. En langue écrite, il peut s'employer avec les verbes exprimant la crainte, le doute, la négation, mais il n'est pas obligatoire : *je crains qu'il ne pleuve* ou *je crains qu'il pleuve.*

ne... que

Si l'on remplace le *que* par *seulement,* le *ne* disparait. Ces deux exemples ont donc la même signification.

On *ne* prend son parapluie *que* s'il pleut.
On prend son parapluie *seulement* s'il pleut.

ni... ni – ni l'un ni l'autre

Le verbe peut se mettre au singulier ou au pluriel.

Ni son père ni sa mère ne chante.	Ni son père ni sa mère ne chantent.
Ni l'un ni l'autre parent n'est venu.	Ni l'un ni l'autre parent ne sont venus.

ni – n'y

Remplacement par *ne y*	Nous n'y pouvons rien,
Remplacement impossible	ni toi ni moi.

nom collectif

Collectif : nom qui, au singulier, désigne un ensemble. Liste partielle :

assemblée	équipe	masse	poignée
bande	foule	meute	quantité
caravane	groupe	multitude	série
comité	infinité	nombre	tas
cortège	lot	nuée	totalité
ensemble	majorité	paquet	troupe

Si l'on considère l'ensemble global, le verbe se met au singulier. Si l'on considère le nombre d'êtres ou de choses, le verbe se met au pluriel.

Le *groupe* des manifestants grossissait lentement.
Un groupe de *manifestants* chantaient divers slogans.

Elle découvrit un *paquet* de lettres qui était bien ficelé.
Elle découvrit un paquet de *lettres* qui étaient toutes manuscrites.

Le chat a quatre pattes : deux devant pour courir, deux derrière pour freiner.

nom de quantité

Liste des mots suivant la même règle :

dizaine	cinquantaine	quinzaine	soixantaine	trentaine	tiers
douzaine	centaine	vingtaine	quarantaine	quart	moitié

S'il s'agit d'un nombre précis, le verbe se met au singulier. Mais s'il s'agit d'un nombre approximatif, le verbe se met au pluriel.

La douzaine d'œufs est de plus en plus chère.
La douzaine de membres présents ont applaudi.

Exactement le quart des membres a voté pour la proposition.
Environ le quart des membres ont voté pour la proposition.

non seulement..., mais

Le verbe s'accorde avec le second sujet.

Non seulement ses richesses, mais tout son honneur a disparu.
Non seulement son honneur, mais toutes ses richesses ont disparu.

nous d'humilité

Si *nous = je,* le verbe se met au pluriel, le participe passé ou l'adjectif est au singulier.

Dans ce livre, nous nous sommes efforcé d'être clair.

on

Si *on = quelqu'un,* le verbe et le participe passé ou l'adjectif se mettent au singulier.

On s'est introduit dans ma maison. = *Quelqu'un* s'est introduit dans ma maison.

Si *on = nous* (dans la langue familière), le verbe reste au singulier. Le participe passé ou l'adjectif s'accorde.

En langue écrite normale	Nous sommes allés au cinéma.
En langue familière	On est allés au cinéma.

on – on n'

Remplacement de *n'* par *ne*	On n'attend pas d'invités.
C'est la liaison qu'on entend	On attend des invités.

ou

Si *ou* signifie un choix entre deux termes, le verbe se met au singulier. Si *ou* signifie *et,* le verbe se met au pluriel.

Le maire ou le secrétaire fera un discours. (*l'un des deux*)
Un choc physique ou une émotion peuvent lui être fatals. (*tous les deux*)

ou – où

Remplacement par *ou bien*	Préfères-tu l'été ou l'hiver ?
Remplacement impossible	Voici l'école où j'ai étudié.

palier – pallier

Un palier est une plateforme dans un escalier.
Le verbe *pallier* est transitif direct. *Nous devons pallier le froid en nous habillant.*

par

Si *par* signifie *pour chaque* : singulier	Il y aura deux pommes par personne.
Si *par* signifie *en plusieurs* : pluriel	Classer par couleurs.

La main de cette personne était froide comme celle d'un serpent.

par ce que – parce que

Remplacement par *par la chose que*   Je suis intéressé par ce que tu me dis.
Remplacement par *puisque*   Tu réussiras parce que tu es intelligent.

pas – sans

Au singulier ou au pluriel après la question : *s'il y en avait, y en aurait-il plusieurs ?*

Ces chandails n'ont pas de col.	*s'ils en avaient, ils n'en auraient qu'un*
Ces chandails sont sans col.	*s'ils en avaient, ils n'en auraient qu'un*
Ce chandail n'a pas de manches.	*s'il en avait, il en aurait deux*
Ce chandail est sans manches.	*s'il en avait, il en aurait deux*

passé (préposition)

Remplacement par *après* : invariable   Passé l'église, tournez à droite.
(même règle pour le lieu et le temps)   Passé cette date, vous serez pénalisé.

personne

Ce mot englobe les hommes et les femmes : *Les personnes présentes étaient ravies.*
En personne est toujours invariable : *Nous sommes allés à la réunion en personne.*
Quand *personne* est pronom indéfini, il est masculin : *Personne n'est parfait.*
Quand *personne* désigne une femme, il est féminin : *Personne n'est plus belle qu'elle.*

peu importe – qu'importe

Le verbe s'accorde avec son sujet inversé ou reste invariable. Les deux sont permis.

Peu importent les menaces.	Peu importe les menaces.
Qu'importent les dangers.	Qu'importe les dangers.

peut-être – peut être

Remplacement par *probablement*   Elle arrivera peut-être demain.
Remplacement par *pouvait*   Jean peut être fier de sa victoire.

plein

Plein + article défini : invariable   Ils ont des dollars plein les poches.

pluriel en -*als*

Avals, bals, bancals, cals, caracals, carnavals, cérémonials, chacals, chorals, fatals, festivals, jovials, natals, navals, récitals, régals.

pluriel des noms propres

Familles normales	inv.	les Dupont, les Tremblay, les Maréchal
Familles célèbres	var.	les Tudors, les Bourbons, les Condés
Œuvres célèbres	var.	des Renoirs, des Rembrandts, des Picassos
Journaux, livres (sans l'article)	inv.	deux *Presse*, trois *Parisien libéré*
Toponymes, s'il en existe plusieurs	var.	les Amériques, les Savoies, les Corées
Toponymes en général	inv.	les Montréal sont nombreux en France
Noms de marques	inv.	deux Chevrolet, trois Boeing, deux Peugeot

• La tendance est aujourd'hui à l'invariabilité pour la plupart de ces cas.

plus d'un

Le verbe se met au singulier.   Plus d'un élève fut étonné.

plutôt – plus tôt

Remplacement par *de préférence*   Je viendrai plutôt demain.
Remplacement par *plus tard*   J'arriverai plus tôt que toi.

Enfant trouvé aimerait rencontrer fille perdue.

plutôt que

Le verbe se met au singulier.   La gloire plutôt que les profits l'intéresse.

possible

Remplacement par *qu'il est possible*   Nous ferons le moins de fautes possible.
Remplacement par *qui sont possibles*   Nous ferons tous les efforts possibles.

pour cent

Suivi d'un nom singulier : verbe au singulier, et accord de l'adj. et du p.p. avec le nom.

    Dix pour cent de la *population* est contente et soulagée.

Suivi d'un nom pluriel : verbe au pluriel, et accord de l'adj. et du p.p. avec le nom.

    Dix pour cent des *joueuses* sont contentes et soulagées.

Précédé de *les, mes, ces* : verbe au pluriel ; adj. et p.p. au masculin pluriel.

    Les dix pour cent de la population sont contents et soulagés.

pourquoi – pour quoi

Remplacement par *pour quelle raison*   Pourquoi vous habillez-vous ?
Remplacement impossible   Pour quoi faire vous habillez-vous ?

près – prêt

Remplacement de *près* par *proche*   Il est près de la fenêtre.
Remplacement de *prêt* par *préparé*   Il est prêt à jouer.

pétrolière – pétrolifère

Au Canada, l'adjectif *pétrolière* est souvent pris comme un nom par ellipse de *compagnie pétrolière*. On écrira : *Les pétrolières encaissent des bénéfices.*

L'adjectif *pétrolier* désigne ce qui a rapport au pétrole : *l'industrie pétrolière.*

Pétrolifère (du latin *ferre,* porter) ne s'applique qu'à ce qui « porte » du pétrole : *terrain pétrolifère, gisement pétrolifère, couche pétrolifère.*

peut – peu

Remplacement de *peut* par *pouvait*   Elle peut faire cela. Il sourit peu.

quant à – tant qu'à

Quant à = en ce qui concerne   Quant à la tarte, elle était excellente.
Tant qu'à + inf. = pour ce qui est de   Tant qu'à lire une partie, lisons le tout.
Tant qu'à + nom ou pronom (fautif)   Tant qu'à moi... (*incorrect*)
                                                 Quant à moi... (*correct*)

quelque – quel que

Remplacement par *n'importe quel*   Pour quelque motif que ce soit...
Remplacement par *une quelconque*   Il faut faire quelque chose.
Remplacement par *plusieurs*   J'ai cueilli quelques pommes.
Remplacement par *environ*   J'ai cueilli quelque soixante pommes.
Remplacement par *aussi*   Quelque bonnes qu'elles soient...
Devant *être* au subjonctif : accord   Quel que soit le lieu, quelle que soit la date,
                                                 quels que soient les périls...

quelquefois – quelques fois

Remplacement par *parfois*   Quelquefois, il venait me voir.
Remplacement par *plusieurs fois*   Ce soir-là, il a ri quelques fois.

La loi des probabilités s'appelle ainsi, car on n'est pas certain qu'elle existe.

qui

Si le pronom relatif *qui* a pour antécédent un pronom personnel, le verbe se met à la même personne et au même nombre que l'antécédent.

C'est *nous* qui *avons* perdu.   C'est *vous* qui *avez* gagné.

quoique – quoi que

Remplacement par *bien que*   Quoique cela soit difficile, elle persiste.
Remplacement impossible   Quoi que tu en penses, je viendrai.

rappeler (se) – souvenir (se)

Se rappeler, transitif direct (sans prép.)   On se rappelle son enfance.
Se souvenir, transitif indirect (avec *de*)   On se souvient de son enfance.

reçu

Placé avant, invariable : *reçu la somme de 100 $* — Après, accord : *la somme reçue.*

remercier *de* ou *pour*

Avec un nom abstrait, on utilise *de*   Je vous remercie de votre amabilité.
Avec un nom concret, on utilise *pour*   Je vous remercie pour vos cadeaux.

second – deuxième

Généralement, on utilise *deuxième* quand on sait qu'il y aura au total plus de deux éléments dans l'énumération : *la deuxième période d'une partie de hockey.* On utilise *second* quand l'énumération s'arrête à deux : *le second garçon de ce couple* (cela signifie que le couple n'a que deux garçons). On écrit : *la Seconde Guerre mondiale,* en espérant qu'il n'y en ait pas une troisième.

si (concordance des temps)

Verbe de la principale au futur : celui de la subordonnée se met au présent.

Je sortirai demain s'il fait beau.   (*et non pas :* s'il fera beau)

Verbe de la principale au conditionnel : celui de la subordonnée se met à l'imparfait.

J'irais avec toi si tu le voulais.   (*et non pas :* si tu le voudrais)

si tôt – sitôt

Remplacement par *si tard*   Je ne pensais pas que tu viendrais si tôt.
Remplacement par *aussitôt*   Sitôt dit, sitôt fait.

soi-disant

Peut s'utiliser avec des personnes   Ces dames soi-disant intéressantes...
ou avec des objets. Toujours invariable   Des voitures soi-disant en bon état...

soussigné

Sans virgules et accord avec le sujet   Nous soussignés reconnaissons...
Avec virgules autour d'une apposition   Je soussignée, Marie Dupont, reconnais...

succéder

Le participe passé est invariable   Les bonnes nouvelles se sont succédé.

sur-le-champ – sur le champ

Remplacement par *immédiatement*   Nous avons réagi sur-le-champ.
Remplacement impossible   Il a mis de l'engrais sur le champ de maïs.

Il m'a donné un coup de pied alors que je lui donnais un coup de main.

tel

tel s'accorde en genre et en nombre avec le nom qui suit.

> J'ai vu que tel était son désir.   Un animal telle la girafe a un long cou.

tel que s'accorde en genre et en nombre avec le nom qui précède.

> Un animal tel que la girafe...   Des animaux tels que les girafes...

tel quel signifie *sans changement* et s'accorde en genre et en nombre.

> J'ai emprunté vos lunettes en bon état ; je vous les rends telles quelles.

On n'écrit pas : Tel que je vous l'ai dit..., *mais on écrit* : Comme je vous l'ai dit...

t euphonique

Pour faciliter la prononciation	Vainc-t-il ? Viendra-t-il ? A-t-on sonné ?
Pas après un **d**	Prend-elle du thé ? Répond-elle souvent ?
Pas après un **t**	Veut-il venir me voir ? Sort-elle avec lui ?
Attention à l'élision de **toi**	Va-t'en. Achète-t'en une. Garde-t'en un.

tout

Adjectif : accord en genre et en nombre avec le nom.

> tout le jour   toute la nuit   tous les matins   toutes les heures

Adverbe signifiant *entièrement* : invariable devant un adjectif ou un participe passé...

> Je portais des vêtements tout usés.   Elle est tout attristée.

... mais variable si c'est un *féminin singulier* débutant par une consonne ou un **h** aspiré.

> Elle est toute contente.   Elle est toute honteuse.

On écrit : de toute façon, de toute manière, de toute évidence, de toute(s) sorte(s).

un de ceux qui – un des... qui

Le verbe se met au pluriel.   Vous êtes un de ceux qui ont été élus.
     Vous êtes un des auteurs qui ont été élus.

villes

Noms de villes débutant par **Le** ou **La** : même genre que cet article.

> Le Gardeur est beau.   La Pocatière est belle.

Noms de villes finissant par **-e** ou **-es** : genre féminin.

> Saint-Jérôme est belle.   Trois-Rivières est belle.

Noms de villes finissant autrement que par **-e** ou **-es** : genre masculin.

> Québec est beau.   Montréal est beau.

villes francisées

Vérifier dans le dictionnaire pour savoir quelles villes ont été francisées. Francisées : *Saint-Pétersbourg, Édimbourg.* Non francisées : *Stratford-on-Avon, Henley-on-Thames.*

vive

Interjection invariable   Vive la liberté ! Vive les gens d'esprit !

vous de politesse

Quand *vous = tu,* le verbe est au pluriel, mais le p.p. ou l'adjectif reste au singulier.

> Vous êtes *arrivée* toute seule.   Vous êtes *content* du résultat, monsieur ?

La grève des Postes est due à plusieurs facteurs.

Féminisation des textes

La féminisation demeure toujours facultative

Pour l'Office québécois de la langue française, la féminisation des textes demeure toujours facultative (brochure *Au féminin,* 1991, page 5).

Les formes tronquées sont à exclure

Selon la Banque de dépannage linguistique (BDL) de l'Office québécois de la langue française, les formes tronquées, c'est-à-dire modifiées par l'emploi de différentes marques graphiques (parenthèses, trait d'union, barre oblique) ou encore par le recours à la majuscule, sont fortement déconseillées.

On évitera :	Donc, on n'écrira pas :
les parenthèses	les enseignant(e)s retraité(e)s
les traits d'union	les citoyen-ne-s âgé-e-s
les barres obliques	les étudiant/e/s inscrit/e/s
les majuscules	les auteurEs sélectionnéEs

Note explicative

On peut recourir à une note explicative au début du texte pour signifier clairement que la forme masculine non marquée désigne aussi bien les femmes que les hommes, lorsque les stratégies de rédaction présentées à la page suivante ne peuvent s'appliquer (*Au féminin,* page 34).

Charte des droits et libertés de la personne (Québec)

Article 10. — Toute personne a droit à la reconnaissance et à l'exercice, en pleine égalité, des droits et libertés de la personne, sans distinction, exclusion ou préférence fondée sur la race, la couleur, le sexe...

Loi canadienne sur les droits de la personne (Canada)

Article 2, a). — Tous ont droit, dans la mesure compatible avec leurs devoirs et obligations au sein de la société, à l'égalité des chances d'épanouissement, indépendamment des considérations fondées sur la race, l'origine nationale ou ethnique, la couleur, la religion, l'âge, le sexe...

Grevisse : *Nouvelle grammaire française*

Les noms qui connaissent la variation en genre d'après le sexe de la personne désignée sont employés au masculin dans les circonstances où ils visent aussi bien des êtres masculins que des êtres féminins. En effet, le genre masculin n'est pas seulement le genre des êtres mâles, mais aussi le genre indifférencié, le genre asexué.

Il a quatre beaux enfants : deux garçons et deux filles.
L'héritier qui renonce est censé n'avoir jamais été héritier.

Larousse : *La nouvelle grammaire du français*

Le masculin s'emploie pour désigner n'importe quel représentant de l'espèce, sans considération de sexe ; c'est le masculin générique.

L'homme est un être doué de raison (homme = homme + femme).
Les enseignants se sont réunis hier (enseignants = enseignants + enseignantes).

La nouvelle orthographe et la féminisation

La nouvelle orthographe ne change rien à la féminisation dans ses principes.

Je suis en prison, car j'ai été arrêté. Veuillez arrêter aussi mon assurance.

Méthode de féminisation

Le texte qui suit est un extrait du *Guide de féminisation* de l'UQAM.

Utilisation des doublets

Une étudiante ou un étudiant. Les enseignants et enseignantes.

Stratégies de rédaction (*la forme recommandée est en italique*)

En plus d'assumer les responsabilités de tuteur...
En plus d'assumer les responsabilités de tutorat...

Un archiviste est responsable de la conservation des documents.
Le Service des archives est responsable de la conservation des documents.

La réunion d'information aura lieu demain pour les employés du secrétariat.
La réunion d'information aura lieu demain pour le personnel du secrétariat.

On demande la collaboration de chacun des membres.
On demande la collaboration de chaque membre.

Les étudiants ont été conviés à cette réunion. Plusieurs étudiants y ont assisté.
Les étudiants et étudiantes ont été conviés à cette réunion. Plusieurs y ont assisté.

L'étudiant pour lequel la demande a été formulée...
L'étudiante ou l'étudiant pour qui la demande a été formulée...

...les travaux des étudiants seront remis à ces derniers.
...les travaux des étudiants et étudiantes leur seront remis.

Le ou la responsable invitera les membres de son équipe à participer...
Les responsables inviteront les membres de leur équipe à participer...

...équivalence entre l'expérience et un cours du programme de l'étudiant.
...équivalence entre l'expérience et un cours du programme choisi.

...avec obligation pour eux de diffuser...
...avec obligation de leur part de diffuser...

Un des membres assurera la présidence. Il sera nommé par l'assemblée.
Un ou une des membres assurera la présidence. L'assemblée verra à sa nomination.

...en cas d'absence du cadre. Si l'absence de celui-ci se prolongeait...
...en cas d'absence du ou de la cadre. Si son absence se prolongeait...

Si l'étudiant n'est pas satisfait de sa note, il peut faire...
Si l'étudiante ou l'étudiant n'est pas satisfait de sa note, il lui est possible de faire...

Un étudiant pourra changer de groupe sans qu'il ait à débourser des frais.
Un étudiant ou une étudiante pourra changer de groupe sans encourir de frais.

Les cadres ne doivent pas s'y inscrire et, s'ils le font, on annulera leur inscription.
Les cadres ne doivent pas s'y inscrire et, le cas échéant, on annulera leur inscription.

Chers collègues, vous êtes convoqués, par la présente, à la réunion...
Chers et chères collègues, nous vous convoquons, par la présente, à la réunion...

L'étudiant doit en faire lui-même la demande.
L'étudiante ou l'étudiant doit en faire la demande.

Le directeur vérifie la demande et il la transmet...
La directrice ou le directeur vérifie la demande et la transmet...

Il mettra fin à sa collaboration, s'il le juge nécessaire...
Il ou elle mettra fin à sa collaboration, si cette décision s'avère nécessaire...

Voir aussi : *Au féminin,* féminisation des titres de fonction et des textes, OQLF
Pour un genre à part entière, rédaction de textes non sexistes, MELS

Jeune dame bien en chair rencontrerait monsieur cher en biens.

Féminisation des fonctions

Cette liste est tirée de la brochure *Au féminin : guide de féminisation des titres de fonction et des textes,* dans laquelle l'Office québécois de la langue française propose des féminins. L'usage dira lesquelles parmi ces formes se seront imposées.

une accordeuse	une camionneuse	une créatrice
une acquéreuse	une canoteuse	une critique
une acuponctrice	une capitaine	une débardeuse
une adjudante	une caporale	une débosseleuse
une administratrice	une cardiologue	une découvreuse
une agente	une carreleuse	une décrocheuse
une agricultrice	une catalogueuse	une délatrice
une aiguilleuse	une cégépienne	une déléguée
une ajusteuse	une censeure	une délinquante
une amatrice	une chapelière	une demanderesse
une aménageuse	une chargée de cours	une demandeuse
une amirale	une chargeuse	une dentiste
une animatrice	une charpentière	une dépanneuse
une annonceure	une chaudronnière	une députée
une apicultrice	une chauffeuse	une dessinatrice
une apparitrice	une chef	une détective
une applicatrice	une chercheuse	une détentrice
une arbitre	une chiropraticienne	une diététiste
une arboricultrice	une chirurgienne	une diffuseuse
une architecte	une chômeuse	une diplomate
une archiviste	une chroniqueuse	une docteure
une armurière	une chronométreuse	une écrivaine
une arpenteuse	une cimentière	une éditorialiste
une artisane	une clown	une électronicienne
une artiste	une collègue	une éleveuse
une assesseure	une colonelle	une émettrice
une assureure	une commandante	une employeuse
une astrologue	une commis	une emprunteuse
une astronome	une commissaire	une encodeuse
une attachée	une communicatrice	une enquêteuse
une auteure	une compositrice	une entraineuse
une avicultrice	une conceptrice	une entrepreneuse
une avocate	une conductrice	une équarrisseuse
une ayant droit	une conseil	une essayeuse
une banquière	une consule	une estimatrice
une bâtonnière	une contractuelle	une évaluatrice
une bénéficiaire	une contremaitresse	une examinatrice
une bottière	une contrôleuse	une experte-comptable
une boursière	une coopérante	une exploitante
une brigadière	une coordonnatrice	une fabricante
une briqueteuse	une cordonnière	une factrice
une bruiteuse	une coroner	une femme-grenouille
une buandière	une correctrice	une ferblantière
une bucheronne	une coureuse	une ferrailleuse
une câbleuse	une courrière	une finisseuse
une cadre	une courtière	une fondeuse
une cadreuse	une couseuse	une foreuse
une camelot	une couvreuse	une fournisseuse

La foudre a frappé le toit. Depuis notre mariage, c'est le second coup de foudre.

une	fraiseuse	une	mannequin	une	répartitrice
une	franchiseuse	une	manœuvre	une	répétitrice
une	garde	une	maraichère	une	reporteuse
une	garde forestière	une	marguillère	une	réviseuse
une	générale	une	marin	une	sapeuse-pompière
une	généticienne	une	matelot	une	sauveteuse
une	géophysicienne	une	médecin	une	savante
une	gérante	une	meneuse	une	scrutatrice
une	gouteuse	une	mentore	une	sculpteure
une	gouverneure	une	menuisière	une	sénatrice
une	graveuse	une	metteure en scène	une	sergente
une	greffière	une	ministre	une	serrurière
une	guide	une	monteuse	une	soigneuse
une	horlogère	une	notaire	une	soldate
une	horticultrice	une	officière	une	solliciteuse
une	hôte (est reçue)	une	oratrice	une	soudeuse
une	hôtesse (reçoit)	une	orienteuse	une	souffleuse
une	huissière	une	pasteure	une	sous-chef
une	illustratrice	une	pêcheuse	une	sous-ministre
une	imprésario	une	peintre	une	spectatrice
une	imprimeuse	une	pharmacienne	une	stagiaire
une	indicatrice	une	physicienne	une	substitut
une	industrielle	une	pilote	une	successeure
une	ingénieure	une	piscicultrice	une	supérieure
une	inspectrice	une	plâtrière	une	superviseure
une	installatrice	une	plombière	une	surintendante
une	instructrice	une	poète	une	syndique
une	intendante	une	policière	une	tailleuse
une	interlocutrice	une	pompière	une	tanneuse
une	interne	une	porte-parole	une	tapissière
une	intervenante	une	potière	une	technicienne
une	intervieweuse	une	prédécesseure	une	téléphoniste
une	investisseuse	une	préfète	une	témoin
une	jardinière	une	première ministre	une	teneuse de livres
une	jockey	une	préposée	une	tisserande
une	juge	une	présentatrice	une	titulaire
une	jurée	une	principale	une	tôlière
une	juriste	une	procureure	une	topographe
une	lamineuse	une	professeure	une	tourneuse
une	lectrice	une	programmeuse	une	traiteuse
une	législatrice	une	promotrice	une	trappeuse
une	lettreuse	une	proposeuse	une	tricoteuse
une	lieutenante	une	prospectrice	une	trieuse
une	lieutenante-	une	puéricultrice	une	tutrice
	gouverneure	une	rapporteuse	une	tuyauteuse
une	locutrice	une	réalisatrice	une	typographe
une	lotisseuse	une	recenseuse	une	universitaire
une	luthière	une	réceptrice	une	utilisatrice
une	maçonne	une	recruteuse	une	vainqueur
une	magasinière	une	rectifieuse	une	vérificatrice
une	magistrate	une	rectrice	une	vice-présidente
une	mairesse	une	rédactrice	une	vitrière
une	maitre	une	régisseuse	une	voyagiste
une	malfaitrice	une	réparatrice	une	zootechnicienne

Depuis que mon mari est parti, je n'ai plus de cochon à la ferme.

Préfixes des mots

- Les mots créés pour la circonstance sont des mots qui n'apparaissent pas dans les dictionnaires. Il faut en faire un usage modéré. Au lieu de créer des mots avec des préfixes comme *archi, extra, ultra, hyper* ou *super,* on peut très bien utiliser *très.*

- Le trait d'union est maintenu si le mot suivant le préfixe commence par une capitale : *le mouvement pro-France, le mouvement profrançais, les gens pro-ONU.*

- Le trait d'union est maintenu entre deux adjectifs ethniques pour marquer une relation : *la guerre franco-allemande, la lutte gréco-romaine.*

- Le trait d'union est maintenu quand le mot suivant le préfixe contient un ou plusieurs traits d'union : *un super-rendez-vous, un super-arc-en-ciel.*

- Le trait d'union est maintenu quand le préfixe est suivi d'un nombre écrit en chiffres : *le pré-400e, le post-400e.*

- Pour éviter une mauvaise prononciation, le trait d'union est toujours maintenu quand les voyelles suivantes se rencontrent :

a-i	*extra-irritant*	non *extrairritant*	**o-i**	*auto-immunité*	non *autoimmunité*
a-u	*ultra-universel*	non *ultrauniversel*	**o-u**	*micro-univers*	non *microunivers*

anti- Sans trait d'union : *antialcoolique, antioxydant, antiinflammatoire.*

archi- Sans trait d'union : *archiprêtre, archiduchesse, archimillionnaire.*

au- Avec trait d'union : *au-dessus, au-dessous, au-dedans, au-dehors, au-delà...*

auto- Sans trait d'union : *autoadhésif, autocensure.* Sauf devant **i** ou **u.**

bi- Sans trait d'union. Devant une consonne : *bifocal, bidirectionnel, bimensuel.* Devant une voyelle, on ajoute un **s** : *bisaïeul, bisannuel.*

bio- Sans trait d'union : *bioélectricité, biocarburant.* Sauf devant **i** ou **u.**

cyber- Sans trait d'union : *cyberattaque, cybercafé, cyberespace, cybernaute.*

co- Sans trait d'union : *coauteur, coéditeur, coopérant, coprésident.* Devant un **i** : *coïnculpé, coïncidence.* Mais *coincer* (*co* n'est pas préfixe).

en Sans trait d'union : *en dedans, en dehors, en dessus, en dessous.*

ex- Avec trait d'union : *ex-femme, ex-étudiant, ex-itinérant.*

extra- Sans trait d'union : *extraconjugal, extrajudiciaire.* Sauf devant **i** ou **u.**

franco- Les préfixes dérivés d'adjectifs ethniques sont reliés par un trait d'union : *les relations franco-canadiennes, la guerre russo-allemande.*

hyper- Sans trait d'union : *hyperémotivité, hyperacidité, hyperactive.*

hypo- Sans trait d'union : *hypodermique, hypoesthésie.* Sauf devant **i** ou **u.**

inter- Sans trait d'union : *interindustriel, une réunion interentreprises.*

intra- Sans trait d'union : *intraveineux, intraoculaire.* Sauf devant **i** ou **u.**

méga- Sans trait d'union : *mégacôlon, mégaphone.* Sauf devant **i** ou **u.**

méta- Sans trait d'union : *métacentre, métacognition.* Sauf devant **i** ou **u.**

mi- Avec trait d'union : *mi-bas, mi-figue, mi-janvier, mi-session.*

micro- Sans trait d'union : *microédition, microfiche.* Sauf devant **i** ou **u.**

mini- Sans trait d'union : *minibus, minigolf, minijupe, minicassette.* Placé après, sans trait d'union et invariable : *des shorts mini.*

mono- Sans trait d'union : *monoparental, monoplace.* Sauf devant **i** ou **u.**

La Fontaine était aimable et poli, parce qu'il était un homme affable.

multi-   Sans trait d'union : *multiethnique, multidisciplinaire.*

omni-   Sans trait d'union : *omnipotent, omniprésent, omnisports.*

pan-   Sans trait d'union : *panafricain, panchromatique, panoptique.*

par-   Sans trait d'union : *par ailleurs, par contre, par en bas, par en haut, par l'avant, par l'arrière, par ici, par terre.*
Avec trait d'union : *par-ci, par-là, par-devant, par-derrière, par-dessus, par-dessous.*

para-   Sans trait d'union : *parafiscalité, parahospitalier.* Sauf devant **i** ou **u.**

poly-   Sans trait d'union : *polyalcool, polyiodure, polyurie, polycopie.*

post-   Sans trait d'union : *postnatal, postindustriel, postscriptum.*
Même devant un **t** : *posttraumatisme, posttraumatique.*
Devant un nom propre : *la post-Renaissance.*

pré-   Sans trait d'union : *prééminence, préoccuper.* Sauf devant un nom propre : *la pré-Renaissance,* ou un sigle : *la période pré-ONU.*

pro-   Sans trait d'union : *proasiatique, procréation.* Sauf devant **i** ou **u.**
Trait d'union devant un nom propre : *pro-Suède,* un sigle : *pro-ONU,* un nom composé : *pro-tiers-monde,* et les mots *pro-vie* et *pro-choix.*

pseudo-   Devant tout nom pour signifier *faux : pseudo-médecin, pseudo-pain.*

quasi-   Devant un adj., p.p. ou adv. : *quasi fatal, quasi fini, quasi entièrement.*
Devant un nom, trait d'union : *quasi-contrat, quasi-délit, quasi-totalité.*

radio-   Sans trait d'union : *radioactif, radiodiffusion.*
Sauf devant **i** ou **u** et devant une capitale : *Radio-Canada.*

re-, ré-   Sans trait d'union : *redire, réorganiser, réhydrater.* (consulter dictionnaire)

rétro-   Sans trait d'union : *rétroactif, rétroviseur.* Sauf devant **i** ou **u.**

sans-   Avec trait d'union : *sans-emploi, sans-abri, sans-gêne, sans-le-sou.*

semi-   Avec trait d'union : *semi-automatique, semi-rural, semi-voyelle.*

simili-   Sans trait d'union : *similibronze, similicuir, similiforme, similimarbre.*

socio-   Sans trait d'union : *sociodrame, socioéducatif.* Sauf devant **i** ou **u.**

sous-   Avec trait d'union : *sous-directrice, sous-alimenter, sous-entendre.*
Exceptions : *souscrire et soustraire,* ainsi que leurs dérivés.

stéréo-   Sans trait d'union : *stéréochimie, stéréométrie.* Sauf devant **i** ou **u.**

super-   Sans trait d'union : *superacide, superbénéfice, superordinateur.*
Adjectif, invariable : *des filles super.* Adverbe, invariable : *des filles super sympas, des robes super haut de gamme.*

supra-   Sans trait d'union : *supranational, suprasensible.* Sauf devant **i** ou **u.**

sub-   Sans trait d'union : *subalterne, subconscient, subdivision.*

sur-   Sans trait d'union : *suramplificateur, suremploi, surimposition.*

sus-   Sans trait d'union : *suscription, susdénommé, susdit, susnommer.*
Sauf : *sus-dominante, sus-hépatique, sus-jacent, sus-tonique.*

télé-   Sans trait d'union : *téléavertisseur, téléfilm, téléobjectif, téléski.*

trans-   Sans trait d'union : *transaction, transatlantique, transborder.*

tri-   Sans trait d'union quand il signifie *trois : triangle, trière, trithérapie.*

ultra-   Sans trait d'union : *ultrachic, ultracourt, ultraléger.* Sauf devant **i** ou **u.**

Docteur, chaque fois que je mange du cheval, j'ai l'étalon dans l'estomac.

Nouvelle orthographe : règles

- Pour plus de détails, visitez le site www.nouvelleorthographe.info.
- Au Canada, en France, en Belgique et au Luxembourg, on peut obtenir la brochure *Vadémécum de l'orthographe recommandée* en librairie, au prix de 4,50 $ ou 4 €. Pour information : gqmnf@renouvo.org.
- Le *Dictionnaire de l'Académie française,* dans sa 9e édition, rappelle qu'aucune des deux graphies (ni l'ancienne ni la nouvelle) ne peut être tenue pour fautive. C'est également la position de l'Office québécois de la langue française, dans son communiqué du 3 mai 2004.
- La nouvelle orthographe ne concerne ni les noms propres ni leurs dérivés.
- Dans ce livre, l'orthographe traditionnelle est indiquée entre crochets.

L'écriture des nombres en lettres se trouve à la page 118.

1.   L'accent grave

Devant une syllabe muette, on écrit **è** et non **é.** Cela concerne notamment la conjugaison au futur et au conditionnel de tous les verbes qui ont à l'infinitif un **é** accent aigu sur l'avant-dernière syllabe (par exemple : *abréger, céder* ou *digérer*).

sècheresse	[sécheresse]	j'abrègerai	[j'abrégerai]
crèmerie	[crémerie]	je cèderai	[je céderai]
règlementaire	[réglementaire]	ils règleraient	[ils régleraient]

Exceptions : a) les préfixes *dé-* et *pré-* : *dégeler, prévenir* ; b) les **é** initiaux : *échelon, élever* ; c) les mots *médecin* et *médecine.*

2.   L'accent circonflexe

L'accent circonflexe disparait sur les lettres **i** et **u.** On le maintient dans les terminaisons du passé simple et du subjonctif, et dans les cas suivants d'ambigüité : les masculins singuliers *dû, mûr, sûr* ; le mot *jeûne(s)* pour ne pas le confondre avec *jeune(s)* ; les formes de *croitre* qui, sinon, se confondraient avec celles de *croire* : *je crois en toi, je croîs en sagesse.*

il connait	[il connaît]	surcroit	[surcroît]
elle buche	[elle bûche]	voute	[voûte]
nous finîmes	nous fûmes	qu'elle finît	qu'elle fût

3.   Le tréma

Le tréma est déplacé sur la lettre **u** prononcée dans les suites *-güe* et *-güi-* et il est ajouté dans quelques mots pour éviter des prononciations défectueuses.

aigüe, ambigüe	[aiguë, ambiguë]	gageüre	[gageure]
ambigüité	[ambiguïté]	vergeüre	[vergeure]
exigüe	[exiguë]	argüer	[arguer]

4.   Le trait d'union

La soudure s'impose : a) dans les mots composés de *contr(e)-* et *entr(e)-* ; b) dans les onomatopées et dans les mots d'origine étrangère ; c) dans les mots composés avec des éléments «savants», en particulier en **-o** (ex. *autoévaluation*).

contrappel	[contre-appel]	entretemps	[entre-temps]
tictac, guiliguili	[tic-tac, guili-guili]	holdup, cowboy	[hold-up, cow-boy]
microéconomie	[micro-économie]	agroalimentaire	[agro-alimentaire]

La drogue dans le sport du vélo est un phénomène cyclique.

5.   Les noms composés

Dans les noms composés du type *pèse-lettre* (verbe + nom) ou *sans-abri* (préposition + nom), c'est le second élément seulement qui prend la marque du pluriel lorsque le mot est au pluriel. Au singulier, le second élément se met au singulier.

un essuie-main	[un essuie-mains]	des essuie-mains	[des essuie-mains]
un porte-avion	[un porte-avions]	des porte-avions	[des porte-avions]
un sans-emploi	[un sans-emploi]	des sans-emplois	[des sans-emploi]
un après-midi	[un après-midi]	des après-midis	[des après-midi]

6.   Les mots empruntés

Les mots empruntés forment leur pluriel de la même manière que les mots français et sont accentués conformément aux règles qui s'appliquent aux mots français.

des matchs	[des matches]	des pésos	[des pesos]
des révolvers	[des revolvers]	des toréros	[des toreros]
des édelweiss	[des edelweiss]	des raviolis	[des ravioli]

7.   Les verbes en *-eler* ou *-eter*

Ces verbes se conjuguent sur le modèle de *peler* ou de *acheter*. Les noms dérivés de ces verbes se terminant en *-ment* suivent la même règle.

j'amoncèle	[j'amoncelle]	elle ruissèle	[elle ruisselle]
amoncèlement	[amoncellement]	ruissèlement	[ruissellement]
tu époussèteras	[tu époussetteras]	je cachète	[je cachette]

Exceptions : *appeler, jeter* et leurs composés, y compris *interpeler* [*interpeller*].

8.   Les mots en *-olle* et les verbes en *-otter*

Les mots anciennement en *-olle* et les verbes anciennement en *-otter* s'écrivent avec une consonne simple. Les dérivés du verbe ont aussi une consonne simple.

corole	[corolle]	guibole	[guibolle]
frisoter	[frisotter]	greloter	[grelotter]
frisotis	[frisottis]	cachotière	[cachottière]

Exceptions : Les mots *colle, folle, molle,* et les mots de la même famille qu'un nom en *-otte,* comme *botter,* de *botte.*

9.   Les anomalies corrigées

Certaines anomalies ont été corrigées pour correspondre à la prononciation ou pour les rapprocher de leur famille. Voici une liste partielle d'exemples :

absout, absoute	[absous, absoute]	joailler, joaillère	[joaillier, joaillière]
assoir, il s'assoit	[asseoir, il s'assoit]	ognon	[oignon]
bonhommie	[bonhomie]	papèterie	[papeterie]
bonnèterie	[bonneterie]	persiffler	[persifler]
briquèterie	[briqueterie]	prudhomme	[prud'homme]
combattif	[combatif]	prudhommie	[prud'homie]
dissout, dissoute	[dissous, dissoute]	quincailler	[quincaillier]
douçâtre	[douceâtre]	recéleur	[receleur]
exéma	[eczéma]	relai	[relais]
féérie	[féerie]	serpillère	[serpillière]
gangréneux	[grangreneux]	sursoir	[surseoir]
imbécilité	[imbécillité]	vilénie	[vilenie]

Geneviève avait mangé sa soupe sans ouvrir la bouche.

Nouvelle orthographe : liste

- Les numéros à droite renvoient aux règles des deux pages précédentes. Le **s** ou le **x** s'ajoute au mot pour former le pluriel. Abréviations : dér. = dérivés ; (n.) = nom. Cette liste exclut les mots rares.

- Les verbes comportant un **é** accent aigu sur l'avant-dernière syllabe de l'infinitif (par exemple : *abréger*) changent ce **é** en **è** accent grave au futur et au conditionnel : *j'abrègerai, j'abrègerais*. Les exemples dans la liste ne sont cités qu'au futur.

- Les mots **ile** et **chaine** n'ont pas d'accent quand ils sont des noms communs. Ils gardent leur **î** circonflexe quand ils font partie de toponymes.

Les mots latins se trouvent à la page 108.

abaisse-langue, s	5	amoncèlement, s	7	babyfoot, s	4	braséro, s	6
abat-jour, s	5	ampèreheure, s	4	bakchich, s	4	brevète (je)	7
abat-son, s	5	amuse-gueule, s	5	balloter + dér.	8	briquèterie, s	9
abat-vent, s	5	antiâge	4	banquète (je)	7	brise-copeau, x	5
abime + dér.	2	aout + dér.	2	barcarole, s	8	brise-glace, s	5
abrègement, s	1	à-pic, s	5	barman, s	6	brise-jet, s	5
abrègerai (j')	1	apparaitre	2	baseball	4	brise-lame, s	5
absout, absoute	9	appâts	9	basfond, s	4	brise-mariage, s	5
accèderai (j')	1	appuie-livre, s	5	basketball	4	brise-menotte, s	5
accélérando, s	6	appuie-main, s	5	bassecour, s	4	brise-motte, s	5
accélèrerai (j')	1	appuie-nuque, s	5	bat-flanc, s	5	brisetout, s	4
accroche-cœur, s	5	appuie-tête, s	5	belcanto, s	6	brise-vent, s	5
accroche-plat, s	5	après-diner, s	5	bélitre, s	2	brule-bout, s	5
accroitre	2	après-midi, s	5	béluga, s	6	brule-gueule, s	5
adagio, s	6	après-rasage, s	5	benoit + dér.	2	brule-parfum, s	5
adhèrerai (j')	1	après-ski, s	5	bésicles	9	brule-pourpoint (à)	2
aèrerai (j')	1	après-vente, s	5	bestseller, s	4	bruler + dér.	2
affèterie, s	1	arcbouter + dér.	4	bienaimé, s	4	buche + dér.	2
affrèterai (j')	1	argüer	3	bienaimée, s	4	cachecache	4
affut + dér.	2	arioso, s	6	bienêtre	4	cache-cœur, s	5
agglomèrerai (j')	1	arrachepied (d')	4	bienfondé, s	4	cache-col, s	5
agrègerai (j')	1	arrière-gout, s	2	bigbang, s	4	cache-corset, s	5
aide-mémoire, s	5	artéfact, s	6	bizut, s	9	cache-entrée, s	5
aigu, aigüe	3	assècherai (j')	1	blasphèmerai (je)	1	cache-flamme, s	5
aiguiller, s	9	assènerai (j')	1	bluejean, s	4	cache-misère, s	5
aimè-je	1	assidument	2	body, s	6	cache-museau, x	5
ainé, ainée	2	assiègerai (j')	1	boite + dér.	2	cache-pot, s	5
ainesse	2	assoir	9	bolchéviste + dér.	6	cache-prise, s	5
alèserai (j')	1	asti, s	6	bonhommie	9	cache-sexe, s	5
aliènerai (j')	1	attèle (j')	7	bonnèterie, s	9	cache-tampon, s	5
allècherai (j')	1	attrape-mouche, s	5	boss, des boss	6	cachète (je)	7
allègement, s	1	attrape-nigaud, s	5	bossanova, s	6	cachoterie + dér.	8
allègerai (j')	1	audiovisuel	4	bossèle (je)	7	cafétéria, s	6
allègrement	1	autoécole, s	4	bossèlement, s	7	cahincaha	4
allégretto, s	6	autoérotique	4	bottèle (je)	7	cahutte, s	9
allégro, s	6	autoévaluation, s	4	bouche-pore, s	5	cale-pied, s	5
allèguerai (j')	1	autostop, s	4	bouiboui, s	4	callgirl, s	4
allume-feu, x	5	avant-gout, s	5	boursouffler + dér.	9	caméraman, s	6
altèrerai (j')	1	avant-midi, s	5	boutentrain, s	4	cannelloni, s	6
ambigu, ambigüe	3	avèrera (il s')	1	boyscout, s	4	capte-suie, s	5
ambigüité, s	3	baby, s	6	braintrust, s	4	caquète (je)	7
amoncèle (j')	7	babyboum, s	4	branlebas	4	carènerai (je)	1

La différence entre un amant et un mari, c'est le jour et la nuit.

carrèle (je)	7	commèrerai (je)	1	covergirl, s	4	diésel, s	6
casse-cou, s	5	comparaitre	2	cowboy, s	4	diffèrerai (je)	1
casse-croute, s	5	complait (il/elle)	2	craquèle (je)	7	digèrerai (je)	1
casse-cul, s	5	complèterai (je)	1	craquèlement, s	7	dime, s	2
casse-graine, s	5	compte-fil, s	5	craquète (je)	7	diminuendo, s	6
casse-gueule, s	5	compte-goutte, s	5	craquètement, s	7	diner + dér.	2
casse-noisette, s	5	compte-tour, s	5	crècerelle	1	disparaitre	2
casse-patte, s	5	concèderai (je)	1	crècherai (je)	1	dissèquerai (je)	1
casse-pied, s	5	condottière, s	6	crèmerie, s	1	dissout, dissoute	9
casse-pierre, s	5	confèrerai (je)	1	crescendo, s	6	djébel, s	6
casse-pipe, s	5	conglomèrerai (je)	1	crève-cœur, s	5	donjuan, s	4
casse-tête, s	5	congrument	2	croitre, il croitra	2	donquichotte, s	4
cèderai (je)	1	connaitre	2	croquemadame, s	4	douçâtre	9
célèbrerai (je)	1	considèrerai (je)	1	croquemonsieur, s	4	duetto, s	6
cèleri, s	1	contigu, contigüe	3	croquemort, s	4	dument	2
chachacha, s	4	contigüité, s	3	crosscountry, s	4	ébrècherai (j')	1
chaine + dér.	2	continument	2	croute + dér.	2	échevèle (j')	7
chancèle (je)	7	contrallée, s	4	crument	2	écrèmerai (j')	1
charriot + dér.	9	contrappel, s	4	cuisseau, x	9	édelweiss	6
chasse-clou, s	5	contrattaque, s	4	cure-dent, s	5	égo, s	6
chasse-marée, s	5	contrattaquer	4	cure-ongle, s	5	emboiter + dér.	2
chasse-neige, s	5	contrecourant, s	4	cure-oreille, s	5	embottèle (j')	7
chasse-roue, s	5	contrefeu, x	4	cyclocross	4	embuche, s	2
chauffe-bain, s	5	contrefilet, s	4	daredare	4	empaquète (j')	7
chauffe-eau, x	5	contrejour, s	4	déblatèrerai (je)	1	empiètement, s	1
chauffe-pied, s	5	contremaitre, s	2	déboiter + dér.	2	empièterai (j')	1
chauffe-plat, s	5	contremaitresse, s	2	débossèle (je)	7	encas	4
chaussepied, s	4	contremesure, s	4	décachète (je)	7	enchainer + dér.	2
chaussetrappe, s	9	contrenquête, s	4	décèderai (je)	1	encours	4
chauvesouris	4	contrepied, s	4	déchainer + dér.	2	encrouter + dér.	2
chéchia, s	6	contrépreuve, s	4	déchèterie, s	1	ensorcèle (j')	7
checkup, s	4	contreproposition	4	déchiquète (je)	7	ensorcèlement, s	7
cherry, s	6	contrerévolution	4	déciller	9	entête, s	4
chichekébab, s	4	contrespionnage	4	décolèrerai (je)	1	entraimer (s')	4
chistéra, s	6	contrevérité, s	4	décollète (je)	7	entrainer + dér.	2
chlamydia, s	6	contrevoie (à)	4	décrescendo, s	6	entrapercevoir	4
chowchow, s	4	contrevoie, s	4	décrèterai (je)	1	entredéchirer (s')	4
cicérone, s	6	contrexpertise, s	4	décroitre + dér.	2	entredeux	4
ci-git	2	contrindiquer	4	défèrerai (je)	1	entredévorer (s')	4
cigüe, s	3	controffensive, s	4	dégénèrerai (je)	1	entrégorger (s')	4
cinéclub, s	4	coopèrerai (je)	1	dégout + dér.	2	entrejambe, s	4
cinéparc, s	4	corolaire, s	8	délèguerai (je)	1	entretemps	4
cinéroman, s	4	corole, s	8	délibèrerai (je)	1	entretuer (s')	4
cisèle (je)	7	corrèlerai (je)	1	dénivèle (je)	7	énumèrerai (j')	1
clairevoie, s	4	coucicouça	4	dénivèlement, s	7	envouter + dér.	2
clergyman, s	6	coupe-circuit, s	5	dentelier, s	7	épèle (j')	7
cliquète (je)	7	coupe-faim, s	5	dentelière, s	7	épitre, s	2
cliquètement, s	7	coupe-feu, x	5	déplait (il/elle)	2	époussète (j')	7
clochepied (à)	4	coupe-file, s	5	dérèglementation	1	espèrerai (j')	1
cloitre + dér.	2	coupe-gorge, s	5	dérèglerai (je)	1	essuie-glace, s	5
clopinclopant	4	coupe-papier, s	5	désagrègerai (je)	1	essuie-main, s	5
coincoin, s	4	coupe-vent, s	5	désaltèrerai (je)	1	étincèle (j')	7
collète (je me)	7	cout + dér.	2	despérado, s	6	étincèlement, s	7
combattivité + dér.	9	couvrepied, s	4	dessècherai (je)	1	étiquète (j')	7

Je me suis fait mal en tombant. Le médecin m'a fait des points de futur.

eussè-je	1	galèrerai (je)	1	hautparleur, s	4	jeuneur, jeuneuse	2
évènement + dér.	1	ganadéria, s	6	hébètement, s	1	jiujitsu	4
éviscèrerai (j')	1	gangrènerai (je)	1	hébèterai (j')	1	joailler, joaillère	9
exagèrerai (j')	1	garde-barrière, s	5	hèlerai (je)	1	jukebox	4
exaspèrerai (j)	1	garde-boue, s	5	héroïcomique	4	jumèle (je)	7
excèderai (j')	1	garde-chasse, s	5	hifi, s	4	kakémono, s	6
exècrerai (j')	1	garde-chiourme, s	5	hihan, s	4	kana, s	6
exéma + der.	9	garde-côte, s	5	hippie, s	6	kayak, s	6
exigu, exigüe	3	garde-feu, x	5	hippy, s	6	kibboutz	6
exigüité	3	garde-fou, s	5	hobby, s	6	kifkif	4
exonèrerai (j')	1	garde-frein, s	5	holdup, s	4	kilomètrerai (je)	1
extra, s	6	garde-magasin, s	5	hoquète (je)	7	knockout, s	4
extradry, s	4	garde-malade, s	5	hors-bilan, s (n.)	5	kolkhoze, s	6
extrafin	4	garde-manger, s	5	hors-bord, s (n.)	5	ksar, s	6
extralarge	4	garde-meuble, s	5	hors-champ, s (n.)	5	lacèrerai (je)	1
fairepart, s	4	garde-pêche, s	5	hors-cote, s (n.)	5	lady, s	6
fairplay, s	4	garrotage, s	8	hors-jeu, x (n.)	5	laiche, s	2
faite (n.) + dér.	2	garroter	8	hors-média, s (n.)	5	lance-flamme, s	5
faitout, s	4	gastroentérite, s	4	hors-piste, s (n.)	5	lance-grenade, s	5
fastfood, s	4	gay, s	6	hors-série, s (n.)	5	lance-missile, s	5
fatma, s	6	gélinotte, s	9	hors-sol, s (n.)	5	lance-pierre, s	5
favéla, s	6	gentleman, s	6	hors-statut, s (n.)	5	lance-roquette, s	5
fédayin, s	6	gèrerai (je)	1	hors-texte, s (n.)	5	lance-torpille, s	5
fédèrerai (je)	1	girole, s	8	hotdog, s	6	lapilli, s	6
féérie + dér.	9	git (il), ci-git	2	huitre + dér.	2	largo, s	6
fellaga, s	6	gite + dér.	2	hypothèquerai (j')	1	lasagne, s	6
ferry, s	6	globetrotter, s	4	ile + dér.	2	lave-linge, s	5
ferryboat, s	4	gobe-mouche, s	5	imbécilité, s	9	lave-vaisselle, s	5
feuillète (je)	7	gobète (je)	7	impètrerai (j')	1	lazzarone, s	6
ficèle (je)	7	golden, s	6	imprègnerai (j')	1	lazzi, s	6
fiftyfifty	4	goulument	2	imprésario, s	6	lèche-botte, s	5
finish, s	6	gout + dér.	2	incarcèrerai (j')	1	lèche-cul, s	5
flash, s	6	graffiti, s	6	incinèrerai (j')	1	lècherai (je)	1
flashback, s	6	grainèterie, s	9	incongrument	2	lèche-vitrine, s	5
flècherai (je)	1	gratte-ciel, s	5	indiffèrerai (j')	1	légato, s	6
fleurète (je)	7	gratte-papier, s	5	indument	2	légifèrerai (je)	1
flute + dér.	2	greloter + dér.	8	infrason + dér.	4	lèguerai (je)	1
fortissimo, s	6	grille-pain, s	5	ingèrerai (j')	1	leitmotiv, s	6
fourmilion, s	4	grole, s	8	innommé, s	9	lento, s	6
foxtrot, s	4	grommèle (je)	7	innommée, s	9	lèse-majesté, s	5
fraiche + dér.	2	grommèlement, s	7	inquièterai (j')	1	lèserai (je)	1
frèterai (je)	1	gruppetto, s	6	insèrerai (j')	1	lève-glace, s	5
fricfrac, s	4	guérilléro, s	6	intègrerai (j')	1	levreau, x	9
frisoter + dér.	8	guibole, s	8	intercèderai (j')	1	libèrerai (je)	1
froufrou, s	4	guiliguili, s	4	interfèrerai (j')	1	libretto, s	6
fumerole, s	8	guillemèterai (je)	1	interpeler	9	lied, s	6
furète (je)	7	hache-légume, s	5	interpelons (nous)	9	lieudit, s	4
fussè-je	1	hache-viande, s	5	interprèterai (j')	1	linga, s	6
fut (tonneau)	2	halète (je)	7	jamborée, s	6	lobby, s	6
gageüre	3	handball	4	jazzman, s	6	lockout, s	4
gagne-pain, s	5	harakiri, s	4	jean, s	6	lombosciatique, s	4
gagnepetit, s	4	harcèle (je)	7	jeanfoutre, s	4	louvète (je)	7
gaité + dér.	2	hautecontre, s	4	jeûne, s (diète)	2	lunch, s	6
galègerai (je)	1	hautefidélité, s	4	jeuner	2	lunetier, s	9

Lame de rasoir cherche lame sœur.

Mot		Mot		Mot		Mot	
lunetière, s	9	morcèlement, s	7	pédigrée, s	6	porteclé, s	4
macèrerai (je)	1	morigènerai (je)	1	pêlemêle, s (n.)	4	porte-drapeau, x	5
macroéconomie	4	motocross	4	pellèterai (je)	1	porte-malheur, s	5
maharadja, s	6	mouchète (je)	7	pénalty, s	6	portemanteau, x	4
mainforte, inv.	4	moudjahidine, s	6	pénètrerai (je)	1	portemonnaie, s	4
maitre + dér.	2	mout, s	2	pèquenaud, s	1	porte-parole, s	5
maitresse, s	2	mu (mouvoir)	2	perce-neige, s	5	porte-serviette, s	5
maitrise + dér.	2	muléta, s	6	perce-oreille, s	5	portevoix	4
malaimé, s	4	mûr, mure, murs	2	pérestroïka, s	6	possèderai (je)	1
malaimée, s	4	mure, s (fruit)	2	perpètrerai (je)	1	postindustriel	4
mangeoter	8	murir + dér.	2	persévèrerai (je)	1	postmoderne	4
mangetout, s	4	musèle (je)	7	persiffler + dér.	9	postnatal	4
maniacodépressif	4	musèlement, s	7	pèse-alcool, s	5	potpourri, s	4
maraicher, s	2	muserole, s	8	pèse-bébé, s	5	pourlècherai (je)	1
maraichère, s	2	naitre + dér.	2	pèse-lettre, s	5	pousse-café, s	5
marengo, s	6	négrospiritual, s	4	pèse-personne, s	5	poussepousse, s	4
marguiller, s	9	nénufar, s	9	péséta, s	6	précèderai (je)	1
marguillère, s	9	néoclassicisme	4	pèse-vin, s	5	prêchiprêcha, s	4
mariole, s	8	newlook, s	4	péso, s	6	préemballé, s	4
markéting, s	6	nivèle (je)	7	pèterai (je)	1	préemballée, s	4
marquète (je)	7	nivèlement, s	7	pickup, s	4	préfèrerai (je)	1
marquèterie, s	6	noroit, s	2	picolo, s	6	presqu'île, s	2
match, s	6	nument	2	piègerai (je)	1	presse-citron, s	5
méconnaitre	2	nurserie, s	6	piéta, s	6	presse-papier, s	5
médailler, s (n.)	9	oblitèrerai (j')	1	pince-fesse, s	5	presse-purée, s	5
média, s	6	obsèderai (j')	1	pingpong	4	prestissimo, s	6
médicolégal	4	obtempèrerai (j')	1	pinup, s	4	primadonna, s	4
méhari, s	6	offshore, s	4	pipeline, s	4	procèderai (je)	1
melba, s	6	ognon + dér.	9	pique-assiette, s	5	profèrerai (je)	1
mêletout, s	4	oligoélément, s	4	pique-feu, x	5	prolifèrerai (je)	1
mélimélo, s	4	open, s (adj.)	6	piquenique + dér.	4	prospèrerai (je)	1
ménin, ménine	6	opèrerai (j')	1	pique-note, s	5	protègerai (je)	1
mésa, s	6	ossobuco, s	4	piquète (je)	7	prudhommal	9
mètrerai (je)	1	otorhino, s	4	piqure, s	2	prudhomme	9
microampère, s	4	ouvre-boite, s	5	pissefroid, s	4	prudhommie	9
microanalyse, s	4	ouvre-huitre, s	5	pisse-vinaigre, s	5	prunelier, s	9
microéconomie, s	4	paitre + dér.	2	pizzicato, s	6	pseudobulbaire	4
microonde, s	4	panèterie, s	9	placébo, s	6	puiné, puinée	2
microondes (four)	4	papèterie, s	9	plait (il/elle/on)	2	puisse-je, pussè-je	6
microordinateur, s	4	paraitre	2	platebande, s	4	pullover, s	4
microorganisme, s	4	pare-balle, s	5	plateforme, s	4	putsch, s	6
milkshake, s	4	pare-brise, s	5	playback, s	4	quantum, s	6
millefeuille, s	4	pare-choc, s	5	playboy, s	4	québracho, s	6
millepatte, s	4	pare-étincelle, s	5	pleure-misère, s	5	quincailler, s	9
millepertuis	4	pare-feu, x	5	plumpouding, s	4	quincaillère, s	9
minicassette, s	4	parquèterie, s	9	pochète (je)	7	quotepart, s	4
minichaine, s	4	pasodoble, s	4	policeman, s	6	rabat-joie, s	5
minijupe, s	4	passe-droit, s	5	ponch, s	9	radiotaxi, s	4
miss, des miss	6	passe-lacet, s	5	pondèrerai (je)	1	rafraichir + dér.	2
modérato, s	6	passepartout, s	4	popcorn, s	6	ragout + dér.	2
modèrerai (je)	1	passepasse, s	4	porte-avion, s	5	ramasse-miette, s	5
monte-charge, s	5	passetemps	4	porte-bagage, s	5	ramasse-pâte, s	5
monte-pente, s	5	pècherai (fauter)	1	porte-bonheur, s	5	ranch, s	6
morcèle (je)	7	pècheresse	1	porte-carte, s	5	rapiècerai (je)	1

L'ovale est un cercle presque rond, mais quand même pas trop.

rase-motte, s	5	rivète (je)	7	sottie, s	9	toccata, s	6
rassérènerai (je)	1	robinétier, s	9	soufflète (je)	7	tohubohu, s	4
rassoir	9	romancéro, s	6	souffre-douleur, s	5	tolèrerai (je)	1
râtèle (je)	7	rondpoint, s	4	soul + dér.	2	tord-boyau, x	5
réaffuter, raffuter	2	ronéo, s	6	sous-main, s	5	toréro, s	6
réapparaitre	2	rouspèterai (je)	1	sous-seing, s	6	tory, s	6
recèlerai (je)	1	royaltie, s	6	sous-verre, s	5	tragicomédie, s	4
recéleur, s	9	rugbyman, s	6	soutasse, s	4	tragicomique	4
recéleuse, s	9	ruissèle (je)	7	speech, s	6	trainer + dér.	2
reconnaitre	2	ruissèlement, s	7	spermaceti, s	6	traitre + dér.	2
reconsidèrerai (je)	1	rush, s	6	staccato, s	6	transfèrerai (je)	1
recordman, s	6	saccarifier + dér.	9	standard, s	6	trémolo, s	6
recordwoman, s	6	sacrosaint, s	4	stratocumulus	4	trole, s	8
recru (recroitre)	2	sagefemme, s	4	striptease + dér.	4	trouble-fête, s	5
récupèrerai (je)	1	sandwich, s	6	subaigu, subaigüe	3	tsétsé, s	4
réfèrerai (je)	1	sans-abri, s	5	succèderai (je)	1	tsointsoin, s	4
reflèterai (je)	1	sans-cœur, s	5	suggèrerai (je)	1	tue-mouche, s	5
réflex (en photo)	6	sans-culotte, s	5	sulky, s	6	turbo, s	6
réfrènement, s	1	sans-emploi, s	5	superman, s	6	tutti frutti	6
réfrènerai (je)	1	sans-façon, s	5	sûr, sure, surs	2	tuttis fruttis (des)	6
régénèrerai	1	sans-faute, s	5	suraigu, suraigüe	3	ulcèrerai (j')	1
règlement + dér.	1	sans-gène, s	5	surcroit, s	2	ultrachic, s	4
règlerai (je)	1	sans-papier, s	5	surement	2	ultracourt, s	4
règnerai (je)	1	sans-patrie, s	5	surentrainement, s	2	ultracourte, s	4
réinsèrerai (je)	1	sans-souci, s	5	surentrainer	2	ultrasensible, s	4
réintègrerai (je)	1	sati, s	6	sureté, s	2	ultraviolet, s	4
réitèrerai (je)	1	saufconduit, s	4	sursoir	9	vanupied, s	4
reitre, s	2	saute-mouton, s	5	tachète (je)	7	varia, s	6
relai, s	9	scampi, s	6	taille-crayon, s	5	vatout, s	4
relèguerai (je)	1	scénario, s	6	taliatelle, s	6	végèterai (je)	1
remboiter + dér.	2	scotch, s	6	tamtam, s	4	vélotaxi, s	4
remue-ménage, s	5	sèche-cheveu, x	5	tapecul, s	4	vénèrerai (je)	1
remue-méninge, s	5	sèche-linge, s	5	tâte-vin, s	5	vènerie, s	1
rémunèrerai (je)	1	sècherai (je)	1	teeshirt, s	4	ventail, s	9
renaitre + dér.	2	sècheresse, s	1	téléfilm, s	4	vergeüre, s	3
renouvèle (je)	7	sècherie, s	1	tempèrerai (je)	1	vide-ordure, s	5
renouvèlement, s	7	sécrèterai (je)	1	tempo, s	6	vide-poche, s	5
répartie, s	9	séniorita, s	6	tennisman, s	6	vide-pomme, s	5
repèrerai (je)	1	serpillère, s	9	ténuto	6	vilénie, s	9
répèterai (je)	1	serre-frein, s	5	téquila, s	6	vitupèrerai (je)	1
repose-tête, s	5	serre-joint, s	5	terreplein, s	4	vocéro, s	6
résout, résoute	9	serre-livre, s	5	têtebêche	4	vocifèrerai (je)	1
ressemèle (je)	7	serre-tête, s	5	tèterai (je)	1	volète (je)	7
rétrocèderai (je)	1	sexy, s	6	teufteuf, s	4	volètement, s	7
réveille-matin, s	5	sidèrerai (je)	1	tictac, s	4	volleyball	4
révèlerai (je)	1	siègerai (je)	1	tifosi, s	6	volteface, s	4
révèrerai (je)	1	sketch, s	6	tirebouchon, s	4	voute + dér.	2
révolver, s	6	snackbar, s	4	tirebouchonner	4	water, s	6
ricrac	4	socioculturel	4	tire-fesse, s	5	waterpolo	4
riesling, s	6	socioéducatif	4	tirefond, s	4	weekend, s	4
rince-bouche, s	5	socioprofessionnel	4	tire-lait, s	5	whisky, s	6
rince-doigt, s	5	sombréro, s	6	tirelarigot (à)	4	yéyé, s	4
ripiéno, s	6	soprano, s	6	tire-ligne, s	5	yoyo, s	4
risquetout, s	4	sosténuto	6	tocade, s	9	zèbrerai (je)	1

Le blessé a été ramoné à son domicile.

Ponctuation

Faces de la ponctuation

Ponctuation basse   . , ...

Le point, la virgule et les points de suspension reposent tout seuls sur la ligne de base. La ponctuation basse reste toujours dans la même face que le mot qui la précède, qu'elle appartienne au mot ou au reste de la phrase.

Dans ces exemples, les virgules appartiennent à la phrase et devraient être composées en romain, mais elles restent toujours dans la face du mot ou du signe qui les précède. La même règle s'applique pour le point et les points de suspension. Le point abréviatif se confond avec les points de suspension (il n'y a donc jamais quatre points de suite).

> En typographie, on utilise *l'italique,* **le gras,** le romain, ***le gras italique,*** etc.
> Il faut un point abréviatif au mot latin *ibid...*

Ponctuation haute   : ; ? !

On appelle ainsi les quatre signes de ponctuation qui ne reposent pas seuls sur la ligne de base : le deux-points, le point-virgule, le point d'interrogation et le point d'exclamation. La ponctuation haute appartient soit au mot qui la précède, soit au reste de la phrase. On la met donc dans la face de l'un ou de l'autre.

Dans le premier exemple, le point-virgule appartient au reste de la phrase et non pas au mot *cent*. Il reste donc en romain. Dans le second exemple, il appartient au titre du livre, qui doit se mettre en italique. Le point-virgule est donc lui aussi en italique.

> La centième partie du dollar est le *cent* ; celle de l'euro est le *centime.*
> Le titre du livre est le suivant : *Le théâtre aujourd'hui ; son rôle dans la société.*

Ponctuation double   ( ) [ ] { } « » " " " " < > — — - -

Soit les parenthèses, les crochets, les accolades, les guillemets (chevrons), les guillemets anglais, les guillemets droits, les chevrons simples, les tirets longs et les tirets courts. Ces signes s'utilisent par paires, qui doivent rester généralement en romain.

> Gabrielle Roy (avec son roman *Bonheur d'occasion*) a gagné le prix Femina.
> On écrit en italique le mot *idem* (*ibidem* également).

Les parenthèses restent en italique seulement quand tout le texte est en italique.

> *Les alouettes font leur nid (très souvent) dans les blés quand ils sont en herbe.*

Si la partie entre parenthèses est en gras ou en gras italique, les parenthèses sont en romain gras.

> Je marche **(très important)** le matin.   Je marche **(*très important*)** le matin.

Signes divers   ' @ / - * &

Soit l'apostrophe, l'arobas, la barre oblique, le trait d'union, l'astérisque et la perluète. Les 22 signes de cette page sont traités en ordre alphabétique à partir de la page 170.

Casse après la ponctuation

après le point final, on met	*une capitale*
après la virgule, on met	*un bas-de-casse*
après le point-virgule, on met	*un bas-de-casse*
après les deux-points, on met	*un bas-de-casse dans une énumération avec un collectif, une capitale si c'est une citation, un titre d'œuvre ou une phrase complète* (voir page 172).
après le point d'interrogation, le point d'exclamation, les points de suspension, on met :	
	une capitale si la phrase est finie,
	un bas-de-casse si la phrase n'est pas finie

Dans cette statue, on ne sentait pas de vie. On aurait dit qu'elle était morte.

Espacements de la ponctuation

En typographie de qualité, on utilise l'espace fine. Mais certains logiciels de traitement de texte ne la possèdent pas. C'est la raison pour laquelle le tableau ci-après offre des choix distingués par *ou,* selon que l'on dispose ou non de l'espace fine.

	Espace avant	Espace après
Apostrophe	rien	rien
Appels de note et astérisque	fine *ou* rien	sécable
Arithmétique + - × ÷ : / = ± ≠	insécable	insécable
Barre oblique /	rien	rien
Chevron simple fermant >	rien	sécable
Chevron simple ouvrant <	sécable	rien
Crochet fermant]	rien	sécable
Crochet ouvrant [	sécable	rien
Deux-points	insécable	sécable
Deux-points dans les heures numériques	rien	rien
Guillemet anglais fermant "	rien	sécable
Guillemet anglais ouvrant "	sécable	rien
Guillemet droit fermant "	rien	sécable
Guillemet droit ouvrant "	sécable	rien
Guillemet fermant »	fine *ou* inséc.	sécable
Guillemet ouvrant «	sécable	fine *ou* inséc.
Parenthèse fermante)	rien	sécable
Parenthèse ouvrante (	sécable	rien
Point d'exclamation et point d'interrogation	fine *ou* rien	sécable
Point final d'une phrase et point abréviatif	rien	sécable
Points de suspension après le mot	rien	sécable
Points de suspension en début de paragraphe	rien	fine *ou* inséc.
Points elliptiques quand ils sont entre crochets [...]	rien	rien
Point-virgule	fine *ou* rien	sécable
Pourcentage %	insécable	sécable
Préfixes d'unités k, M, G : 12 ko, 2 M$, 8 Go, etc.	insécable	rien
Symbole h dans une heure complexe : 16 h 15	insécable	insécable
Symboles d'unités : cl, m, cm, km, kg, ko, Mo	insécable	sécable
Symboles monétaires $, €, £, ¥	insécable	sécable
Tiret court dans un toponyme surcomposé (–)	rien	rien
Tiret long à l'intérieur d'un texte (—)	sécable	sécable
Trait d'union (-)	rien	rien
Tranches de trois chiffres dans une quantité	fine *ou* inséc.	fine *ou* inséc.
Virgule	rien	sécable
Virgule décimale	rien	rien

Le médecin a dit à mon mari qu'il avait trop duré.

Cas particuliers de la ponctuation

Toutes ces entrées sont par ordre alphabétique.

Accolades { }

L'accolade sert à réunir des lignes. On l'utilise surtout dans des logiciels d'éditique. Dans un traitement de texte, on peut l'utiliser dans les subdivisions, ex. ([{   }]), mais cela est rare. Dans ce livre, elles entourent des commandes, ex. {Format, Police}.

Apostrophe (')

Espacement de l'apostrophe

L'apostrophe ne prend pas d'espace avant ni après, même devant un chevron ouvrant.

    c'est   l'aube   d'une   l'« élément »

L'apostrophe ne fait pas partie du mot à mettre en évidence.

Cette rencontre ne se tiendra qu'à partir du mois d'**octobre** prochain.

En langage familier, l'apostrophe ne supprime pas les espaces entre les mots.

L'Opéra de quat' sous (cette règle n'est pas toujours suivie).

Voici les règles d'élision avec les mots suivants :

jusque	élision toujours devant une voyelle	jusqu'à, jusqu'ici, jusqu'alors
quelque	élision seulement dans	quelqu'un, quelqu'une
presque	élision seulement dans	presqu'ile [presqu'île]
lorsque	élision obligatoire devant	il, ils, elle, elles, on, un, une, en
puisque	élision obligatoire devant	il, ils, elle, elles, on, un, une, en
quoique	élision obligatoire devant	il, ils, elle, elles, on, un, une, en

Pour les trois dernières, certains grammairiens acceptent l'élision devant toute voyelle.

Apostrophe devant un nom propre

Il faut faire l'élision devant un nom propre. Quand le nom propre débute par un **H,** il faut consulter le dictionnaire pour voir si le **H** est aspiré. (Chercher par exemple *hongrois* pour *Hongrie*.) L'apostrophe ne peut jamais se trouver en fin de ligne (à droite).

Racine est l'auteur d'*Athalie.*   L'orchestre sera sous la direction de
le ciel d'Haïti, le ciel de Hongrie   ARTHUR BAGUETTE

Apostrophe inutile

L'apostrophe remplace souvent une ou plusieurs lettres manquantes. Il ne faut donc pas l'utiliser là où il ne manque pas de lettre, en langage familier.

Y a beaucoup de monde.   *et non pas :* Y'a beaucoup de monde.

On ne doit jamais utiliser l'apostrophe devant un nombre écrit en **chiffres.**

un bouillon d'onze heures   *et non pas :* un bouillon d'11 heures

• Pour changer l'apostrophe dactylographique par l'apostrophe typographique, on remplace Ansi Alt 039 par Ansi Alt 0146 dans {Outils, Correction automatique}.

Arobas et *a* commercial (@)

L'arobas et le *a* commercial sont représentés par le même signe : @. L'arobas est utilisé dans les adresses de courriels. Il ne prend pas d'espace avant ni après.

aurel.ramat@videotron.ca

Le *a* commercial signifie le prix unitaire d'un article. Il est précédé et suivi d'une espace sécable. Ces deux exemples ont la même signification.

deux chemises @ 30 $ deux chemises à 30 $ chacune

Ayant eu des hauts et des bas, je cherche une place comme garçon d'ascenseur.

Astérisque (*)

- L'astérisque placé après un mot signifie souvent *voir ce mot* dans le lexique.
- Il peut servir d'appel de note dans les travaux scientifiques.
- Il est un signe de multiplication dans certains logiciels.
- Dans les dictionnaires Larousse, placé avant, il indique un **h** aspiré : **haïr.
- Dans le *Multidictionnaire,* il indique une impropriété : *haricot vert* (non **petite fève*).
- En linguistique, il signifie *agrammatical* (incorrect) : **Va-t-en. *aréoport.
- L'astérisque peut aussi avoir d'autres significations spéciales. Dans ces cas, on doit mentionner en bonne place, au début de l'imprimé, ce qu'il signifie.

Barre oblique (/)

Barre oblique dans les fractions

La barre oblique (/), sans espace avant ni après, est le symbole de la division dans les fractions. Elle signifie *divisé par* ou simplement *par.*

60 km/h	soixante kilomètres par heure	*ou*	soixante kilomètres à l'heure
15 $/kg	quinze dollars par kilogramme	*ou*	quinze dollars le kilogramme

Barre oblique dans les fractions de temps décimal

Après les secondes, on utilise les dixièmes ou les centièmes de seconde. On ne met pas de lettres supérieures (^{e}, ^{es}), bien qu'on prononce les *ièmes.*

    Elle a terminé à 12/100 de seconde de la gagnante.
    On prononce : Elle a terminé à douze centièmes de seconde de la gagnante.

Les fractions s'écrivent en toutes lettres quand elles ne sont pas précises.

    La distance est d'environ trois quarts de kilomètre.

Barre oblique pour opposition et traduction

Avec espace autour d'elle si le texte de chaque côté de la barre oblique est long. Pas d'espace si le texte est court. L'oblique *inversée* est utilisée en informatique.

    Proofreading / Correction d'épreuves   Marche/Arrêt   c:\winword\typo

Barre oblique signifiant *sur*

La barre oblique sert à indiquer la partie sur le nombre total d'une émission, la taille sur l'interligne, ou les deux chiffres de la pression artérielle.

    Thalassa (1/2)   ce texte est en 7/9,6   une pression artérielle de 140/90

Barre oblique pour les tests et les pages

Pour indiquer la note d'un test, ou le numéro de la page sur le nombre de pages total.

    À son examen, il a obtenu 17/20.   Cette page est marquée 171/224.

Barre oblique dans les échelles de cartes

Ne pas mettre d'espace dans les nombres de quatre chiffres (à gauche), Mais mettre une espace insécable dans les nombres de cinq chiffres et plus (à droite).

    une carte au 1/5000   une carte au 1/25 000

Chevrons simples (< >)

On peut utiliser les chevrons simples (sans espace) pour entourer une adresse de site ou de courriel. Si l'adresse termine la phrase, on met un point final après le chevron simple fermant. On peut aussi écrire ces adresses sans chevrons simples.

    Mon courriel est le suivant : <aurel.ramat@videotron.ca>.

Les chevrons simples signifient aussi *plus petit que* et *plus grand que.*

    6 < 9   10 > 4

L'obésité est un problème de taille en Amérique.

Crochets [ ]

À l'intérieur de parenthèses

Les crochets servent à isoler une partie qui se trouve à l'intérieur de parenthèses.

> L'auteur étudié (Lamartine [1790-1869]) a plu à tous.

Interruption

Les crochets marquent une interruption dans une citation. Les points sont dits *elliptique*s et le tout signifie *plus loin.* On écrit (sic) en romain et entre parenthèses.

> Un typographe a dit : « Il faut reconnaitre que l'emploi inconsidéré de la capitale compte parmi les manifestations de la grandiloquence. [...] À force de galvauder (sic) la capitale, on finit par lui enlever toute valeur grammaticale. »

Deux-points (:)

Avec une capitale

Dans les cas suivants : 1. Un exemple qui est une phrase complète ; 2. Une citation avec guillemets ; 3. Une citation sans guillemets, en italique ; 4. Un titre d'œuvre ; 5. Après les mots *Avis, Remarque, Note, Attention, Postscriptum, Objet, Pièces jointes* et *Copies conformes.*

1. Le verbe s'accorde avec son sujet : *Les feuilles tombent en automne.*
2. Elle me répondit : « Je ne comprends rien à votre discours. »
3. Voici un proverbe utile : *Qui veut voyager loin ménage sa monture.*
4. Titre du roman : *Les fous de Bassan.*
5. PS : Ne pas oublier d'éteindre l'appareil après l'usage.

Avec un bas-de-casse

Dans les autres cas, notamment : a) Une explication ; b) Quand le premier mot (*tout*) résume ce qui précède ; c) Quand le deux-points remplace *car, parce que, puisque, étant donné que* ; d) Une énumération, mais seulement quand, avant le deux-points, il y a un mot collectif (le mot *cas* dans l'exemple ci-dessous).

a) Voici ce que nous allons faire : nous allons nous réunir demain matin.
b) Il aimait Anna. Son regard, sa voix : tout en elle le fascinait.
c) Je ne sortirai pas, car il va pleuvoir. Je ne sortirai pas : il va pleuvoir.
d) Ce livre traite des cas suivants : les capitales, les coupures, etc. (*collectif*)
　　Ce livre traite des capitales, des coupures, etc. (*pas de collectif*)

➜ Il faut toujours éviter d'utiliser plusieurs fois le deux-points dans la même phrase.

Guillemets (« » " " " ")

Les guillemets français ou *chevrons* (« ») sont les plus importants. Les guillemets anglais (" ") ou les guillemets droits (" ") entourent une citation incluse dans une autre.

Guillemets pour émettre un doute

S'il y a une citation incluse, on utilise les guillemets anglais ou les guillemets droits.

> L'arbitre n'a pas cru à la « blessure » du joueur.
> L'arbitre a dit : « Je n'ai pas cru à la "blessure" du joueur. »

Guillemet fermant et ponctuation

Si la partie entre guillemets débute par un bas-de-casse (excepté les noms propres), la ponctuation finale se met *à l'extérieur.* Si elle débute par une capitale, la ponctuation finale se met *à l'intérieur.* Une capitale à l'intérieur ne change rien (3e ligne).

> Vous me dites qu'il est dommage que « les roses aient des épines ».
> Je vous réponds : « Heureusement, les épines ont des roses. »
> Je pense que « marcher fait du bien. Rire aussi ».

À vendre : portemonnaie étanche pour argent liquide.

Guillemets dans les titres de subdivision

En romain avec une capitale et entre guillemets si on cite le livre. Sinon, en italique.

La section « Mise en page » se trouve dans *Le Ramat de la typographie*.
Voir la section *Mise en page*.

Guillemets dans les citations

On met un guillemet ouvrant («) au début, puis un guillemet ouvrant à chaque alinéa jusqu'à la ponctuation finale qui est suivie d'un guillemet fermant. S'il y a une **citation incluse** (citation à l'intérieur de la citation), on utilise les guillemets anglais (" ") ou les guillemets droits (" ").

« . . . .

. . . .   « . . . .

« . . . .

. . . .   « . . . . "incluse. . . . .

. . . . fin de l'incluse".

« . . . .   « . . . . "Incluse. . . . .

. . . .

. . . . »   . . . . fin de l'incluse." »

Si l'incluse se trouve à la fin de la citation englobante, le guillemet anglais fermant subsiste ainsi que le chevron. Le point final se place avant le guillemet anglais fermant si la phrase de l'incluse est complète (débutant avec une capitale comme dans l'exemple), et à l'extérieur si la phrase n'est pas complète : "début de l'incluse... fin de l'incluse". »

Guillemets dans un dialogue

Deux méthodes : **1.** On commence le dialogue par un guillemet ouvrant. À chaque changement d'interlocuteur, on va à la ligne et on met un tiret long suivi d'une espace insécable. On termine le dialogue par un guillemet fermant **après** la ponctuation finale. **2.** On peut supprimer les guillemets et commencer par un tiret long (à droite). La méthode 1 (à gauche) est plus précise, la méthode 2 est très utilisée dans les romans.

« . . . .   — . . . .

. . . .

— . . . .   — . . . .

. . . .

. . . .

— . . . .   — . . . .

. . . . »   . . . .

Guillemets et interlocuteur

Quand le texte d'un interlocuteur comporte plusieurs paragraphes, on ne met pas de guillemet au début des paragraphes, mais on peut insérer des mots comme *ajouta-t-il* ou *poursuivit-elle,* ce qui indiquera que c'est toujours la même personne qui parle.

Guillemets et limites

Les guillemets se limitent aux mots que l'on veut faire ressortir.

On l'appelle « la terreur du village ».   On l'appelle « la terreur », dans le village.

Guillemets de répétition dans les catalogues

En Amérique du Nord, on utilise le guillemet fermant pour la répétition, et le tiret long pour la nullité, c'est-à-dire l'absence de prix dans l'exemple ci-dessous. (En France, c'est l'inverse.) Au lieu du tiret de nullité, on peut utiliser les lettres *n.d.,* qui signifient *non déterminé.*

Canne à pêche sans moulinet 25,50
»   »   avec moulinet . . . . —   ou *n.d.*

Les devoirs conjugaux sont les verbes qu'on doit conjuguer à la maison.

Choisir les guillemets ou l'italique

On utilise l'italique pour nommer un ou plusieurs mots. (Dans un courriel, on ne pourra utiliser l'italique qu'en Enrichi. En Brut, on utilisera les guillemets.)

> Les mots *million* et *milliard* sont traités dans ce livre.

On utilise les guillemets pour nuancer ou relativiser. Souvent, pour montrer qu'il s'agit de guillemets, nous faisons le geste de lever et agiter deux doigts de chaque main.

> Quand j'ai signé mon premier autographe, j'ai vu que j'étais «célèbre».

Parenthèses ( )

Parenthèses et casse

Si la phrase entre parenthèses est complète, capitale initiale et ponctuation finale à l'intérieur. Si elle n'est pas complète, bas-de-casse initial et ponctuation à l'extérieur.

> Nous avons pris le train du matin. (J'avais réservé les places.)
> Nous avons pris le train du matin (après avoir réservé les places).

Parenthèses pour indiquer les prénoms

Dans les dictionnaires Larousse, les parenthèses entourent les prénoms et le titre.

> Pompadour (Jeanne Antoinette Poisson, marquise de)

Parenthèses pour s'adresser au lecteur

L'auteur met un point d'interrogation entre parenthèses pour transmettre un doute au lecteur. Il y a une espace insécable avant la parenthèse ouvrante

> Jean Dupont a gagné cette course en 1988 (?) et il est célèbre depuis.

Les parenthèses peuvent aussi signifier que deux orthographes sont possibles.

> Les grand(s)-mères... (*la parenthèse ouvrante est collée au mot*)

Perluète (&)

La perluète (ou esperluette, ou *et* commercial) se met dans une raison sociale entre deux patronymes ainsi que devant les mots suivants et leur pluriel : *Frère, Sœur, Fils, Fille, Associé, Associée.* Même règle pour Cie. En dehors de ces cas, on doit utiliser le mot *et* (dernier exemple).

> Menuiserie Dupont & Durand inc.   Plomberie Dubois & Cie (ou Cie)
> Librairie Jean Durand & Filles ltée   Ceintures et sacs de cuir inc.

Point (.)

Point précédant les points de suite

On ne doit pas mettre de point final ni de deux-points après le mot qui précède les points de suite (parfois appelés *points de conduite*). Le point abréviatif subsiste toujours. Il est préférable de mettre une espace sécable avant les points de suite.

> Liste des employés 245

Point et tiret long

Si l'on veut utiliser un tiret long dans une énumération, on met un point après le signe.

> III. — Ponctuation   A. — Règles   4. — Principes

Point dans une légende ou à la fin des exemples

On ne met un point aux légendes et aux exemples que si la phrase est complète.

> La photo montre le château Frontenac avant les réparations.
> La place de la Concorde

L'homme marchait dans le métro, les mains derrière le dos, en lisant son journal.

Point dans un titre

On ne met pas de point final dans un titre ou un sous-titre à l'intérieur d'un journal ou d'une revue. On peut utiliser ou non les guillemets autour de la citation dans un titre.

Tout le monde doit participer à la prévention, estime le ministre	«Tout le monde doit participer à la prévention», estime le ministre

Point-virgule (;)

Point-virgule et mot suivant

On met un bas-de-casse au premier mot suivant un point-virgule.

Nous sommes partis assez tôt; le soleil brillait.

Point-virgule dans les énumérations horizontales

On met un point-virgule à la fin de chaque partie, puis un point final.

Il faudra considérer : *a*) le lieu; *b*) la date; *c*) l'heure.

Point d'exclamation (!)

Seulement si l'exclamation est directe (à gauche).

Quel beau temps!	Je m'émerveille de ce beau temps.

Point d'exclamation et interjection

Une interjection est un mot court (*Ah! Ho! Hé!*) qui exprime une émotion. Le point d'exclamation se met après l'interjection et se répète à la fin, si la partie qui suit le premier point d'exclamation est elle aussi exclamative.

Hé! Loïse!   Ah! que la vie est belle!
mais on écrira : Non! je ne répondrai pas à cette question.

Quand l'interjection est répétée, le point d'exclamation se place après la dernière et on met une virgule entre les répétitions. Après *hélas,* on peut utiliser soit un point d'exclamation sans virgule, soit une virgule si l'on veut atténuer l'exclamation.

Ah, ah! vous y êtes arrivé!   Il faudra, hélas, abandonner ce projet.

Significations des interjections

Voici, en général, ce qu'expriment certaines interjections :

Ah!	douleur	Ah! que vous me faites mal!
	joie	Ah! je suis content de vous voir!
Ha!	surprise passagère	Ha! vous voilà!
Oh!	admiration, étonnement	Oh! que la nature est belle!
Eh!	surprise	Eh! jamais je n'aurais cru ça!
Eh bien,	dans le sens de *alors*	Eh bien, qu'avez-vous à répondre?
Hé!	pour appeler	Hé! Pinard!
Ho!	pour appeler	Ho! venez ici!
Ô	interpellation	Ô rage! ô désespoir!
Hein?	interrogation	Hein? qu'as-tu dit?

Point d'interrogation (?)

Seulement si l'interrogation est directe (à gauche).

Quel temps fait-il?	Je vous demande quel temps il fait.

Points d'interrogation ou d'exclamation suivis d'une capitale

Seulement si ces points terminent la phrase (premier exemple).

Viendrez-vous au bal? Je me le demande.
Vous aviez dit : «Je viendrai!» et vous êtes venue.

L'expression «veiller au grain» veut dire «guetter son avoine».

Points de suspension (…)

Points de suspension avec la virgule

On place la virgule après les points de suspension. Le mot *fillette* est une apostrophe rhétorique, donc entre deux virgules. L'auteur veut indiquer que la pause à la seconde virgule est plus longue.

> Tu t'amusais, fillette…, tu t'amusais même beaucoup.

Points de suspension avec le point d'interrogation ou d'exclamation

En général, les points de suspension se placent après.

> Qu'est-ce que vous dites ?…   La belle affaire !…

Points de suspension pour marquer un effet

On utilise les points de suspension pour marquer une surprise, un doute ou une crainte. Dans ces cas, ils ne prennent pas de capitale après eux.

> J'ai fébrilement ouvert le paquet et j'ai trouvé… un mot.

Points de suspension pour mutisme

Dans un dialogue, les points de suspension au début d'un paragraphe indiquent que l'interlocuteur reste muet.

> — Qu'en pensez-vous ?
> — …

Points de suspension à la place de *etc.*

Ils indiquent qu'une énumération n'est pas finie ; ils ont le même sens que *etc.*

> Les récompenses comprenaient des ballons, des poupées, des jouets…

Points de suspension pour tourner la page

Quand on désire que le lecteur continue à lire sur la page suivante.

> …/…

Tiret long (—)

Il ne faut jamais appeler un trait d'union *tiret,* et inversement. Le tiret long ou tiret cadratin (—) est utilisé dans un dialogue pour les changements d'interlocuteur. Il est parfois utilisé à la place des parenthèses. Il indique aussi la nullité. Par exemple, dans une liste d'abréviations, quand un mot n'a pas d'abréviation, on met un tiret.

Ponctuation des tirets longs

Les tirets longs se ponctuent de la même façon que les parenthèses, mais le second tiret disparait s'il se trouve à la fin de la phrase.

> Si vous aimez les émotions (et qui ne les aime pas ?), allez voir la course.
> Si vous aimez les émotions — et qui ne les aime pas ? —, allez voir la course.

> Nous nous sommes levés tôt (il faisait à peine jour).
> Nous nous sommes levés tôt — il faisait à peine jour.

Inconvénients des tirets longs

Je ne conseille pas d'utiliser les tirets au lieu des parenthèses dans un texte. En effet :

a) les tirets étant précédés et suivis d'une espace sécable, le second tiret risque de se trouver au début d'une ligne ;

b) comme un tiret ouvrant a la même forme qu'un tiret fermant, on ne peut pas distinguer l'un de l'autre quand ils sont très éloignés ;

c) si l'on utilise des tirets pour noter les changements d'interlocuteur sans retour à la ligne, il sera difficile d'utiliser aussi des tirets à la place des parenthèses.

Dans ma dernière lettre, il fallait lire « participer », et non pas « partipicer ».

Tiret court (–)

Le tiret court ou tiret demi-cadratin (–) {Ctrl+- pavé num.} ou dans les Caractères spéciaux, est utilisé pour joindre deux éléments dont l'un contient déjà un trait d'union.

la partie Trois-Rivières–Montréal

On peut l'employer quand on le trouve visuellement préférable, comme dans ce livre.

dans – d'en (dans la section *Difficultés orthographiques*)

En anglais, il peut servir à joindre des patronymes d'auteurs (ici au nombre de trois).

Smith–Jones–Brown are the authors of this excellent book.

Trait d'union (-)

Espacement du trait d'union

Le trait d'union s'écrit sans espace avant ni après. Il indique :

une relation	le dialogue Canada-France (Canada *et* France)
un affrontement	la guerre Iran-Irak (Iran *contre* Irak)
une distance	le trajet Québec-Montréal (de Québec *à* Montréal)
une durée	ouverture : lundi-vendredi (de lundi *à* vendredi)

Si l'un des éléments comporte déjà un trait d'union, ou s'il s'écrit en plusieurs mots, on met un tiret court entre les éléments.

Saguenay–Lac-Saint-Jean (toponyme administratif surcomposé)
Dimanche aura lieu la partie Trois-Rivières–Le Gardeur (tiret court collé).

Trait d'union dans les horaires de programmes

Dans la méthode de gauche, il faut aligner les traits d'union (non collés), ainsi que les heures et les minutes. On n'utilise pas de 0 (zéro) devant les heures. Pour aligner, on met un demi-cadratin devant le 7 et le 9 (sur l'écran, on ne peut pas toujours voir le bon alignement, mais il est correct sur papier). Puisque c'est un tableau, on utilise les deux zéros après 9 h, pour aligner.

Dans la méthode de droite, on ne se sert pas du symbole **h,** et les heures ainsi que les minutes comportent toutes deux chiffres. Je conseille la méthode de droite, qui est plus facile à composer, plus lisible et internationale.

7 h 05 -	9 h 00	Inscription	07:05 - 09:00	Inscription
13 h 15 -	14 h 05	Conférence	13:15 - 14:05	Conférence

Trait d'union avec les fonctions ou métiers

Si les deux éléments sont d'égale valeur, donc quand l'un ne qualifie pas l'autre, on met un trait d'union et le pluriel se met aux deux éléments.

des aides-cuisinières	des horlogers-bijoutiers
des boulangers-pâtissiers	des ingénieurs-conseils
des chirurgiens-dentistes	des linguistes-informaticiennes
des expertes-comptables	des présidents-directeurs généraux

Si l'un des éléments qualifie l'autre, pas de trait d'union et pluriel aux deux éléments.

des apprenties cuisinières	des gardes forestiers
des chefs correcteurs	des maitres imprimeurs
des directrices adjointes	des médecins assistants
des élèves maitres	des présidentes fondatrices

Trait d'union et capitale

Capitale à chacun des éléments quand il s'agit d'une règle d'emploi de la capitale, par exemple un nom d'habitants. Sinon, le deuxième élément reste en bas-de-casse.

les Sud-Américains   Secrétaire-trésorière : Lise Dupont

J'ai cassé mon phare et j'ignore si je suis couvert. Pouvez-vous m'éclairer ?

Noms en apposition attachée

Avec trait d'union	Singulier	Pluriel
bénéfice	déjeuner-bénéfice	déjeuners-bénéfice
cadeau	bon-cadeau	bons-cadeaux
»	chèque-cadeau	chèques-cadeaux
»	emballage-cadeau	emballages-cadeaux
»	idée-cadeau	idées-cadeaux
»	paquet-cadeau	paquets-cadeaux
causerie	diner-causerie	diners-causeries
choc	argument-choc	arguments-chocs
débat	petit-déjeuner–débat	petits-déjeuners–débats
hésitation	valse-hésitation	valses-hésitations
orchestre	homme-orchestre	hommes-orchestres
ressource	personne-ressource	personnes-ressources
spectacle	souper-spectacle	soupers-spectacles
surprise	cadeau-surprise	cadeaux-surprises
valise	mot-valise	mots-valises
vedette	article-vedette	articles-vedettes

Sans trait d'union		
aiguille	talon aiguille	talons aiguilles
bidon	élection bidon	élections bidon
butoir	date butoir	dates butoirs
cible	auditeur cible	auditeurs cibles
clé	mot clé ou mot-clé	mots clés ou mots-clés
couleur	photo couleur	photos couleurs
couverture	page couverture	pages couverture
éclair	guerre éclair	guerres éclair
étudiant	prêt étudiant	prêts étudiants
fantaisie	lettre fantaisie	lettres fantaisie
fantôme	ville fantôme	villes fantômes
foire	prix foire	prix foire
frontière	poste frontière	postes frontière
limite	vitesse limite	vitesses limites
maison	tarte maison	tartes maison
matin	dimanche matin	dimanches matin
mère	maison mère	maisons mères
ministre	bureau ministre	bureaux ministres
minute	clé minute	clés minute
miroir	œuf miroir	œufs miroir
modèle	maison modèle	maisons modèles
mystère	mot mystère	mots mystères
nature	grandeur nature	grandeurs nature
photo	appareil photo	appareils photo
pilote	projet pilote	projets pilotes
réclame	panneau réclame	panneaux réclames
record	profit record	profits records
reine	épreuve reine	épreuves reines
sœur	âme sœur	âmes sœurs
soir	samedi soir	samedis soir
sport	veste sport	vestes sport
standard (adj.)	pièce standard	pièces standards
suicide	attentat suicide	attentats suicides
synthèse	rapport synthèse	rapports synthèses
témoin	lampe témoin	lampes témoins
type	exemple type	exemples types

L'éther est un produit très volubile.

Trait d'union dans les prénoms

On met un trait d'union s'il s'agit d'un prénom composé. S'il s'agit de deux prénoms, distincts, on ne met pas de trait d'union. Si les deux prénoms distincts sont abrégés, on met une espace insécable entre eux (à droite).

Jean-Paul Riopelle   Aurel Maximin Ramat   A. M. Ramat

Trait d'union entre le prénom et le nom dans un spécifique

On met un trait d'union entre le prénom et le nom dans les dénominations suivantes.

Bâtiments	l'aréna Maurice-Richard
Enseignement	le cégep André-Laurendeau
Menus de restaurant	le consommé Christophe-Colomb
Récompenses	le prix Émile-Nelligan
Sociétés	la galerie Michel-Duc *ou* la galerie Michel Duc
Sports	la Coupe Jules-Rimet
Textes juridiques	la loi Frédéric-Falloux
Toponymie	le boulevard René-Lévesque

Trait d'union avec les verbes à l'impératif

L'impératif est joint par un trait d'union au pronom personnel qui le suit, même si ce pronom précède un infinitif. Noter à droite l'écriture avec **en** et **y.**

Chante-moi un air.   Laissez-le partir.   Vas-y.   Parle-m'en.
Parlez-leur en français.   Laissez-vous faire.   Va-t'en.   Parles-en.

On omet le trait d'union si le pronom se rattache au deuxième verbe.

Va le chercher.   Venez le voir.   Veuillez lui dire cela.

Si deux pronoms suivent l'impératif, on met deux traits d'union.

Allez-vous-en.   Parlez-lui-en.   Donnez-nous-en deux.
Donnez-le-moi.   Faites-le-lui faire.   Mettez-vous-y.

Les mots *le, la, les* précèdent toujours les mots *moi, toi, nous, vous, lui, leur.*

Donnez-le-moi.   *et non pas :* Donnez-moi-le.

Si le second pronom se rattache à l'infinitif qui le suit, on ne met pas de trait d'union.

Regardez-la en prendre.   Laissez-moi vous dire merci.

Trait d'union avec *-né*

Trait d'union et accord, sauf avec *nouveau* (mis pour *nouvellement*).

des chanteurs-nés   une artiste-née   des nouveau-nées

Trait d'union avec un chiffre

En principe, on ne met pas de trait d'union entre un chiffre et un nom (à gauche). Mais si tous deux forment ensemble un nom, on met un trait d'union (à droite). La règle est la même si le chiffre est en lettres.

Il a couru les 100 mètres en 9,77 s.   Il a participé au 100-mètres des Jeux.
Ce journal comprend 24 pages.   Ce journal est un 24-pages.
Ce maillot de bain a deux pièces.   Ce maillot de bain est un deux-pièces.

L'écriture *le 100-m* ou *un 24-p.* n'est pas correcte.

Trait d'union pour nommer des préfixes et des suffixes

On met un trait d'union après le préfixe nommé, et un trait d'union avant le suffixe.

auto- de soi-même *autodidacte*   *-algie* douleur *névralgie*

L'enfant avait un trou à son pantalon, qui laissait entrevoir une famille pauvre.

Virgule (,)

élément explicatif ou restrictif

Un élément explicatif est entre deux virgules, il explique (1re ligne des exemples).
Un élément restrictif est sans virgules, il restreint (2e ligne des exemples).

qui
Les enfants, qui avaient faim, mangèrent (tous les enfants mangèrent).
Les enfants qui avaient faim mangèrent (seuls ceux qui avaient faim).

que
Les enfants, que je connaissais, ont obéi (tous les enfants).
Les enfants que je connaissais ont obéi (seuls ceux que je connaissais).

dont
Les enfants, dont je savais le nom, sont sortis (tous les enfants).
Les enfants dont je savais le nom sont sortis (seuls ceux dont je savais le nom).

où
Les phrases, où j'ai hésité, étaient difficiles (toutes les phrases).
Les phrases où j'ai hésité étaient difficiles (seules les phrases où j'ai hésité).

participe passé
Les enfants, épuisés, se sont assis (tous les enfants).
Les enfants épuisés se sont assis (seuls ceux épuisés).

participe présent
Les enfants, souffrant du mal de mer, sont descendus (tous les enfants).
Les enfants souffrant du mal de mer sont descendus (seuls ceux souffrant).

adjectif
Les enfants, très intelligents, ont compris (tous les enfants).
Les enfants très intelligents ont compris (seuls ceux très intelligents).

nom
Les enfants, philosophes, ont accepté (tous les enfants).
Les enfants philosophes ont accepté (seuls les enfants philosophes).

entre le sujet et le verbe

On ne met pas de virgule seule entre le sujet et le verbe. Il peut y en avoir deux.

Celui qui a les dents longues ne doit pas avoir la vue courte.
Celui qui a les dents longues, en général, ne doit pas avoir la vue courte.
Et non pas : Celui qui a les dents longues, ne doit pas avoir la vue courte.

entre le verbe et le complément d'objet direct

On ne met pas de virgule entre le verbe et son complément d'objet direct. Le mot *Marie,* dans l'exemple de gauche, est complément d'objet direct. Si l'on ajoute une virgule, il devient une apostrophe rhétorique (personne à qui l'on s'adresse).

Tu entends Marie ?   Tu entends, Marie ?

entre le nom et le prénom

Dans une bibliographie ou une liste, on met une virgule entre le nom et le prénom.

ROBERT, Guy. *Une histoire vraie...*   Tchaïkovski, Petr Ilitch

ellipse

Une ellipse est une suppression de mot qui évite une répétition (dans l'exemple qui suit, le mot *préfère*). On met une virgule à l'endroit de l'ellipse.

François préfère le football ; Georges, le rugby.

L'église dédiée à sainte Barbe a été rasée.

apostrophe rhétorique

Je la nomme ainsi pour la distinguer du mot *apostrophe* tout court, qui désigne le signe «'» servant à indiquer une élision. L'apostrophe rhétorique (l'être ou la chose personnifiée à qui l'on s'adresse) se place entre deux virgules, sauf si elle commence ou termine la phrase.

> Bonjour, Chantal, comment vas-tu?   Chantal, ouvre la fenêtre.
> Le directeur veut te voir, Chantal.

apposition détachée

Un nom (ou un adjectif) est en apposition détachée quand il est placé à côté d'un nom (propre ou commun) pour l'expliquer. L'apposition est entre deux virgules, sauf si elle termine ou commence la phrase. La virgule subsiste devant *et* (dernier exemple).

> Guy Mauve, poète, a récité des vers.
> La séance a été levée par le docteur Max Hilaire, dentiste.
> Décorateur, Alain Térieur a dessiné sa maison.
> Jean Rougy, timide, ne s'est pas prononcé.
> «Je ne fais pas de promesses», a répondu la ministre, prudente.
> Assoiffée, Daisy Dratey a bu un grand verre d'eau.
> Claire Delune, astronome, et Tony Truant, chanteur, étaient présents.

nom propre en apposition

Un nom propre est en apposition quand il peut se retrancher de la phrase et que celle-ci reste précise. Il est alors entre virgules (exemple de gauche). À gauche, nous n'avons qu'une fille. À droite, nous avons plusieurs filles et c'est Élise qui est venue.

> Notre fille, Élise, est venue.   Notre fille Élise est venue.

Voici deux exemples avec une ou deux virgules :

> Selon l'adjointe à la rectrice Ève Dubé, il faut agir.   (*Ève Dubé est la rectrice.*)
> Selon l'adjointe à la rectrice, Ève Dubé, il faut agir.   (*Ève Dubé est l'adjointe.*)

inversion du sujet

On ne met pas de virgule quand il y a inversion du sujet.

> Après l'automne, les grands froids arrivèrent.   (*sujet non inversé*)
> Après l'automne arrivèrent les grands froids.   (*sujet inversé*)

subordonnée circonstancielle

Virgule après une subordonnée circonstancielle placée avant la principale. Si la circonstancielle est très courte (*hier*), on peut supprimer la virgule (seconde ligne).

> Quand on est parti de zéro pour arriver à rien, on n'a de merci à dire à personne.
> Hier j'ai lu toute la journée.

subordonnée participiale

Virgule après une participiale (introduite par un participe présent ou passé). Le sujet de la participiale doit être le même que celui de la principale. Dans le premier exemple ci-dessous, la même personne *espère* et *adresse*. La seconde phrase est fautive, car elle laisse entendre que c'est le juge qui est coupable.

> Espérant une réponse favorable, je vous adresse une demande d'emploi.
> *Et non :* Reconnu coupable, le juge condamne l'inculpé à deux ans de prison.

redondance expressive

Ces constructions sont des redondances expressives. Bien noter la virgule.

> J'en veux, du café!   Ce gars-là, je l'ai vu au cinéma.
> J'y vais, au restaurant.   Moi, j'aime le thé.

Où est votre mari? — À l'étable, avec les cochons, c'est celui qui a une casquette.

incise – incidente

L'incise (verbe indiquant qu'on rapporte des paroles) et l'incidente (intervention personnelle) sont entre deux virgules, mais l'une des virgules disparait si elle est précédée d'un point d'interrogation ou d'exclamation (incises à gauche, incidentes à droite).

« Entrez, dit-elle, asseyez-vous. »   « Il faut, je pense, prendre cette voie. »

« Quoi ? s'étonna-t-il, vous êtes ici ? »   « J'aimais, t'en souviens-tu ? chanter... »

« Bravo ! s'écria-t-elle, je vous félicite. »

incise avec guillemets

L'incise est isolée par deux virgules. Si elle est longue, on ferme les guillemets de citation avant elle et on les rouvre après.

« Il va pleuvoir, dit l'éléphant, j'ai reçu une goutte sur le dos. »

« Il va pleuvoir », dit l'éléphant en italien et en colère parce qu'il était polyglotte et qu'il avait la peau douce, « j'ai reçu une goutte sur le dos. »

points d'interrogation et d'exclamation

En principe, on ne met pas de virgule après ces points. Mais, dans le cas suivant, on mettra une virgule pour bien distinguer les titres d'œuvres. D'autre part, le mot *etc.* comporte toujours une virgule avant lui.

Je vous conseille de lire *Aimez-vous Brahms ?, Faut le faire !,* etc.

ainsi que – avec

Avec deux virgules : verbe au singulier. Pas de virgules : verbe au pluriel.

La politesse, ainsi que la sincérité, est une grande vertu.
La politesse ainsi que la sincérité sont deux grandes vertus.

Le monsieur, avec son chien noir, est arrivé en voiture.
Le monsieur avec son chien noir sont arrivés en voiture.

car – mais

Virgule avant ces mots. Si les termes autour de *mais* sont rapprochés, pas de virgule.

Les plages sont pleines, car tout le monde y va en été.
J'aimerais passer la soirée à la discothèque, mais je n'ai plus un sou.
Le temps est beau mais froid. Elle procède lentement mais efficacement.

c'est

On met une virgule avant *c'est* dans l'exemple suivant :

La jeunesse, c'est de refuser la place qu'on vous offre dans le métro.

c'est-à-dire

On met une virgule avant *c'est-à-dire* quand on veut donner une explication.

Gutenberg a inventé la typographie, c'est-à-dire l'impression par caractères mobiles en plomb.

sinon

On met une virgule avant cette conjonction, qui s'écrit en un seul mot.

Venez nous voir dimanche, sinon vous le regretterez.

soit

On met une virgule dans les cas suivants :

Quand *soit* veut dire *d'accord*   Soit, j'accepte votre proposition.
Quand *soit* veut dire *c'est-à-dire*   C'est un kilogramme, soit 2,2 livres.
Quand *soit* veut dire *ou bien*   Je viendrai soit lundi, soit mardi.

Quand vous aurez fini de monter des cendres, vous descendrez mon thé.

index

Dans un index, la virgule signale une inversion.

> Ponctuation, emploi de la

de – avec

Dans les exemples suivants, pour éviter des imprécisions, il faut ajouter une virgule après les mots *grenouille* et *Allen*. Sans virgule, Paul Cuistot sauterait bien loin. Sans virgule, Woody Allen et Mia Farrow ont réalisé ensemble la comédie ; avec la virgule, Mia Farrow était l'actrice seulement.

> J'ai adoré les cuisses de grenouille, de l'apprenti cuisinier Paul Cuistot.
> C'est une comédie réalisée par Woody Allen, avec Mia Farrow.

et – et ce

Énumération : la virgule entre les deux derniers termes est remplacée par *et.*

> Il vaut mieux être beau, riche et jeune que laid, pauvre et vieux.

Virgule avant *et* pour rompre l'énumération ou s'il y a risque d'ambigüité.

> Enfin cessèrent la pluie et le vent, et le soleil revint.
> Lise adore cuisiner, et faire la vaisselle l'ennuie.

Virgule avant et après *et ce.*

> Nous allons changer les règlements, et ce, dès demain matin.

ni – ou

On ne met pas de virgule avec deux *ni* rapprochés, mais on met des virgules quand il y en a trois ou plus. La même règle s'applique pour *ou.*

> Ce repas n'est ni bon ni mauvais. Il n'y a ni vin, ni saucisse, ni boudin.
> Météo : ou il pleut ou il neige. Météo : ou il pleut, ou il neige, ou il vente.

que élidé

On met deux virgules ou l'on n'en met aucune dans l'exemple suivant. (Il serait aussi permis de mettre une virgule après *jour,* dans la deuxième ligne.)

> J'espère que, un jour, quelqu'un inventera la ficelle à lier les sauces.
> J'espère qu'un jour quelqu'un inventera la ficelle à lier les sauces.

autrement dit

On met une virgule avant cette locution, mais on n'en met pas après, excepté quand elle est au début de la phrase.

> Je veux participer à ce débat, autrement dit j'irai à la réunion.
> Je veux participer à ce débat. Autrement dit, j'irai à la réunion.

tête de phrase

En général, on met une virgule après les locutions ci-dessous quand elles commencent la phrase.

Cependant,	De plus,	En outre,	Par exemple,
Certes,	Donc,	Enfin,	Pourtant,
D'une part,	Du reste,	Néanmoins,	Puis,
D'autre part,	En fait,	Or,	Toutefois,

parenthèses

Pour isoler un membre de phrase, on a trois possibilités dans cet ordre croissant de force : les virgules, les parenthèses, les tirets longs. On ne met jamais la virgule avant la parenthèse ouvrante. Au besoin, on la met après la parenthèse fermante.

> Quand on vit à crédit (au-dessus de ses moyens), les ardoises sont des tuiles.

L'eau potable est celle qu'on peut mettre dans un pot.

Ponctuation fautive

Ces phrases changent de sens si les virgules sont déplacées ou supprimées.

« L'animateur, dit ce spectateur, est gentil. »
L'animateur dit : « Ce spectateur est gentil. »

Avez-vous du filet mignon ?
Avez-vous du filet, mignon ?

Vu que c'est un imbécile, comme vous je crois qu'il faudra sévir.
Vu que c'est un imbécile comme vous, je crois qu'il faudra sévir.

Comme je vous l'ai dit cet après-midi, je verrai votre père.
Comme je vous l'ai dit, cet après-midi je verrai votre père.

Il est interdit de jouer au ballon avec les pieds, sur la plage.
Il est interdit de jouer au ballon, avec les pieds sur la plage.

J'essaie de comprendre, ce qui, je l'espère, arrivera un jour ou l'autre.
J'essaie de comprendre ce qui, je l'espère, arrivera un jour ou l'autre.

Je vous prie d'excuser Mireille, qui a été malade, d'avoir manqué la classe.
Je vous prie d'excuser Mireille, qui a été malade d'avoir manqué la classe.

La dame dit aux invités : « Venez manger, mes amis. »
La dame dit aux invités : « Venez manger mes amis. »

Le bateau glissait sur le canal, muet.
Le bateau glissait sur le canal muet.

Le poète n'est pas mort, comme on l'a dit.
Le poète n'est pas mort comme on l'a dit.

Ma chère amie, la pluie n'a cessé de tomber.
Ma chère amie la pluie n'a cessé de tomber.

La municipalité tiendra ses engagements, en partie grâce à votre concours.
La municipalité tiendra ses engagements en partie, grâce à votre concours.

Un record : en une heure seulement, neuf kilomètres.
Un record : en une heure, seulement neuf kilomètres.

Le directeur, lui, rendra compte de sa gestion.
Le directeur lui rendra compte de sa gestion.

Qu'est-ce qu'on mange, papa ?
Qu'est-ce qu'on mange : papa ?

Si vous faites cela encore une fois, vous serez puni.
Si vous faites cela, encore une fois vous serez puni.

Un homme entra, sur la tête un chapeau de paille, aux pieds des souliers vernis,
à la main un vrai bouquet de fleurs.
Un homme entra sur la tête, un chapeau de paille aux pieds, des souliers vernis
à la main : un vrai bouquet de fleurs.

Les Québécoises, qui savent parler le chinois, sont peu nombreuses.
Les Québécoises qui savent parler le chinois sont peu nombreuses.

En cas de grossesse, on fait une chorégraphie.

Plusieurs ponctuations de suite

Ponctuations non permises *(à gauche, en gras) ; les exemples sont corrects*

.».	« Je suis content d'être ici », dit-il.	*Le point final de la citation s'en va.*
!).».	« J'ai réussi (quel bonheur !) », dit-elle.	*Le point final de la citation s'en va.*
!,	— Bonjour ! dit-il.	*Le point d'exclam. annule la virgule,*
!»,	« Bonjour ! » dit-elle.	*même s'il y a un guillemet.*
! :	J'oubliais les présentations : Jean...	*Le point d'exclam. avant : disparait.*
!»!	Vive celle qui a crié « Bravo ! »	*Choisir la ponctuation la plus utile.*
!»?	Qui donc a crié « Hélas » ?	*Choisir la ponctuation la plus utile.*
?,	— Pourquoi ? demanda-t-il.	*Le point d'inter. annule la virgule,*
?»,	« Pourquoi ? » demanda-t-elle.	*même s'il y a un guillemet.*
? :	Sais-tu ? tu as une très belle voix.	*Le deux-points après le ? disparait.*
?»!	Arrêtez donc de crier « Pourquoi ? »	*Choisir la ponctuation la plus utile.*
?»?	Qui a demandé : « Quel temps fait-il ? »	*Choisir la ponctuation la plus utile.*

Ponctuations permises *(à gauche, en gras) ; les exemples sont corrects.*

!).	J'ai réussi (quel bonheur !).	*La parenthèse ne supprime rien.*
),	Hier (lundi), nous sommes sortis.	*On ne peut jamais avoir ,((, ,)*
!).»	« J'ai gagné la partie (quelle chance!). »	*La parenthèse ne supprime rien.*
...).	J'ai réussi (quel bonheur...).	*La parenthèse ne supprime rien.*
...»,	« Je suis content d'être ici... », dit-il.	*Les points de suspension subsistent.*
...».	Il dit que « les gens sont fous... ».	*Les points de suspension subsistent.*
?).	J'ai réussi (qui l'eût cru ?).	*La parenthèse ne supprime rien.*
?)!	J'ai réussi (qui l'eût cru ?) !	*La parenthèse ne supprime rien.*
?».	Il a intercalé de nombreux « quoi ? ».	*« quoi » est en bas-de-casse.*
?).»	« J'espère qu'il viendra (mais quand ?). »	*La parenthèse ne supprime rien.*
etc.».	Je dis « qu'il faut vivre, aimer, etc. ».	*Le point abréviatif subsiste.*

Voici quelques principes typographiques :

- On ne peut jamais avoir deux points d'exclamation ou d'interrogation de suite, même s'ils sont séparés par un guillemet fermant.
- On ne peut jamais avoir trois points d'exclamation ou d'interrogation de suite.
- On ne peut jamais avoir deux points ni quatre points de suite.
- La ponctuation à l'intérieur des parenthèses subsiste toujours.
- Le point abréviatif subsiste devant toute ponctuation, excepté devant le point final et les points de suspension, avec lesquels il se confond.
- On ne doit pas mettre deux espaces de suite après une ponctuation finale.
- Afin d'éviter trop de ponctuations, il vaut mieux rédiger la phrase autrement.
- Dans un dialogue, l'incise *dit-il* peut être :

à l'intérieur (entre deux virgules)	« Vous avez, dit-il, de jolis yeux. »
à la fin (précédée d'une virgule)	« Vous avez de jolis yeux », dit-il.
précédée d'un **! »** (pas de virgule)	« Vous avez de si jolis yeux ! » dit-il.
précédée d'un **? »** (pas de virgule)	« Voulez-vous m'épouser ? » demanda-t-il.

Perles en traduction

MADE IN TURKEY
FABRIQUÉ EN DINDE

•

100%-silk ties
100 % la soie attache

•

Fly to Asia by Air International. You'll be amazed!
Volez vers l'Asie par Air International. Vous n'en reviendrez pas!

•

Caesar cepit Galia in summum diligentia.
César prit la gale au sommet d'une diligence.

•

The tire is designed with an extra thick rubber liner.
Le pneu est désigné avec un paquebot de caoutchouc très épais.

•

Shanghai Stir Fry Vegetables
Légumes pour faire sauter Shanghai

•

Luxury in the bathroom
Luxure dans la salle de bains

•

Ozone safe
Coffre-fort d'ozone

•

Gentle cycle
Gentille bicyclette

•

Message to all sport fans
Message à tous les ventilateurs de sports

•

My name is Bill Brown and I am a great fan of James Dean and Mike Tyson. I am a supporter of Liverpool, and I watch all their matches.

Mon nom est Facture Brun et je suis un grand ventilateur de Jacques Doyen et de Micro Tison. Je suis un supporteur de Piscine-de-Foie, et je surveille toutes leurs allumettes.

•

Après trois publications comportant une erreur, Robert Jones est furieux :

FOR SALE: Robert Jones has one sewing machine for sale. Call 123-4567 after 7 p.m. and ask for Mrs. Kelly who lives with him cheap.

FOR SALE: Robert Jones has one sewing machine for sale. Cheap. Call 123-4567 and ask for Mrs. Kelly who lives with him after 7 p.m.

FOR SALE: Robert Jones has one sewing machine for sale. Cheap. Call 123-4567 after 7 p.m. and ask for Mrs. Kelly who loves with him.

NOTICE: I, Robert Jones, have NO sewing machine for sale. I SMASHED IT. Don't call 123-4567, as the telephone has been cut. I have NOT been carrying on with Mrs. Kelly. Until yesterday, she was my housekeeper, but she QUIT.

Je me réveille et, à ma grande surprise, je suis encore vivant.

Typographie anglaise

Abrégé de grammaire anglaise

Règles générales. Certaines peuvent comporter des exceptions.

Nom (*noun*)

pluriel régulier	on ajoute -*s*	book/books, hat/hats
-*x*, -*o*	on ajoute -*es*	box/boxes, potato/potatoes
-*sh*, -*ch*, -*ss*	on ajoute -*es*	dish/dishes, watch/watches, glass/glasses
-*fe*	change -*fe* en -*ves*	knife/knives, life/lives
-*y*	précédé par voyelle	boy/boys, valley/valleys
-*y*	précédé par consonne	lady/ladies, fly/flies
noms propres	on ajoute -*s*	Henry/Henrys, Smith/Smiths
terminés par *s, ch, sh,*	on intercale un *e*	the Joneses, the Lynches, the Nashes
irréguliers	voir dictionnaire	man/men, child/children, foot/feet
genre des	êtres animés : m. ou f.	man/woman, actor/actress, lion/lioness
genre des	choses : neutre	car, ball, house

Article (*article*)

the	invariable	the boy, the girl, the boys, the girls
the devant	nom pluriel	pas d'article : girls are nice
the devant	nom abstrait	pas d'article : courage is a quality
the devant	nom de couleur	pas d'article : red is a beautiful color
the devant	nom de matière	pas d'article : bread is good for you
the devant	nom de langue	pas d'article : he speaks French

Adjectif (*adjective*)

invariable	se place devant	a good boy, two good boys
comparatif	une syllabe : -*er*	small/smaller, smart/smarter
comparatif	deux syllabes ou plus	more beautiful, more different
superlatif	une syllabe : -*est*	small/smallest, smart/smartest
superlatif	deux syllabes ou plus	most beautiful, most different
possessif	genre du possesseur	a boy with his hat, a girl with her hat

Adverbe (*adverb*)

en général, on ajoute -*ly* à l'adjectif   poor/poorly, nice/nicely

Verbe (*verb*)

indic. présent	-*s* à la 3ᵉ pers. sing.	I beg, you beg, he begs, we beg . . .
passé simple	-*ed* partout	I walked, you walked, he walked . . .
part. passé	-*ed,* invariable	they are surprised
part. présent	-*ing,* invariable	bringing, beating

Quelques verbes irréguliers

Infinitif	Infinitive	Past	Past participle	Present participle
avoir	to have	had	had	having
commencer	to begin	began	begun	beginning
donner	to give	gave	given	giving
être	to be	was	been	being
faire	to do	did	done	doing
faire	to make	made	made	making
laisser	to leave	left	left	leaving
obtenir	to get	got	gotten	getting
permettre	to let	let	let	letting
prendre	to take	took	taken	taking
venir	to come	came	come	coming

Règles typographiques anglaises

Pour plus de précisions, consulter le livre *The Canadian Style,* Dundurn Press, Toronto.

Abréviations

Les abréviations en anglais ne tiennent pas compte de la dernière lettre du mot entier. Elles prennent toutes un point abréviatif. La plupart des abréviations anglaises sont invariables. La tendance est de ne pas mettre en italique la plupart des mots latins.

account	acct.	madam	Mrs.
and others	et al.	miss	Miss
and so on	etc.	messieurs	Messrs.
avenue	Ave.	mister	Mr.
boulevard	Blvd.	north	N.
brothers	Bros.	number (quantity)	Nb.
building	bldg.	number (rank)	No.
captain	Capt.	numbers (ranks)	Nos.
chapter, chapters	ch.	page, pages	p.
commander	Cmdr.	place	Pl.
company	Co.	quantity	qty.
continued	cont.	reverend	Rev.
doctor	Dr.	road	Rd.
doctors	Drs.	section	s.
each	ea.	sections	ss.
east	E.	south	S.
for example	e.g.	street	St.
general manager	G.M.	that is	i.e.
incorporated	Inc.	west	W.
lieutenant	Lieut.	year	yr.
limited	Ltd.	years	yrs.

Sigles et acronymes en anglais

Comme en français, les sigles se prononcent lettre par lettre, et les acronymes se prononcent comme un nom. Ils s'écrivent en capitales, sans espaces, sans traits d'union et sans points abréviatifs. Quand ils sont cités au long, ils prennent une capitale à chaque mot, sauf aux articles, prépositions, pronoms et conjonctions.

Sigles (*Initialisms*)

CNIB   Canadian National Institute for the Blind

Acronymes (*Acronyms*)

NATO   North Atlantic Treaty Organization

Mois et jours en anglais

Quand ils se trouvent dans un texte courant, les mois et les jours prennent une capitale, ainsi que leurs abréviations.

January	Jan.	July	July	Sunday	Sun.
February	Feb.	August	Aug.	Monday	Mon.
March	March	September	Sept.	Tuesday	Tues.
April	April	October	Oct.	Wednesday	Wed.
May	May	November	Nov.	Thursday	Thurs.
June	June	December	Dec.	Friday	Fri.
				Saturday	Sat.

Jadis, les tracteurs s'appelaient des bœufs.

Provinces et territoires du Canada en anglais

Dans un texte, on utilise le point abréviatif. Le symbole postal a deux lettres.

	Texte	Postal		Texte	Postal
Alberta	Alta.	AB	Nunavut	—	NT
British Columbia	B.C.	BC	Ontario	Ont.	ON
Manitoba	Man.	MB	Prince Edward Island.	P.E.I.	PE
New Brunswick	N.B.	NB	Quebec	Que.	QC
Newfoundland	Nfld.	NF	Saskatchewan	Sask.	SK
Northwest Territories	N.W.T.	NT	Yukon Territory	Y.T.	YT
Nova Scotia	N.S.	NS			

États américains en anglais

Dans un texte, on utilise le point abréviatif. Le symbole postal a deux lettres.

	Texte	Postal		Texte	Postal
Alabama	Ala.	AL	Montana	Mont.	MT
Alaska	—	AK	Nebraska	Nebr.	NE
Arizona	Ariz.	AZ	Nevada	Nev.	NV
Arkansas	Ark.	AR	New Hampshire	N.H.	NH
California	Calif.	CA	New Jersey	N.J.	NJ
Colorado	Colo.	CO	New Mexico	N.M.	NM
Connecticut	Conn.	CT	New York	N.Y.	NY
Delaware	Del.	DE	North Carolina	N.C.	NC
District of Columbia	D.C.	DC	North Dakota	N.D.	ND
Florida	Fla.	FL	Ohio	—	OH
Georgia	Ga.	GA	Oklahoma	Okla.	OK
Hawaii	—	HI	Oregon	Ore.	OR
Idaho	—	ID	Pennsylvania	Pa.	PA
Illinois	Ill.	IL	Rhode Island	R.I.	RI
Indiana	Ind.	IN	South Carolina	S.C.	SC
Iowa	—	IA	South Dakota	S.D.	SD
Kansas	Kan.	KS	Tennessee	Tenn.	TN
Kentucky	Ky.	KY	Texas	Tex.	TX
Louisiana	La.	LA	Utah	—	UT
Maine	Me.	ME	Vermont	Vt.	VT
Maryland	Md.	MD	Virginia	Va.	VA
Massachusetts	Mass.	MA	Washington	Wash.	WA
Michigan	Mich.	MI	West Virginia	W. Va.	WV
Minnesota	Minn.	MN	Wisconsin	Wis.	WI
Mississippi	Miss.	MS	Wyoming	Wyo.	WY
Missouri	Mo.	MO			

Système international d'unités (SI) en anglais

International System of Units (SI). Les symboles de base sont les mêmes qu'en français. Mais, dans les nombres, on peut utiliser le point décimal au lieu de la virgule.

Système impérial en anglais

Les abréviations du système impérial prennent un point abréviatif et sont invariables.

cubic foot	cu. ft.	inch	in.	square foot	sq. ft.
cubic inch	cu. in.	ounce	oz.	square inch	sq. in.
cubic yard	cu. yd.	pint	pt.	square yard	sq. yd.
foot	ft.	pound	lb.	yard	yd.

Dans le catalogue : *Don Juan, le grand séducteur* (épuisé).

Adresses en anglais

À l'extérieur du Québec, pas de virgule après le numéro de la voie publique. Le générique (Blvd.) prend une capitale et se place après le spécifique. La province est précédée d'une virgule. Au Québec, l'adresse reste en français.

À l'extérieur du Québec	Au Québec
Mr. Robert Jones	Mr. Robert Jones
123 Smith Blvd.	400, rue De Rigaud
Toronto, ON X2L 3P5	Montréal (Québec) H2L 4S9

Saint ou *Sainte* en anglais

L'abréviation prend un point abréviatif, n'a pas de trait d'union ni de féminin.

St. Patrick's Church   the St. Lawrence River   St. Catherine Street

Dates en anglais

Les jours et les mois prennent une capitale. Ces éléments sont séparés par une virgule. On n'utilise pas de *st, nd, rd, th,* sauf quand ils sont précédés de l'article défini (voir l'exemple à droite). Ils peuvent aussi s'écrire en lettres supérieures.

Monday, March 10, 2008   the 10th of March, 2008

Capitales

L'anglais utilise beaucoup plus les capitales que le français.

Adjectif dérivé d'un nom propre	the French culture
Bâtiments et lieux publics	the White House, the Statue of Liberty
Écoles	Champlain College
Langues	she speaks French
Organismes	the Ministry of Education
Partis politiques	the Liberal Party, the Parti québécois
Religions	he studies Catholicism
Sigles	Canadian Automobile Association (CAA)
Sociétés	the Bell Telephone Company
Textes juridiques	the Treaty of Versailles
Titres suivis d'un nom propre	Prime Minister Jones
Patronymes	John F. Kennedy, John W. Bush

Coupures

Les coupures interdites sont marquées par **/** et celles permises par un trait d'union.

Après la première lettre d'un mot	i / tinerary	e / ternity
Entre deux voyelles (sauf étymol.)	appe / arance	(re-appear)
Avant ou après une apostrophe	Father / ' /s Day	we / ' / ll accept
Ailleurs qu'au trait d'union	down-pay / ment	new / ly-wed
Avant les deux dernières lettres	walk / ed	strick / en
Il est permis de diviser avant *-ing*	land-ing, walk-ing	

Ne pas diviser : again, enough, even, every, often, only, people, some, woman...

Italique

Insistance sur un certain mot	He *must* attend the meeting.
Journal	We read *The Gazette* and *La Presse*.
Mot étranger	This dress is very *chic*.
Nom de bateau, d'avion, véhicule	They travelled on the *Normandy*.
Titre d'œuvre	Shakespeare wrote *Hamlet*.
Mot latin	*idem, infra, passim, sic, supra, vide*
	(les autres mots latins sont en romain)

J'ai endommagé le pantalon de mon fils en le repassant. Ce dernier est inutilisable.

Nombres

En lettres jusqu'à neuf	He scored three goals yesterday.
En chiffres à partir de 10	He scored 60 goals during the season.
Le point décimal au lieu de la virgule	This country has 2.3 million inhabitants.
La virgule au lieu de l'espace insécable	This town has 2,300 inhabitants.
$ avant le nombre au lieu d'après	The house is for sale at $225,000.

Ponctuation

Espacement (*spacing*)

Jamais d'espace entre le signe de ponctuation et le mot qui le touche, sauf pour les points de suspension (voir plus bas).

Apostrophe (*apostrophe*)

Le possesseur est au singulier	the professor's hat
Le pluriel se termine en *s*	the professors' hats
Le pluriel ne se termine pas en *s*	the women's dresses
Noms propres se terminant en *s*	John Lewis's car

Deux-points (*colon*)

Appel dans une lettre.	Dear Sir:

Guillemets anglais(*quotation marks*)

Virgule au lieu du deux-points	He said, "I am happy."
Ponctuation finale toujours à l'intérieur	He said that "he was happy."
Virgule avant le guillemet fermant	"I am ready to answer," said the man.
Guillemets simples pour incluse	He said, "I am 'very' happy."
Si l'incluse est à la fin	He said, "I am 'very happy.'"

Tiret long (*dash*)

Pas d'espace avant ni après	We must—always—be honest.

Points de suspension (*ellipsis dots*)

Espace insécable entre eux	I would like to go, but . . .

Trait d'union (*hyphen*)

Adjectif composé placé avant le nom	A well-dressed woman
Placé après, pas de trait d'union	A woman well dressed
Pour éviter les confusions	re-cover (cover again), recover (regain)

Virgule (*comma*)

Fin d'une énumération, devant *and*	She likes dancing, reading, and playing.
Avant et après *etc.*	A sale of beds, chairs, etc., took place.
Après le nom dans une bibliographie	Smith, John. *The Book of Seasons.*
Après une interjection légère	Oh, I am glad to see you.
Pour séparer les tranches de 3 chiffres	The price is $2,300,000.
Avant la province dans une adresse	Montréal, Québec.
À la place du deux-points.	He said, "Give me the bread."

Parenthèses (*parentheses*)
Point (*period*). Jamais deux espaces après la ponctuation finale d'une phrase.
Point d'exclamation (*exclamation mark*)
Point d'interrogation (*question mark*)
Point-virgule (*semicolon*)

Ces cinq derniers signes suivent les mêmes règles d'emploi qu'en français.

Remarque. — Dans un texte en français, quand on cite des textes en anglais, on doit garder l'espacement de la ponctuation anglaise, c'est-à-dire que toutes les ponctuations sont collées au mot qui précède : *Is it possible?* (pas d'espace avant le *?*).

L'accusée a déclaré : « J'ai l'habitude de dire la vérité toute nue. »

Annexes

Époques et périodes

Ères de l'histoire de la Terre

il y a 4 milliards d'années		**Précambrien** vestiges rares d'êtres vivants
de -540 à -245 Ma	300 Ma	**Primaire** (Ma = million d'années) vertébrés, poissons, batraciens
de -245 à -65 Ma	200 Ma	**Secondaire** reptiles, mammifères, oiseaux
de -65 à -1,5 Ma	64 Ma	**Tertiaire** les êtres humains
de -1,5 Ma	1,5 Ma	**Quaternaire** flores et faunes actuelles

Périodes de l'évolution de l'humanité

900 000 ans avant Jésus-Christ	**Âge de la pierre taillée** l'être humain se sert de pierres pour chasser
400 000 ans avant Jésus-Christ	**Âge du feu** il découvre le feu en frottant deux pierres dures
2000 ans avant Jésus-Christ	**Âge du bronze** il chauffe le cuivre et l'étain, et il obtient du bronze
800 ans avant Jésus-Christ	**Âge du fer** le fer est plus solide que le bronze pour les armes

Époques historiques

jusqu'à 3300 ans av. J.-C.		**Préhistoire** de l'apparition de l'être humain à celle de l'écriture
de -3300 à 476	3800 ans	**Antiquité** de l'écriture à la chute de l'Empire romain
de 476 à 1453	1000 ans	**Moyen Âge** de la chute de l'Empire à la prise de Constantinople
de 1453 à auj.	600 ans	**Temps modernes** de la prise de Constantinople jusqu'à nos jours

Histoire de l'écriture

de -3300 à -3150	150 ans	**L'écriture cunéiforme** en Mésopotamie : des signes sur des pierres
de -3150 à -1100	2000 ans	**Les hiéroglyphes** gravures sacrées inventées par les Égyptiens
de -1100 à -800	300 ans	**L'alphabet phénicien** les Phéniciens inventent le premier alphabet
de -800 à auj.	2800 ans	**L'alphabet grec** en -800, puis **romain** en -100

Grand-maman, quand tu étais petite, est-ce qu'il y avait des dinosaures ?

Périodes d'art architectural

de 457 à 751	300 ans	**Art mérovingien** de Childéric jusqu'à Pépin le Bref exemple : la tombe du roi franc Childéric, à Tournai
de 751 à 987	200 ans	**Art carolingien** de Pépin le Bref jusqu'à Hugues Capet exemple : la chapelle palatine d'Aix-la-Chapelle
de 987 à 1163	200 ans	**Art roman** de Hugues Capet jusqu'à l'église Notre-Dame exemple : l'église abbatiale de Cluny
de 1163 à 1380	200 ans	**Art gothique** de l'église Notre-Dame jusqu'à Charles V exemple : l'église Notre-Dame de Paris
de 1380 à 1560	200 ans	**Renaissance** de Charles V jusqu'à Charles IX exemple : la basilique de Saint-Pierre du Vatican
de 1560 à 1643	100 ans	**Baroque** de Charles IX jusqu'à Louis XIV exemple : le baldaquin de Saint-Pierre
de 1643 à 1715	100 ans	**Classicisme** de Louis XIV jusqu'à Louis XV exemple : le château de Versailles
de 1715 à 1824	100 ans	**Néoclassicisme** (style Empire) de Louis XV jusqu'à Charles X exemple : le Panthéon, l'Arc de triomphe
de 1824 à auj.	200 ans	**Art éclectique** de Charles X à nos jours exemple : l'Opéra de Paris (œuvre de Garnier)

Langues françaises parlées

Jusqu'à 58 avant Jésus-Christ		**Dialecte gaulois** jusqu'à l'invasion de la Gaule par les Romains
de -58 à 843	900 ans	**Latin vulgaire** de la conquête romaine jusqu'au traité de Verdun
de 843 à 1328	500 ans	**Roman** du traité de Verdun jusqu'à Philippe VI
de 1328 à 1589	300 ans	**Moyen français** de Philippe VI jusqu'à Henri IV
de 1589 à 1789	200 ans	**Langue classique** de Henri IV jusqu'à la révolution de 1789
de 1789 à auj.	200 ans	**Français moderne** de la révolution de 1789 jusqu'à nos jours

Le génie de la Renaissance : Mickey l'Ange.

Histoire du Canada et du Québec

1534	Jacques Cartier prend possession du Canada au nom de François Ier.
1608	Samuel de Champlain fonde la ville de Québec.
1642	Paul de Chomedey de Maisonneuve fonde Ville-Marie, le futur Montréal.
1642	Jeanne Mance installe à Ville-Marie le premier hôpital du Canada.
1653	Marguerite Bourgeoys, sœur française, crée la première école à Montréal.
1665	Jean Talon donne un élan à la Nouvelle-France. Les Français sont 7 000.
1713	Traité d'Utrecht : dans ce traité, les Français perdent la baie d'Hudson, l'Acadie et l'essentiel de Terre-Neuve.
1759	Bataille des Plaines d'Abraham. Le général anglais Wolfe défait le général français Montcalm. Wolfe meurt au combat ; Montcalm, le lendemain.
1760	Les Anglais prennent Montréal.
1763	Traité de Paris : la France cède le Canada à la Grande-Bretagne, qui crée la province de Québec.
1774	Acte de Québec : il délimite la province de Québec, admet les catholiques aux fonctions publiques et rétablit les anciennes lois françaises.
1784	Le Nouveau-Brunswick est créé.
1791	Division du Québec en deux : le Haut-Canada (aujourd'hui l'Ontario) et le Bas-Canada (aujourd'hui le Québec).
1812	Lors de la guerre entre les États-Unis et la Grande-Bretagne, le Haut-Canada et le Bas-Canada font bloc du côté de la Grande-Bretagne. L'opposition est conduite par Louis-Joseph Papineau au Bas-Canada, et par William Mackenzie au Haut-Canada. Ils exigent un régime parlementaire.
1837	Le refus de Londres provoque une rébellion dans les deux colonies.
1840	La révolte écrasée, le gouvernement britannique réunit les deux Canada en une même province, le Canada-Uni, sous un même parlement, et il impose l'anglais comme langue unique.
1848	Le français est restauré au rang de langue officielle.
1867	L'Acte de l'Amérique du Nord britannique instaure la Confédération du Canada, qui regroupe quatre provinces : l'Ontario (anc. Haut-Canada), le Québec (anc. Bas-Canada), la Nouvelle-Écosse et le Nouveau-Brunswick.
1870	Le Manitoba entre dans la Confédération, après la révolte des Métis qui est conduite par Louis Riel.
1871	La Colombie-Britannique entre dans la Confédération.
1873	L'Île-du-Prince-Édouard entre dans la Confédération.
1905	La Saskatchewan et l'Alberta entrent dans la Confédération.
1914	Le Canada déclare la guerre à l'Allemagne (Première Guerre mondiale).
1931	Statut de Westminster : la Conférence impériale reconnaît l'indépendance du Canada au sein du Commonwealth.
1940	Le Canada déclare la guerre à l'Allemagne (Seconde Guerre mondiale).
1949	Terre-Neuve entre dans la Confédération.
1976	Le Parti québécois, parti indépendantiste conduit par René Lévesque, remporte les élections.

Qui a été le premier colon en Amérique ? — Christophe.

1977	La loi 101 instaure le français comme la langue officielle du Québec.
1980	Référendum sur l'indépendance du Québec. Le *non* l'emporte par 60 %.
1982	Trudeau obtient le rapatriement de la constitution canadienne. Le Québec refuse d'adhérer à cette loi constitutionnelle.
1990	L'échec du projet d'accord constitutionnel, dit «du lac Meech», destiné à satisfaire les demandes minimales du Québec, ouvre une crise politique.
1992	Un nouveau projet de réforme constitutionnelle, dit «de Charlottetown», est rejeté par référendum.
1993	Après la démission de Brian Mulroney, Kim Campbell lui succède. Aux élections générales, leur parti connait la défaite. Arrivé en deuxième position, le Bloc québécois, parti indépendantiste, constitue l'opposition.
1995	Référendum sur la souveraineté du Québec. Les partisans du maintien de la province dans l'ensemble canadien l'emportent de justesse (50,58 %).
1999	Les Territoires du Nord-Ouest voient leur partie orientale se détacher et former le Nunavut, peuple formé majoritairement d'Inuits.

Premiers ministres du Canada

1867-1873	John Macdonald	1948-1957	Louis Saint-Laurent
1873-1878	Alexander Mackenzie	1957-1963	John Diefenbaker
1878-1891	John Macdonald	1963-1968	Lester Pearson
1891-1892	John Abbott	1968-1979	Pierre Elliott Trudeau
1892-1894	John Thompson	1979-1980	Joe Clark
1894-1896	Mackenzie Bowell	1980-1984	Pierre Elliott Trudeau
1896-1896	Charles Tupper	1984-1984	John Turner
1896-1911	Wilfrid Laurier	1984-1993	Brian Mulroney
1911-1920	Robert Borden	1993-1993	Kim Campbell
1920-1921	Arthur Meighen	1993-2003	Jean Chrétien
1921-1930	William Mackenzie-King	2003-2006	Paul Martin
1930-1935	Richard Bennett	2006-	Stephen Harper
1935-1948	William Mackenzie-King		

Premiers ministres du Québec

1867-1873	Pierre-Olivier Chauveau	1939-1944	Adélard Godbout
1873-1874	Gédéon Ouimet	1944-1959	Maurice Duplessis
1874-1878	Charles-Eugène Boucher	1959-1960	Paul Sauvé
1878-1879	Henri-Gustave Joly	1960-1960	Antonio Barrette
1879-1882	Joseph-Adolphe Chapleau	1960-1966	Jean Lesage
1882-1884	Joseph-Alfred Mousseau	1966-1968	Daniel Johnson père
1884-1887	John Jones Ross	1968-1970	Jean-Jacques Bertrand
1887-1887	Louis-Olivier Taillon	1970-1976	Robert Bourassa
1887-1891	Honoré Mercier	1976-1985	René Lévesque
1891-1892	Charles-Eugène Boucher	1985-1985	Pierre-Marc Johnson
1892-1896	Louis-Olivier Taillon	1985-1994	Robert Bourassa
1896-1897	Edmund Flynn	1994-1994	Daniel Johnson fils
1897-1900	Félix-Gabriel Marchand	1994-1996	Jacques Parizeau
1900-1905	Simon-Napoléon Parent	1996-2001	Lucien Bouchard
1905-1920	Lomer Gouin	2001-2003	Bernard Landry
1920-1936	Louis-Alexandre Taschereau	2003-	Jean Charest
1936-1939	Maurice Duplessis		

Pourquoi les Gaulois portaient-ils des gants ? – Parce qu'ils craignaient l'air aux mains.

Histoire de France

CAROLINGIENS

751-768	Pépin le Bref	à 35 ans, épouse Berthe au grand pied, 23 ans
768-814	Charlemagne	à 30 ans, épouse Hildegarde de Vintzgau, 15 ans
814-840	Louis Ier le Pieux	à 41 ans, épouse Judith de Bavière, 24 ans
840-877	Charles II le Chauve	à 24 ans, épouse Ermentrude d'Orléans, 22 ans
877-879	Louis II le Bègue	à 22 ans, épouse Adélaïde de Frioul, 15 ans
879-882	Louis III	à 19 ans, meurt célibataire
882-884	Carloman	à 20 ans, meurt célibataire
884-887	Charles III le Gros	à 23 ans, épouse Richarde de Souabe, 17 ans
888-898	Eudes	à 24 ans, épouse Théodrate de Troyes, 16 ans
898-923	Charles III le Simple	à 40 ans, épouse Edwige d'Angleterre, 16 ans
922-923	Robert Ier	à 28 ans, épouse Béatrice de Vermandois, 23 ans
923-936	Raoul	à 27 ans, épouse Emma de France, 27 ans
936-954	Louis IV d'Outremer	à 28 ans, épouse Gerberge de Germanie, 24 ans
954-986	Lothaire	à 24 ans, épouse Emma d'Italie, 17 ans
986-987	Louis V le Fainéant	à 14 ans, épouse Adélaïde d'Anjou, 34 ans

CAPÉTIENS

987-996	Hugues Ier Capet	à 31 ans, épouse Adélaïde d'Aquitaine, 25 ans
996-1031	Robert II le Pieux	à 32 ans, épouse Constance d'Arles, 19 ans
1031-1060	Henri Ier	à 44 ans, épouse Anne de Kiev, 27 ans
1060-1108	Philippe Ier	à 19 ans, épouse Berthe de Hollande, 16 ans
1108-1137	Louis VI le Gros	à 34 ans, épouse Adélaïde de Savoie, 15 ans
1137-1180	Louis VII le Jeune	à 40 ans, épouse Adèle de Champagne, 20 ans
1180-1223	Philippe II Auguste	à 15 ans, épouse Isabelle de Hainaut, 10 ans
1223-1226	Louis VIII le Lion	à 13 ans, épouse Blanche de Castille, 12 ans
1226-1270	Louis IX (Saint Louis)	à 20 ans, épouse Marguerite de Provence, 13 ans
1270-1285	Philippe III le Hardi	à 17 ans, épouse Isabelle d'Aragon, 19 ans
1285-1314	Philippe IV le Bel	à 16 ans, épouse Jeanne de Navarre, 11 ans
1314-1316	Louis X le Hutin	à 26 ans, épouse Clémence de Hongrie, 22 ans
1316-1322	Philippe V le Long	à 14 ans, épouse Jeanne de Bourgogne, 16 ans
1322-1328	Charles IV le Bel	à 31 ans, épouse Jeanne d'Évreux, 18 ans

VALOIS

1328-1350	Philippe VI de Valois	à 20 ans, épouse Jeanne de Bourgogne, 20 ans
1350-1364	Jean II le Bon	à 31 ans, épouse Jeanne de Boulogne, 30 ans
1364-1380	Charles V le Sage	à 12 ans, épouse Jeanne de Bourbon, 12 ans
1380-1422	Charles VI le Bienaimé	à 17 ans, épouse Isabeau de Bavière, 14 ans
1422-1461	Charles VII	à 19 ans, épouse Marie d'Anjou, 18 ans
1461-1483	Louis XI	à 28 ans, épouse Charlotte de Savoie, 6 ans
1483-1498	Charles VIII	à 21 ans, épouse Anne de Bretagne, 15 ans
1498-1515	Louis XII	à 52 ans, épouse Marie d'Angleterre, 18 ans
1515-1547	François Ier	à 20 ans, épouse Claude de France, 15 ans
1547-1559	Henri II	à 14 ans, épouse Catherine de Médicis, 14 ans
1559-1560	François II	à 14 ans, épouse Marie Stuart, 16 ans
1560-1574	Charles IX	à 20 ans, épouse Élisabeth d'Autriche, 16 ans
1574-1589	Henri III	à 24 ans, épouse Louise de Lorraine, 22 ans

BOURBONS

1589-1610	Henri IV	à 47 ans, épouse Marie de Médicis, 27 ans
1610-1643	Louis XIII le Juste	à 14 ans, épouse Anne d'Autriche, 14 ans
1643-1715	Louis XIV le Roi Soleil	à 22 ans, épouse M.-Thérèse d'Autriche, 22 ans
1715-1774	Louis XV le Bienaimé	à 15 ans, épouse Marie Leszczynska, 15 ans
1774-1791	Louis XVI	à 16 ans, épouse Marie-Antoinette, 15 ans

François Ier était le fils de François zéro.

PREMIÈRE RÉPUBLIQUE

1792-1795	Convention	Assemblée qui succéda à la Législative
1795-1799	Directoire	Conseil de 5 membres chargé du pouvoir exécutif
1799-1804	Consulat	Régime issu du coup d'État, 18 brumaire an VIII

PREMIER EMPIRE

1804-1814	Napoléon Ier	Époux de Joséphine de Beauharnais
1815	Les Cent-Jours	Napoléon Ier est au pouvoir pour 100 jours

RESTAURATION

1814-1824	Louis XVIII	Époux de Marie-Joséphine de Savoie
1824-1830	Charles X	Époux de Marie-Thérèse de Savoie

MONARCHIE DE JUILLET

1830-1848	Louis-Philippe Ier	Époux de Marie-Amélie de Bourbon-Sicile

DEUXIÈME RÉPUBLIQUE

1848-1852	Louis N. Bonaparte	Empereur sous le nom de Napoléon III en 1852

SECOND EMPIRE

1852-1870	Napoléon III	Époux d'Eugénie de Montijo

TROISIÈME RÉPUBLIQUE

1871-1873	Adolphe Thiers	Réorganise la France vaincue à la guerre de 1870.
1873-1879	Mac-Mahon	Établit un régime d'ordre moral.
1879-1887	Jules Grévy	École primaire gratuite, obligatoire jusqu'à 13 ans.
1887-1894	Sadi Carnot	Assassiné à Lyon en 1894 par Casério.
1894-1895	Jean Casimir-Perier	Démissionne devant l'opposition de gauche.
1895-1899	Félix Faure	Meurt subitement lors d'un rendez-vous galant.
1899-1906	Émile Loubet	Exposition de Paris en 1900. Affaire Dreyfus.
1906-1913	Armand Fallières	Séparation de l'Église et de l'État en 1906.
1913-1920	Raymond Poincaré	Déclare la guerre à l'Allemagne le 28 juillet 1914.
1920-1920	Paul Deschanel	Santé perturbée après être tombé d'un train.
1920-1924	Alexandre Millerand	Démissionne devant le Cartel des gauches.
1924-1931	Gaston Doumergue	Gouvernement d'Union nationale.
1931-1932	Paul Doumer	Meurt assassiné à Paris par le Russe Gorgulov.
1932-1940	Albert Lebrun	Accords : semaine de 40 heures, congés payés.

ÉTAT FRANÇAIS

1940-1944	Philippe Pétain	Vainqueur de Verdun, 1916. Collaboration en 40.

GOUVERNEMENT PROVISOIRE

1944-1946	Charles de Gaulle	Se désigne chef du gouvernement provisoire.
1946-1947	Gouin, Bidault, Blum	Gouin, 5 mois. Bidault, 5 mois. Blum, 2 mois.

QUATRIÈME RÉPUBLIQUE

1947-1954	Vincent Auriol	Il y a eu 14 gouvernements durant son septennat.
1954-1959	René Coty	Demande le retour du général de Gaulle.

CINQUIÈME RÉPUBLIQUE

1959-1969	Charles de Gaulle	Met fin à la guerre d'Algérie.
1969-1974	Georges Pompidou	Passionné d'art moderne.
1974-1981	V. Giscard d'Estaing	Légalisation de l'avortement en 1975.
1981-1995	François Mitterrand	Premier secrétaire du Parti socialiste.
1995-2007	Jacques Chirac	Suspension du service militaire en 1996.
2007-	Nicolas Sarkozy	Épouse Carla Bruni, d'origine italienne, en 2008.

Quel territoire la France a-t-elle conservé en 1763 ? — Saint-Pierre-et-Madelon.

Littérature de langue française

NEUVIÈME SIÈCLE

| 881 | Abbaye de Saint-Amand | *Cantilène de sainte Eulalie* |

DIXIÈME SIÈCLE

| 950 | Composée à Autun | *Vie de saint Léger* |

ONZIÈME SIÈCLE

| 1040 | Auteur inconnu | *Vie de saint Alexis* |

DOUZIÈME SIÈCLE

| 1100 | Turoldus | *La chanson de Roland* |

TREIZIÈME SIÈCLE

| 1230 | Guillaume de Lorris | *Le roman de la rose* |

QUATORZIÈME SIÈCLE

| 1364-1430 | Christine de Pisan | *Épitre au dieu d'amours* |

QUINZIÈME SIÈCLE

| 1431-1463 | François Villon | *Ballade des pendus* |

SEIZIÈME SIÈCLE

1494-1553	François Rabelais	*Pantagruel, Gargantua*
1496-1544	Clément Marot	*Adolescence Clémentine*
1522-1560	Joachim du Bellay	*Heureux qui comme Ulysse...*
1524-1585	Pierre de Ronsard	*Mignonne, allons voir si la rose...*
1533-1592	Michel de Montaigne	*Essais*

DIX-SEPTIÈME SIÈCLE

1555-1628	François de Malherbe	*Odes, poésies*
1596-1650	René Descartes	*Discours de la méthode*
1606-1684	Pierre Corneille	*Le Cid, Horace, Cinna, Polyeucte*
1613-1680	Fr. de La Rochefoucauld	*Maximes*
1621-1695	Jean de La Fontaine	*Fables*
1622-1673	Molière	*Le misanthrope, L'avare, Tartufe*
1623-1662	Blaise Pascal	*Pensées, Les provinciales*
1626-1696	Madame de Sévigné	*Lettres de Madame de Sévigné*
1627-1704	Jacques-Bénigne Bossuet	*Sermons, Oraisons funèbres*
1634-1693	Madame de Lafayette	*La princesse de Clèves*
1636-1711	Nicolas Boileau	*L'art poétique, Épitres*
1639-1699	Jean Racine	*Andromaque, Britannicus, Bérénice*
1645-1696	Jean de La Bruyère	*Les caractères*

DIX-HUITIÈME SIÈCLE

1688-1763	Pierre de Marivaux	*Le jeu de l'amour et du hasard*
1689-1755	Charles de Montesquieu	*L'esprit des lois, Lettes persanes*
1694-1778	Voltaire	*Candide, Zadig, Lettres philosophiques*
1697-1763	L'abbé Prévost	*Manon Lescaut, Histoire gén. des voyages*
1712-1778	Jean-Jacques Rousseau	*Émile, Le contrat social, Confessions*
1713-1784	Denis Diderot	*Encyclopédie, Le neveu de Rameau*
1732-1799	Beaumarchais	*Le barbier de Séville, Le mariage de Figaro*

George Sand était une homosexuelle qui aimait bien les hommes.

DIX-NEUVIÈME SIÈCLE

1766-1817	Madame de Staël	*Delphine, De l'Allemagne*
1867-1830	Benjamin Constant	*Adolphe, Journal intime, Cécile*
1768-1848	René de Chateaubriand	*Le génie du christianisme, René, Atala*
1783-1842	Stendhal	*La chartreuse de Parme, Le rouge et le noir*
1790-1869	Alphonse de Lamartine	*Méditations poétiques, Jocelyn*
1797-1863	Alfred de Vigny	*Cinq-Mars, Stello, Les destinées*
1799-1850	Honoré de Balzac	*Eugénie Grandet, Le colonel Chabert*
1802-1885	Victor Hugo	*Les misérables, Notre-Dame de Paris*
1802-1870	Alexandre Dumas père	*Les trois mousquetaires, La reine Margot*
1804-1876	George Sand	*La mare au diable, La petite Fadette*
1808-1855	Gérard de Nerval	*Aurélia, Les filles du feu*
1810-1857	Alfred de Musset	*On ne badine pas avec l'amour*
1811-1872	Théophile Gautier	*Le capitaine Fracasse, Émaux et camées*
1821-1867	Charles Baudelaire	*Les fleurs du mal, Curiosités esthétiques*
1821-1880	Gustave Flaubert	*Madame Bovary, Bouvard et Pécuchet*
1824-1895	Alexandre Dumas fils	*La dame aux camélias, Le fils naturel*
1840-1902	Émile Zola	*La bête humaine, J'accuse, Germinal*
1844-1896	Paul Verlaine	*Poèmes saturniens, Fêtes galantes*
1844-1924	Anatole France	*Les dieux ont soif, Le lys rouge*
1850-1893	Guy de Maupassant	*Bel-Ami, La maison Tellier*
1854-1891	Arthur Rimbaud	*Le bateau ivre, Une saison en enfer*

VINGTIÈME SIÈCLE

1866-1944	Romain Rolland	*Jean-Christophe, Théâtre de la révolution*
1868-1918	Edmond Rostand	*Cyrano de Bergerac, L'aiglon*
1868-1955	Paul Claudel	*Le soulier de satin, L'échange, L'otage*
1869-1951	André Gide	*Les nourritures terrestres, La porte étroite*
1871-1922	Marcel Proust	*À la recherche du temps perdu*
1871-1945	Paul Valéry	*La soirée avec M. Teste, Charmes*
1873-1954	Gabrielle Colette	*Le blé en herbe, Chéri, Gigi*
1880-1913	Louis Hémon	*Maria Chapdelaine, Monsieur Ripois*
1880-1918	Guillaume Apollinaire	*Le poète assassiné, Calligrammes*
1882-1844	Jean Giraudoux	*La folle de Chaillot, Ondine*
1885-1972	Jules Romains	*Les hommes de bonne volonté, Knock*
1885-1970	François Mauriac	*Thérèse Desqueyroux, Les malaimés*
1889-1963	Jean Cocteau	*La belle et la bête, Orphée*
1893-1968	Germaine Guèvremont	*Le survenant, En pleine terre*
1900-1944	Antoine de Saint-Exupéry	*Le petit prince, Terre des hommes*
1903-1987	Marguerite Yourcenar	*Mémoires d'Hadrien, L'œuvre au noir*
1905-1980	Jean-Paul Sartre	*Les mains sales, Le mur, Huis clos*
1908-1986	Simone de Beauvoir	*Le deuxième sexe, La force des choses*
1909-1983	Gabrielle Roy	*Bonheur d'occasion, La petite poule d'eau*
1911-1996	Hervé Bazin	*Vipère au point, La tête contre les murs*
1913-1960	Albert Camus	*L'étranger, La peste, La chute*
1915-1983	Yves Thériault	*Aaron, Agaguk, Ashini, Cul-de-sac*
1916-2000	Anne Hébert	*Kamouraska, Les fous de Bassan*
1929	Antonine Maillet	*Pélagie-la-Charrette*
1930	Marcel Dubé	*Le temps des lilas, Médée, Pauvre amour*
1935-2004	Françoise Sagan	*Bonjour tristesse, Château en Suède*
1939	Marie-Claire Blais	*La belle bête, Le sourd dans la ville*
1941	Yves Beauchemin	*L'enfirouapé, Le matou*
1942	Michel Tremblay	*Les belles-sœurs, Parlez-nous d'amour*
1950	Marie Laberge	*Sans rien ni personne, L'homme gris*
1973	Nelly Arcan	*Putain, Folle*

Baudelaire a fait un scandale en écrivant son célèbre *Les fleurs du mâle*.

Exercices

Abc de typographie *Cochez seulement les lignes qui semblent correctes.*

1. ☐ Une police avec empattements est une police linéale (de caractères bâtons).
2. ☐ Le corps des lettres est déterminé en points et en fractions de points.
3. ☐ Ligne de base : trait imaginaire longeant la base des lettres sans jambage.
4. ☐ Interligne : distance horizontale entre les lignes de base.
5. ☐ Le *maigre italique* est une des faces possibles d'une police.
6. ☐ Le Verdana semble plus gros que le Garamond : leur œil est différent.
7. ☐ L'échelle (ou chasse) est la largeur d'un caractère.
8. ☐ En typographie, on utilise souvent le soulignement.
9. ☐ Le mot *espace* est féminin quand il désigne l'espace entre les mots.
10. ☐ L'espace insécable garde la même largeur, même dans une ligne justifiée.
11. ☐ L'espace fine est sécable.
12. ☐ En général, on utilise le gras pour les titres.
13. ☐ Un bourdon est l'omission d'un mot ou d'un passage entier.
14. ☐ On a un doublon quand deux parties d'un texte ont été, par erreur, omises.
15. ☐ Un encart est un feuillet ou carton inséré à l'intérieur d'une publication.
16. ☐ Un exergue est un texte mis en évidence au début d'un ouvrage ou article.
17. ☐ La gouttière est l'espace blanc séparant les colonnes de journal.
18. ☐ La quadrichromie contient quatre couleurs : vert, violet, jaune et noir.
19. ☐ Un alinéa est un paragraphe avec un retrait positif de première ligne.
20. ☐ La catégorie grammaticale des parties d'une énumération peut varier.
21. ☐ L'appel de note se place toujours avant la ponctuation.
22. ☐ La ligne sur le dos d'un livre peut s'écrire de bas en haut ou de haut en bas.
23. ☐ Le mot *folio* est synonyme de *numéro de page.*
24. ☐ Pour aligner du texte, il est préférable d'utiliser la barre d'espacement.
25. ☐ En général, si les lettres *o* et *e* sont voisines, on doit utiliser la ligature *œ.*
26. ☐ On peut finir un titre par un point d'interrogation ou d'exclamation.
27. ☐ Une orpheline est la dernière ligne d'un paragraphe au sommet d'une page.
28. ☐ On peut écrire seulement : « Je navigue sur l'Internet. »

Abréviations   *Cochez seulement les lignes qui semblent correctes.*

29. ☐ t. (tome) — tjs (toujours) — qqn. (quelqu'un) — qqch. (quelque chose)
30. ☐ n. m. — c.o.d. — dr. pén. — p. ex.
31. ☐ 1ère — 2ième — no
32. ☐ Nous notons le lieu, la date, etc...
33. ☐ app. (appartement) — boul. (boulevard) — éd. (édition)
34. ☐ max. (maximum) — s. (siècle) — tél. (télécopieur)
35. ☐ Le lundi 07 avril
36. ☐ Les réunions ont eu lieu le jeudi 6 mars 2008 à 9 H et à 16 H à la mairie.
37. ☐ La course a duré 6 h.
38. ☐ J'ai rencontré madame la directrice.
39. ☐ OQLF — HEC — NASA — cegep
40. ☐ La première fois qu'on emploie un sigle, il faut donner sa signification.

Abréviations (*suite*)

41. ☐ 3 h 20 min 40 s — Ce tissu mesure 1,75 m en tout. — 25 cm — 10 Kg
42. ☐ Go (gigaoctet) — km/h (kilomètre par heure) — kWh (kilowattheure)
43. ☐ La monnaie de l'Allemagne est l'euro.
44. ☐ 6 G$ ou 6 GCAD = 6 000 000 000 $ = 6 milliards de dollars
45. ☐ Certains mots se mettent en italique : *idem, ibidem, etc.*
46. ☐ Plomberie Paul enr. — Coiffures Lafrise inc. — Menuiserie Dubois ltée
47. ☐ Les bulletins n°s 7 et 8 sont ici. — J'habite au numéro 6.

Capitales   *Cochez seulement les lignes qui semblent correctes.*

48. ☐ Le bas-de-casse (bdc) désigne la minuscule.
49. ☐ le Ministère des transports — l'avenue du Mont-Royal
50. ☐ Raison sociale : la Nouvelle Société des amis des chats
51. ☐ J'ai visité le Centre sportif de Saint-Yves. Ce Centre sportif est très actif.
52. ☐ L'appel dans un courriel s'écrit ainsi : Bonjour Paul,
53. ☐ On écrit un numéro de téléphone ainsi : (514) 499-1142
54. ☐ 3, rue Ste-Catherine O.
55. ☐ Menus : Terrine de fruits de mer — Pêche Melba
56. ☐ 1, édifice place Ville-Marie — station Place-des-Arts
57. ☐ Je vais au 24, Dupont.
58. ☐ le lac des Deux Montagnes — la ville de Deux-Montagnes
59. ☐ Je connais le Sud-Est du Québec. — Je vais en vacances dans le Sud-Est.
60. ☐ la Cour internationale de justice — la Haute Cour de justice
61. ☐ Le stade olympique a été agrandi. — Le Stade olympique augmente ses prix.
62. ☐ B.A. baccalauréat ès arts — B. Sc. pol. baccalauréat en sciences politiques
63. ☐ l'école du Lac des Deux-Montagnes
64. ☐ Nous prions sainte Justine. — Il travaille à l'hôpital Sainte-Justine.
65. ☐ la guerre de 1914-1918 — la première Guerre mondiale
66. ☐ les Jutras, les Juno, les Oscars, les Oliviers, les Masques
67. ☐ Nous avons lu dans la *Gazette* que les envoyés du *Spiegel*...
68. ☐ le Code Napoléon — le Code de la route
69. ☐ Signes du zodiaque : les Poissons — Mon ami est un poisson.
70. ☐ l'art canadien-français — les Canadiens-Français
71. ☐ les néo-Canadiens — les Néozélandais
72. ☐ un coup d'État — un État totalitaire — un état de siège
73. ☐ la fête des Mères — la période des Fêtes — les Noëls de mon enfance
74. ☐ le nouveau Parti démocratique — le Parti vert du Canada
75. ☐ Bibliographies : DURAND, Pierre. — Durand, Pierre.

Coupures   *Cochez seulement les lignes qui semblent correctes.*

76. ☐ Coupures possibles : dés-habiller — cré-ancier
77. ☐ Coupures possibles : par-tenaire — am-nésie — ressem-bler
78. ☐ On ne peut pas couper les mots *tendu* et *blanche*.
79. ☐ Dans *cria-t-elle*, on peut couper aux deux traits d'union.
80. ☐ On ne doit pas séparer les éléments des dates.

Italique   *Cochez seulement les lignes qui semblent correctes.*

81. ☐ le parfum *Chanel n° 5* — l'ouragan *Nargis* en Birmanie
82. ☐ la Thanksgiving Day — Voir le chapitre Abréviations.
83. ☐ deux *Boeing* — des camemberts — la navette *Columbia*
84. ☐ Le mot *suivant* est très important. = Le mot « suivant » est très important.

Nombres   *Cochez seulement les lignes qui semblent correctes.*

85. ☐ ¾ trois quart — 25/100 vingt-cinq centièmes
86. ☐ Quantité : quatre-vingt-un — Rang : soixante-dixième
87. ☐ quatre-vingts pages — la page quatre-vingts
88. ☐ George Sand passa sa jeunesse à Nohant entre quatre et 14 ans.
89. ☐ 23 234,78 $ — 2 678 kg *ou* 2678 kg — 12345, rue Dupont
90. ☐ le neuf de carreau — la classe de quatrième
91. ☐ Il a fait 26,7° aujourd'hui. — Il a fait 26,7° C aujourd'hui.
92. ☐ Horaires : 12:15 *ou* 1215 midi et quart
93. ☐ 50 % — 12 ½ % — 6,125 % — 3,5 p. 100 — dix pour cent
94. ☐ un gain de 100 $ à 150 $ — un gain de 100 à 150 $
95. ☐ le XXᵉ siècle — LE XXᴱ SIÈCLE — le 20ᵉ siècle — le vingtième siècle

Orthographe   *Cochez seulement les lignes qui semblent correctes.*

96. ☐ Lui, toi et moi chanteront.
97. ☐ Est-ce toi qui as frappé ?
98. ☐ Les gouvernements fédéral et provinciaux sont représentés.
99. ☐ des robes bleues claires
100. ☐ Je les en ai informé.
101. ☐ Elle s'est achetée une robe.
102. ☐ Vous vous êtes téléphonés.
103. ☐ La rumeur qu'il y a eu était exagérée.
104. ☐ Les feuilles que j'ai vu ramasser.
105. ☐ Elle s'est faite entendre.
106. ☐ Il a neigé pendant l'heure qu'il a courue.
107. ☐ Les reines se sont succédées.
108. ☐ Il faut que vous croyiez en l'avenir.
109. ☐ Nous avons cueilli les pommes, excepté les vertes.
110. ☐ Aucun effort n'a été épargné, et il n'y aura aucun frais.
111. ☐ Le cinéma comme le théâtre me plaisent beaucoup.
112. ☐ Je l'estime d'avantage chaque jour.
113. ☐ La réunion a duré deux heures et demie.
114. ☐ cette robe-là — cette robe d'été-là
115. ☐ Je les leurs donne.
116. ☐ les garçons mêmes — ceux-là-mêmes — eux-mêmes
117. ☐ Les hommes même sont mortels.
118. ☐ Elle découvrit un paquet de lettres qui était bien ficelé.
119. ☐ On attend pas d'invités.
120. ☐ Un choc physique ou une émotion peut lui être fatals.

Orthographe (*suite*)

121. ☐ Ces chandails n'ont pas de col. — Ce chandail est sans manche.
122. ☐ les Tremblay — des Picassos — les Amériques — deux Chevrolet
123. ☐ Plus d'un élève furent étonnés.
124. ☐ Nous ferons le moins de fautes possible.
125. ☐ J'ai cueilli quelque soixante pommes.
126. ☐ Quoi que tu en penses, je viendrai.
127. ☐ On se rappelle son enfance.
128. ☐ J'irais avec toi si tu le voudrais.
129. ☐ Un animal telle la girafe a un long cou. — Un animal tel que la girafe…
130. ☐ Répond-elle souvent? — Va-t-en.
131. ☐ Elle est tout attristée. — Elle est toute contente.
132. ☐ les enseignant(e)s
133. ☐ crèmerie [crémerie] — ambigüe [ambiguë]
134. ☐ ruissèle [ruisselle] — dissout [dissous]

Ponctuation   *Cochez seulement les lignes qui semblent correctes.*

135. ☐ Ponctuations basses : point, virgule et point-virgule.
136. ☐ Espacements du deux-points : espace insécable avant et sécable après.
137. ☐ jusqu'alors — quelqu'un — puisque ici
138. ☐ Les chevrons simples signifient *plus petit* (6 < 9) et *plus grand* (10 > 4).
139. ☐ Je pense que « marcher fait du bien. Rire aussi. »
140. ☐ Nous avons pris le train du matin. (J'avais réservé les places.)
141. ☐ Librairie Jean Durand & Filles ltée — Ceintures et sacs de cuir inc.
142. ☐ Il faudra considérer : *a*) le lieu ; *b*) la date ; *c*) l'heure.
143. ☐ Qu'est-ce que vous dites…?
144. ☐ la partie Trois-Rivières-Montréal
145. ☐ des idées-cadeaux — des mots-valises — des tartes maison
146. ☐ Vas-y. — Parle-m'en. — Allez-vous-en.
147. ☐ Laissez-le partir. — Venez-le voir. — Donnez-le-moi.
148. ☐ Celui qui a les dents longues, ne doit pas avoir la vue courte.
149. ☐ Les enfants, qui avaient faim, mangèrent (tous les enfants mangèrent).
150. ☐ Le directeur veut te voir, Chantal.
151. ☐ Jean Rougy, timide, ne s'est pas prononcé.
152. ☐ Notre fille Élise est venue. (Nous n'avons qu'une fille.)
153. ☐ Après l'automne arrivèrent les grands froids.
154. ☐ J'en veux du café !
155. ☐ « Bravo ! s'écria-t-elle, je vous félicite. »
156. ☐ « J'aimais, t'en souviens-tu? chanter… »
157. ☐ J'aimerais passer la soirée à la discothèque mais je n'ai plus un sou.
158. ☐ Enfin cessèrent la pluie et le vent et le soleil revint.
159. ☐ Nous allons changer les règlements, et ce, dès demain matin.
160. ☐ « Bonjour ! », dit-elle. — J'ai réussi (quel bonheur !).
161. ☐ Qui a demandé : « Quel temps fait-il ? »
162. ☐ On doit mettre deux espaces après une ponctuation finale.

Corrigé des exercices

Abc de typographie *Ces lignes sont sans fautes. Corrections en gras.*   Page

1. ☐ Une police **sans** empattements est une police linéale (de caractères bâtons). 10
2. ☑ Le corps des lettres est déterminé en points et en fractions de points.   10
3. ☑ Ligne de base : trait imaginaire longeant la base des lettres sans jambage.   10
4. ☐ Interligne : distance **verticale** entre les lignes de base.   10
5. ☑ Le *maigre italique* est une des faces possibles d'une police.   11
6. ☑ Le Verdana semble plus gros que le Garamond : leur œil est différent.   11
7. ☑ L'échelle (ou chasse) est la largeur d'un caractère.   11
8. ☐ En typographie, on utilise **très rarement** le soulignement.   11
9. ☑ Le mot *espace* est féminin quand il désigne l'espace entre les mots.   12
10. ☑ L'espace insécable garde la même largeur, même dans une ligne justifiée.   12
11. ☐ L'espace fine est **insécable.**   12
12. ☑ En général, on utilise le gras pour les titres.   13
13. ☑ Un bourdon est l'omission d'un mot ou d'un passage entier.   14
14. ☐ On a un doublon **quand un texte a** été, par erreur, **composé deux fois.**   15
15. ☑ Un encart est un feuillet ou carton inséré à l'intérieur d'une publication.   15
16. ☑ Un exergue est un texte mis en évidence au début d'un ouvrage ou article.   15
17. ☑ La gouttière est l'espace blanc séparant les colonnes de journal.   16
18. ☐ La quadrichromie contient quatre couleurs : **cyan, magenta,** jaune et noir.   17
19. ☑ Un alinéa est un paragraphe avec un retrait positif de première ligne.   25
20. ☐ La catégorie grammaticale des parties d'une énumération **est la même.**   26
21. ☑ L'appel de note se place toujours avant la ponctuation.   27
22. ☑ La ligne sur le dos d'un livre peut s'écrire de bas en haut ou de haut en bas.   29
23. ☑ Le mot *folio* est synonyme de *numéro de page.*   29
24. ☐ Pour aligner du texte, il est préférable d'utiliser **une tabulation.**   31
25. ☑ En général, si les lettres *o* et *e* sont voisines, on doit utiliser la ligature œ.   31
26. ☑ On peut finir un titre par un point d'interrogation ou d'exclamation.   32
27. ☐ Une **veuve** est la dernière ligne d'un paragraphe au sommet d'une page.   33
28. ☐ On peut écrire : « Je navigue sur **Internet ou l'internet.** »   40

Abréviations   *Ces lignes sont sans fautes. Corrections en gras.*   Page

29. ☐ t. (tome) — tjs (toujours) — **qqn** (quelqu'un) — qqch. (quelque chose)   44
30. ☐ **n.m.** — c.o.d. — dr. pén. — p. ex.   45
31. ☐ **1re — 2e** — no   45
32. ☐ Nous notons le lieu, la date, **etc.**   45
33. ☑ app. (appartement) — boul. (boulevard) — éd. (édition)   46
34. ☐ max. (maximum) — s. (siècle) — **téléc.** (télécopieur)   47
35. ☐ Le lundi **7** avril   48
36. ☐ Les réunions ont eu lieu le jeudi 6 mars 2008 à 9 **h** et à 16 **h** à la mairie.   49
37. ☐ La course a duré **six heures.**   49
38. ☑ J'ai rencontré madame la directrice.   50
39. ☐ OQLF — HEC — NASA — **cégep**   52
40. ☑ La première fois qu'on emploie un sigle, il faut donner sa signification.   52

Abréviations (*suite*)   Page

41. ☐ 3 h 20 min 40 s — Ce tissu mesure 1,75 m en tout. — 25 cm — 10 **kg**   54
42. ☑ Go (gigaoctet) — km/h (kilomètre par heure) — kWh (kilowattheure)   56
43. ☑ La monnaie de l'Allemagne est l'euro.   58
44. ☑ 6 G$ ou 6 GCAD = 6 000 000 000 $ = 6 milliards de dollars   62
45. ☐ Certains mots se mettent en italique : *idem, ibidem,* **etc.**   64
46. ☑ Plomberie Paul enr. — Coiffures Lafrise inc. — Menuiserie Dubois ltée   65
47. ☑ Les bulletins n°s 7 et 8 sont ici. — J'habite au numéro 6.   66

Capitales   *Ces lignes sont sans fautes. Corrections en gras.*   Page

48. ☑ Le bas-de-casse (bdc) désigne la minuscule.   69
49. ☐ le **ministère** des **Transports** — l'avenue du Mont-Royal   69
50. ☑ Raison sociale : la Nouvelle Société des amis des chats   71
51. ☐ J'ai visité le Centre sportif de Saint-Yves. Ce **centre** sportif est très actif.   71
52. ☐ L'appel dans un courriel s'écrit ainsi : **Bonjour, Paul.**   72
53. ☐ On écrit un numéro de téléphone ainsi : **514** 499-1142 **ou 514-**499-1142   73
54. ☐ 3, rue **Sainte**-Catherine **Ouest**   74
55. ☑ Menus : Terrine de fruits de mer — Pêche Melba   75
56. ☐ 1, édifice **Place-**Ville-Marie — station Place-des-Arts   76
57. ☐ Je vais au **24, rue** Dupont.   77
58. ☑ le lac des Deux Montagnes — la ville de Deux-Montagnes   77
59. ☐ Je connais le **sud-est** du Québec. — Je vais en vacances dans le Sud-Est.   80
60. ☑ la Cour internationale de justice — la Haute Cour de justice   81
61. ☑ Le stade olympique a été agrandi. — Le Stade olympique augmente ses prix. 83
62. ☑ B.A. baccalauréat ès arts — B. Sc. pol. baccalauréat en sciences politiques   84
63. ☐ l'école du **Lac-des-Deux**-Montagnes   85
64. ☑ Nous prions sainte Justine. — Il travaille à l'hôpital Sainte-Justine.   88
65. ☐ la guerre de 1914-1918 — la **Première** Guerre mondiale   90
66. ☐ les **Jutra,** les Juno, les Oscars, les **Olivier,** les Masques   90
67. ☑ Nous avons lu dans la *Gazette* que les envoyés du *Spiegel*...   93
68. ☐ le **code** Napoléon — le Code de la route   95
69. ☐ Signes du zodiaque : les Poissons — Mon ami est un **Poissons.**   97
70. ☐ l'art canadien-français — les **Canadiens français**   98
71. ☑ les néo-Canadiens — les Néozélandais   98
72. ☑ un coup d'État — un État totalitaire — un état de siège   99
73. ☐ la fête des Mères — la période des **fêtes** — les Noëls de mon enfance   100
74. ☐ le **Nouveau** Parti démocratique — le Parti vert du Canada   101
75. ☑ Bibliographies : DURAND, Pierre. — Durand, Pierre.   102

Coupures   *Ces lignes sont sans fautes. Corrections en gras.*   Page

76. ☐ Coupure possible : dés-habiller — **Coupure impossible : cré / ancier**   105
77. ☑ Coupures possibles : par-tenaire — am-nésie — ressem-bler   105
78. ☑ On ne peut pas couper les mots *tendu* et *blanche*.   105
79. ☐ Dans *cria-t-elle*, on peut couper seulement **après le premier** trait d'union. 106
80. ☑ On ne doit pas séparer les éléments des dates.   106

Italique   *Ces lignes sont sans fautes. Corrections en gras.*   Page

81. ☑ le parfum *Chanel n° 5* — l'ouragan *Nargis* en Birmanie   113
82. ☐ la Thanksgiving Day — Voir le chapitre **Abréviations.**   114
83. ☐ deux **Boeing** — des camemberts — la navette *Columbia*   115
84. ☑ Le mot *suivant* est très important. = Le mot «suivant» est très important.   116

Nombres   *Ces lignes sont sans fautes. Corrections en gras.*   Page

85. ☐ ¾ trois **quarts** — 25/100 vingt-cinq centièmes   118
86. ☑ Quantité : quatre-vingt-un — Rang : soixante-dixième   118
87. ☐ quatre-vingts pages — la page **quatre-vingt**   119
88. ☐ George Sand passa sa jeunesse à Nohant entre **4** et 14 ans.   120
89. ☑ 23 234,78 $ — 2 678 kg *ou* 2678 kg — 12345, rue Dupont   121
90. ☑ le neuf de carreau — la classe de quatrième   121
91. ☐ Il a fait 26,7° aujourd'hui. — Il a fait **26,7 °C** aujourd'hui.   122
92. ☑ Horaires : 12:15 *ou* 1215 midi et quart   122
93. ☑ 50 % — 12 ½ % — 6,125 % — 3,5 p. 100 — dix pour cent   123
94. ☑ un gain de 100 $ à 150 $ — un gain de 100 à 150 $ 123
95. ☐ le XXe siècle — LE **XXe** SIÈCLE — le 20e siècle — le vingtième siècle.   124

Orthographe   *Ces lignes sont sans fautes. Corrections en gras.*   Page

96. ☐ Lui, toi et moi **chanterons.**   128
97. ☑ Est-ce toi qui as frappé?   128
98. ☑ Les gouvernements fédéral et provinciaux sont représentés.   129
99. ☐ des robes **bleu clair**   129
100. ☐ Je les en ai **informés.**   130
101. ☐ Elle s'est **acheté** une robe.   130
102. ☐ Vous vous êtes **téléphoné.**   130
103. ☑ La rumeur qu'il y a eu était exagérée.   131
104. ☑ Les feuilles que j'ai vu ramasser.   131
105. ☐ Elle s'est **fait** entendre.   131
106. ☐ Il a neigé pendant l'heure qu'il a **couru.**   131
107. ☐ Les reines se sont **succédé.**   133
108. ☑ Il faut que vous croyiez en l'avenir.   134
109. ☑ Nous avons cueilli les pommes, excepté les vertes.   142
110. ☐ Aucun effort n'a été épargné, et il n'y aura **aucuns** frais.   142
111. ☑ Le cinéma comme le théâtre me plaisent beaucoup.   144
112. ☐ Je l'estime **davantage** chaque jour.   144
113. ☑ La réunion a duré deux heures et demie.   145
114. ☐ cette robe-là — cette robe **d'été là**   147
115. ☐ Je les **leur** donne.   147
116. ☐ les garçons mêmes — **ceux-là mêmes** — eux-mêmes   148
117. ☑ Les hommes même sont mortels.   148
118. ☑ Elle découvrit un paquet de lettres qui était bien ficelé.   148
119. ☐ On **n'attend** pas d'invités.   149
120. ☐ Un choc physique ou une émotion **peuvent** lui être fatals.   149

Orthographe (*suite*)   Page

121. ☐ Ces chandails n'ont pas de col. — Ce chandail est sans **manches.**   150
122. ☑ les Tremblay — des Picassos — les Amériques — deux Chevrolet   150
123. ☐ Plus d'un élève **fut étonné.**   150
124. ☑ Nous ferons le moins de fautes possible.   151
125. ☑ J'ai cueilli quelque soixante pommes.   151
126. ☑ Quoi que tu en penses, je viendrai.   152
127. ☑ On se rappelle son enfance.   152
128. ☐ J'irais avec toi si tu le **voulais.**   152
129. ☑ Un animal telle la girafe a un long cou. — Un animal tel que la girafe…   153
130. ☐ Répond-elle souvent? — **Va-t'en.**   153
131. ☑ Elle est tout attristée. — Elle est toute contente.   153
132. ☐ les enseignant(e)s (*à éviter*) — les **enseignants et enseignantes**   154
133. ☑ crèmerie [crémerie] — ambigüe [ambiguë]   160
134. ☑ ruissèle [ruisselle] — dissout [dissous]   161

Ponctuation   *Ces lignes sont sans fautes. Corrections en gras.*   Page

135. ☐ Ponctuations basses : point, virgule et **points de suspension.**   168
136. ☑ Espacements du deux-points : espace insécable avant et sécable après.   169
137. ☑ jusqu'alors — quelqu'un — puisque ici   170
138. ☑ Les chevrons simples signifient *plus petit* (6 < 9) et *plus grand* (10 > 4).   171
139. ☐ Je pense que « marcher fait du bien. Rire **aussi** ».   172
140. ☑ Nous avons pris le train du matin. (J'avais réservé les places.)   174
141. ☑ Librairie Jean Durand & Filles ltée — Ceintures et sacs de cuir inc.   174
142. ☑ Il faudra considérer : *a)* le lieu ; *b)* la date ; *c)* l'heure.   175
143. ☐ Qu'est-ce que vous **dites?...**   176
144. ☐ la partie Trois-**Rivières–Montréal**   177
145. ☑ des idées-cadeaux — des mots-valises — des tartes maison   178
146. ☑ Vas-y. — Parle-m'en. — Allez-vous-en.   179
147. ☐ Laissez-le partir. — **Venez le** voir. — Donnez-le-moi.   179
148. ☐ Celui qui a les dents **longues ne** doit pas avoir la vue courte.   180
149. ☑ Les enfants, qui avaient faim, mangèrent (tous les enfants mangèrent).   180
150. ☑ Le directeur veut te voir, Chantal.   181
151. ☑ Jean Rougy, timide, ne s'est pas prononcé.   181
152. ☐ Notre **fille, Élise,** est venue. (Nous n'avons qu'une fille.)   181
153. ☑ Après l'automne arrivèrent les grands froids.   181
154. ☐ J'en **veux, du** café !   181
155. ☑ « Bravo ! s'écria-t-elle, je vous félicite. »   182
156. ☑ « J'aimais, t'en souviens-tu ? chanter… »   182
157. ☐ J'aimerais passer la soirée à la **discothèque, mais** je n'ai plus un sou.   182
158. ☐ Enfin cessèrent la pluie et le **vent, et** le soleil revint.   183
159. ☑ Nous allons changer les règlements, et ce, dès demain matin.   183
160. ☐ **« Bonjour ! »** dit-elle. — J'ai réussi (quel bonheur !).   185
161. ☑ Qui a demandé : « Quel temps fait-il ? »   185
162. ☐ On **ne doit pas** mettre deux espaces après une ponctuation finale.   185

Table des matières

Page

ABC DE TYPOGRAPHIE **7**

Abrégé historique 8

Glossaire de la typographie 10

    Famille de caractères 10

    Police ou fonte 10

    Taille ou corps 10

    Ligne de base 10

    Interligne 10

    Style ou face 11

    Œil du caractère 11

    Échelle ou chasse 11

    Espacement ou approche 11

    Mesures typographiques 11

    Justification 11

    Soulignement 11

    Cadratin et demi-cadratin 12

    Espace sécable 12

    Espace insécable 12

    Espace fine 12

    Cadre 12

    Paragraphe dans Word 13

    Mise en forme de caractères 13

    Mise en forme de paragraphes 13

    Hiérarchie des subdivisions 13

    Retrait ou renfoncement 13

Glossaire de l'imprimerie 14

Correction d'épreuves 18

    Corrections à l'encre 18

    Corrections au crayon 18

    Place des signes de correction 18

    Nombre de lectures en correction 18

    Relecture des passages corrigés 18

    Indications à l'auteur 18

    Vérification des pages et des notes . 18

    Vérification des hors-textes 18

    Vérification des énumérations 19

    Vérification des dates 19

    Vérifications diverses 19

    Uniformité des abréviations 19

    Les noms propres 19

    Les capitales 19

    Soulignement 19

    Éviter de deviner le texte 19

    Corriger un mot 19

    Doute et humilité 19

Correction d'épreuves : signes 20

Alignement des paragraphes 24

Page

Énumérations verticales 26

Notes et appels de note 27

Livre 28

Saisie 31

Mise en page 32

    La maquette de l'imprimé 32

    Choix de la famille de caractères 32

    Choix de la police 32

    Choix de l'œil de la police 32

    Graphiques et photos 32

    Texte dans la mise en page 32

    Titres dans la mise en page 32

    Choix du corps 32

    Annonces encadrées 33

    Alignement des sous-titres 33

    Alignement des tabulations 33

    Colonnes dans un journal 33

    Répartition des blancs 33

    Aspect visuel des pages 33

    Texte en fin de chapitre 33

    Sous-titre en fin de page 33

    Blanc entre les paragraphes 33

    Veuve et orpheline 33

Word facile 34

    Barres 34

    Choisir les picas 34

    Choisir les marges 34

    Table des matières et index 34

    La touche Alt de gauche 35

    Modifier un menu 35

    Modifier une barre d'outils 35

    Raccourci pour police ou style 35

    Raccourci pour un caractère 35

    Insertion automatique 35

    Comment séparer les paragraphes .. 36

    Rechercher ou remplacer 36

    Sélection verticale 36

    Ligne de rappel 36

    Centrage vertical 36

    Touches importantes à retenir 36

    Sections 36

    Alignement des chiffres à droite 37

    Liste des commandes 37

    Calculer 37

    Créer des tabulations 37

    Créer un signet 37

    Créer un renvoi 38

Sommaire multiple 38
Points de suite 38
Styles...................................... 38
Gouttière 38
Modèles 39
Titres 39
Tri 39
Exemple de tri 39
Internet.................................... 40
Marche 41
Perles précieuses........................... 42
ABRÉVIATIONS 43
Règles des abréviations.................... 44
Définition de l'abréviation 44
Emplois des abréviations 44
Formation des abréviations 44
Accents sur les capitales............... 44
Casse des abréviations 44
Points abréviatifs......................... 44
Espacement des abréviations 45
Pluriel et féminin des abréviations... 45
Ponctuation des abréviations 45
Abréviations courantes.................... 46
Dates 48
Heures...................................... 49
Madame, mademoiselle, monsieur 50
Sigles et acronymes........................ 52
Système international d'unités........... 54
Symboles du système international 56
Symboles de chimie........................ 57
Symboles des pays et des monnaies.... 58
Union européenne 61
Sommes d'argent 62
Cas particuliers d'abréviations 63
Compagnie 63
Docteur 63
Maitre [Maître]........................... 63
Professeur................................. 63
Prénoms 63
etcétéra................................... 64
Mois et jours............................. 64
Recettes de cuisine...................... 64
Nuages 64
enr. – inc. – ltée 65
Provinces et territoires du Canada... 65
Grades militaires canadiens........... 65
Numéro 66
Livres bibliques 66
Abréviations des féminins 66
Troncations 66

CAPITALES 67
Définitions.................................. 69
Règles des capitales........................ 70
Absence de règles absolues........... 70
Personne physique ou morale........ 70
Enseignes et couvertures de livres .. 70
Capitales accentuées 70
Adjectif placé avant 70
Ponctuations finales 70
Noms propres 70
Titres et paragraphes en capitales... 71
Raison sociale 71
Dénomination elliptique 71
Dénominations au pluriel 71
Dénomination trompeuse.............. 71
Lettre d'affaires............................ 72
Menus de restaurant........................ 75
Toponymie 76
Toponymie : règles......................... 77
Toponymie : odonymes à Montréal...... 78
Toponymes à retenir........................ 79
Points cardinaux............................ 80
Cas particuliers des capitales.............. 81
Organismes 81
Réunions de personnes 82
Bâtiments et lieux publics 83
Enseignement............................. 84
Diplômes et grades universitaires ... 84
Écoles...................................... 85
Sports 85
Sociétés et commerces.................. 86
Sociétés au nom spécial 86
Accord des noms de sociétés......... 87
Services administratifs 87
Services internes......................... 87
Saint ou sainte........................... 88
Prières 88
Dieu.. 89
Église 89
Dénominations historiques 89
Récompenses 90
Guerres 90
Stations de métro........................ 91
Arrondissements 91
Télévision et radio 92
Histoire et régimes 92
Journaux et revues....................... 93
Époques.................................... 93
Doctrines et collectivités 93
Particules 94

Décorations 94
Citations et noms d'auteurs 94
Textes juridiques 95
Manifestations commerciales 95
Maladies 95
Fonctions et titres divers 96
Antonomases 96
Unités militaires canadiennes 97
Subdivisions militaires ou policières. 97
Signes du zodiaque 97
Allégories ou personnifications 97
Astres 98
Planètes 98
Habitants, civilisations et races 98
Jardin 98
Styles artistiques 99
Logiciels et polices 99
Animaux 99
État 99
Fêtes et pratiques 100
Systèmes 100
Accents sur les capitales 100
Surnoms 100
Partis politiques 101
Vents 101
Capitales des États américains 101
Petites capitales 102
Pas de règles absolues 102
Articles de lois 102
Bibliographies 102
Capitale initiale 102
Lettrine 102
Pièces de théâtre en vers 102
Pages liminaires 102
Notes de bas de page 102
COUPURES 103
Définitions 104
Trait d'union 104
Trait d'union conditionnel 104
Trait d'union insécable 104
Coupures de mots 104
Coupure étymologique 104
Coupure syllabique 104
Abréviations 104
Noms de famille 104
Apostrophe 105
Mots composés 105
Consonnes doubles 105
Syllabe finale 105
Deux consonnes interdites 105

Deux consonnes permises 105
Deux voyelles 105
Lettres *x* et *y* 105
Malsonnante 105
Mathématiques 105
Nombres en chiffres 105
Deux traits d'union 106
Première lettre 106
Sigles et acronymes 106
Mots coupés de suite 106
Fin de paragraphe ou de page 106
Séparations de mots 106
Énumérations 106
Noms propres 106
Symboles 106
Pages 106
ITALIQUE 107
Latin 108
Titres d'œuvres 110
Cas particuliers de l'italique 113
Bibliographies 113
Lettres de l'alphabet 113
Créations commerciales 113
Ouragans ou cyclones 113
Indications aux lecteurs 113
Notes de musique 114
Devise, maxime et proverbe 114
Guillemets et italique opposés 114
Renvois 114
Langues étrangères 114
Produits et spécialités 115
Véhicules 115
Villas 115
Théâtre et jeux de scène 116
Pages liminaires d'un livre 116
Pour détacher un mot 116
Italique dans ce livre 116
Séminaires, cours, concours, etc..... 116
Lois 116
NOMBRES 117
Écriture des nombres en lettres 118
Traits d'union 118
Chiffres et lettres mélangés 118
Noms sans traits d'union 119
Les noms *million* et *milliard* 119
Accord de *cent* 119
Accord de *quatre-vingt* 119
Le mot *un* 119
Emplois des nombres 120
Historique 120

Travaux juridiques........................ 120

Travaux littéraires 120

Travaux scientifiques 120

Travaux ordinaires........................ 120

Chiffres arabes................................. 121

Nombre signifiant une quantité...... 121

Nombre signifiant un rang 121

Début d'une phrase 121

Âges 121

Cartes à jouer............................... 121

Classes d'école............................. 121

Densités 121

Statistiques 121

Proverbes.................................... 121

Degré.. 122

Longitude, latitude, angles plans..... 122

Degré d'alcool.............................. 122

Degré de température.................... 122

Horaires...................................... 122

Poésies 122

Votes 122

Pourcentages............................... 123

Répétition de symboles 123

Nombres négatifs 123

Nombres en lettres dans les années 123

Chiffres romains.............................. 124

Alignement.................................. 124

Acte de théâtre 124

Chapitre, tome, volume................. 124

Concile 124

Manifestation commerciale............. 124

Millénaire 124

Monument................................... 124

Régime politique 124

Siècle 124

Souverain 124

ORTHOGRAPHE 125

Nomenclature simplifiée 126

Fonctions du nom............................ 127

Propositions................................... 127

Accords 128

Accord du participe passé 130

Modes et temps 134

Conjugaison 135

Genres à retenir.............................. 138

Orthographes à retenir..................... 139

Noms et adjectifs composés 140

Rhétorique 141

Difficultés orthographiques 142

Féminisation des textes.................... 154

Féminisation des fonctions 156

Préfixes des mots............................ 158

Nouvelle orthographe : règles 160

Nouvelle orthographe : liste 162

PONCTUATION 167

Faces de la ponctuation.................... 168

Espacements de la ponctuation.......... 169

Cas particuliers de la ponctuation....... 170

Accolades { } 170

Apostrophe (') 170

Arobas et *a* commercial (@).......... 170

Astérisque (*)............................. 171

Barre oblique (/) 171

Chevrons simples (< >) 171

Crochets [ ]................................ 172

Deux-points (:)............................ 172

Guillemets (« » " " " ") 172

Parenthèses ( ) 174

Perluète (&)................................ 174

Point (.)...................................... 174

Point-virgule (;) 175

Point d'exclamation (!) 175

Point d'interrogation (?) 175

Points de suspension (...) 176

Tiret long (—)............................. 176

Tiret court (–)............................. 177

Trait d'union (-) 177

Virgule (,) 180

Ponctuation fautive......................... 184

Plusieurs ponctuations de suite.......... 185

Perles en traduction........................ 186

TYPOGRAPHIE ANGLAISE 187

Abrégé de grammaire anglaise 188

Règles typographiques anglaises........ 189

Abréviations 189

Capitales.................................... 191

Coupures 191

Italique...................................... 191

Nombres.................................... 192

Ponctuation 192

ANNEXES 193

Époques et périodes 194

Histoire du Canada et du Québec....... 196

Histoire de France 198

Littérature de langue française 200

Exercices 202

Corrigé des exercices....................... 206

Table des matières 210

Index 214

l

Index

1. Les mots qui gardent toujours leurs capitales sont notés avec ces capitales : *la Belle Époque* ; 2. Les deux ou trois lettres qui suivent la virgule sont les dernières de chaque élément quand le mot est au pluriel : *aller-retour, s s = allers-retours* ; 3. Abréviations : t.a. (toponyme administratif) ; t.n. (toponyme naturel) ; t.u. (trait d'union).

page		page		page
à demi, inv. et sans t.u.	145	adresse postale	74	apposition attachée	127
à nouveau – de nouveau	144	adverbe, définition	126	apposition attachée, liste	178
abc de typographie	7	aéroport (bâtiment)	83	apposition détachée	127
abrégé historique	8	âge, écriture du nombre	121	apprentie cuisinière	177
abréviations	43	âge, pér. de l'humanité	194	approche de paire	11
— accents sur les cap.	44	agence (organisme)	81	approche ou espacement	11
— casse	44	agence (société)	86	apr. J.-C.	46
— coupures des	104	aide-	142	après que – avant que	143
— début de phrase	44	aide (texte juridique)	95	Arabie Heureuse	79
— définition	44	aide juridique, sociale	87	Arabie saoudite	79
— des féminins	66	aiguille, sans t.u., var.	178	arc (bâtiment)	83
— emplois	44	ainsi que – avec	182	arc-en-ciel, s n l	140
— en anglais	189	Airbus, des Airbus	115	Arctique	79
— espacement	45	alignement des chiffres	37	aréna (bâtiment)	83
— formation	44	alignement des paragr.	24	armée, subdiv. militaire	97
— liste alphabétique	46	alignement des tabul.	33	arobas et *a* commercial	170
— pluriel et féminin	45	alinéa, définition	25	arrêt (t.a.)	76
— points abréviatifs	44	allée (t.a.)	76	arrêté (texte juridique)	95
— ponctuation	45	allégorie, personnification	97	arrière-saison, e s	140
— règles	44	aller-retour, s s	140	arrondissement (t.a.)	76
académie (enseign.)	84	alliance (organisme)	81	arrondissements, écriture	91
académie (organisme)	81	allitération (rhétorique)	141	article dans périodique	113
accaparer	142	allophones	93	article de loi (texte jurid.)	95
accents en français	142	Altesse Royale	72	article de loi en chiffres	121
accents sur les cap., ex.	100	ambassade	87	article de loi, petites cap.	102
accents sur les capitales	70	Amérique centrale	79	article devant dénomin.	52
accolades, emplois	170	Amour (allégorie)	97	article, définition	126
accord (texte juridique)	95	ampère, A	56	Asie centrale	79
accord de l'adjectif	128	an quarante	123	Asie Mineure	79
— comme adverbe	129	anagramme (rhétorique)	141	aspect visuel des pages	33
— de couleur	129	anglais, grammaire en	188	assemblée (organisme)	81
— deux adjectifs	129	angle de trame	14	assemblée (réunion)	82
— noms de genre diff.	128	angles plans	122	assemblée, nom collectif	148
— noms de même genre	128	anglicanisme	93	association (société)	86
— noms unis par *de*	129	anglophones	93	associés, avec perluète	174
— qualificatif	128	Anik, les Anik	90	assombrissement (impr.)	14
— un seul des noms	128	animaux, races d'	99	assurance vie, etc.	87
accord des sociétés	87	année, en lettres	123	assurances (société)	86
accord du part. passé	130	année, numéro d'ordre	121	astérisque, appel de note	27
accord du titre d'œuvre	112	année-lumière, a.l.	46	astérisque, emplois	171
accord du verbe	128	année-lumière, s e	140	astres, casse	98
— adverbe de quantité	128	annonces encadrées	33	attaché-case, s s	140
— avec le sujet	128	antémémoire (imprimerie)	14	attendu, préposition	142
— avec un infinitif	128	antonomase (rhétorique)	141	atto- préfixe décimal a	55
— genres différents	128	antonomase dans menu	75	attribut, mise en forme	13
— pronom relatif *qui*	128	antonomases, liste des	96	auberge (société)	86
— pronoms différents	128	apocope ou troncation	66	aucun	142
accroche (imprimerie)	14	apologue (rhétorique)	141	aussi tôt – aussitôt	143
accusation, à la cour	139	apostrophe	170	Australie-Méridionale	79
achevé d'imprimer	14	— coupure avant	105	autochtones	93
acronymes devenus noms	53	— dans les années	123	auto-infection, o s	140
acronymes et sigles	52	— devant nom propre	170	autoroute (t.a.)	76
acronymes, coupure des	106	— espacement	169	autoroute 20 Est	80
acronymes, exemples	53	— et chiffre	170	av. J.-C.	46
acte de théâtre, chiffres	124	apostrophe (rhétorique)	141	avant que – après que	143
additionner	36	appartement, app.	74	avant-centre, s s	140
adjectif avant le nom	70	appel dans un courriel	72	avant-dernier, t s	140
adjectif, définition	126	appel dans une lettre	72	avant-poste, t s	140
adjectifs composés, plur.	140	appel de note	27	avant-propos	116
adn, acide	53	appel de note dans titre	27	avenue (t.a.)	76
adresse en anglais	191	appel de note, face	27	avenue, abrév. av.	46

avion-cargo, s s 140
avions, face des noms d' 115
avoir l'air 143
ayons, ayez, jamais de *i* 139
baccalauréat 84
baie (t.n.) 76
baie James (t.n.) 79
Baie-James (t.a.) 79
bain-marie, s e 140
ballet (œuvre) 111
bande, nom collectif 148
bande-annonce, s s 140
bande-son, s n 140
banque (organisme) 81
banque (société) 86
barre d'espac., saisie 31
barre d'outils, modifier 35
barre oblique, emplois 171
barreau 87
barres dans Word 34
bas de vignette 16
bas du fleuve (t.n.) 79
Bas-du-Fleuve (t.a.) 79
bas Saint-Laurent (t.n.) 76
Bas-Saint-Laurent (t.a.) 79
Bas-Canada (t.a.) 79
bas-de-casse, minuscule 69
base de données 14
basilique (bâtiment) 83
Basse-Côte-Nord (t.a.) 79
Basse-Ville (t.a.) 79
Bassin parisien 79
bataille (guerres) 90
bataillon 97
bateaux, face 115
bâtiments, casse 83
Baton Rouge (Louisiane) 79
bâtons, caractères 10
Belle Époque (1890-1914) 93
belle-de-nuit, s e t 140
bénéfice, avec t.u., inv. 178
bérets rouges 71
bible et livres bibliques 66
bibliographies 113
bibliographies, pet. cap. 102
bibliothèque (organisme) 81
bibliothèque (société) 86
bidon, sans t.u., inv. 178
Bien, Mal, personnif. 97
biennale (manif. artist.) 95
billet de loterie 121
blanc entre les paragr. 33
blanc ou espace 12
blanchir (imprimerie) 14
blancs dans un livre 29
blancs, répartition des 33
bleus ou tierce 14
bloc-notes, s s 140
Boeing, des Boeing 115
Bois-des-Filion (t.a.) 79
Bois-Francs (t.a.) 79
bon à tirer 14
bordure ou filet 12
bouche-à-bouche, inv. 140
Bouclier canadien 79
bouddhisme 93
boulevard, boul. ou bd 46
bourdon 14
bourse (organisme) 81
boutique (société) 86

bouton-pression, s n 140
bracelet-montre, s s 140
bric-à-brac, inv. 140
brigade 97
Brigades internationales 139
bulletin-réponse, s e 140
bureau (organisme) 81
bureau (réunion) 82
bureau dans adresse, bur. 74
bureau de vote 87
butoir, sans t.u., var. 178
ça, çà, ç'a 143
cabinet 87
cadeau, avec t.u., var. 178
cadratin 12
cadre 12
café (commerce) 86
cahiers d'un livre 28
caisse (organisme) 81
calculer 37
camion-citerne, s s 140
Canada dans une adresse 74
canton (t.a.) 76
cap (t.n.) 76
cap de la Madeleine (t.n.) 79
Cap-de-la-Madeleine (t.a.) 79
cap Vert (t.n.) 79
Cap-Vert (t.a.) 79
Cap-Breton (t.a.) 79
Cap-Rouge (t.a.) 79
capitales 67
capitales accentuées 70
capitales canadiennes 65
capitales des États amér. 101
capitales en anglais 191
capitales ou majuscules 69
capitales, règles des 70
capsule *Apollo*, véhicule 115
caravane, nom collectif 148
cardinal (fonction) 96
cardinal et ordinal 118
carmélites 93
carnaval (manif. artist.) 95
carte-lettre, s s 140
carte-réponse, s e 140
cartes à jouer, nombres 121
cartésianisme 93
case postale, C.P. 74
Casques bleus 71
casse après la ponct. 168
casse, définition 69
cathédrale (bâtiment) 83
catholicisme 93
caucus (réunion) 82
causerie (réunion) 82
causerie, avec t.u., var. 178
ceci, cela, ça, çà, ç'a 143
cédille 143
cégep (enseignement) 84
cégep, acronyme 52
c'en 143
censé – sensé 143
cent mètres, course 179
cent, accord du chiffre 119
centi- préfixe décimal c 55
centigramme, cg 56
centilitre, cl 56
centimètre, cm 56
centrage vertical 36
centre (bâtiment) 83

centre (organisme) 81
centre (société) 86
centre, point cardinal 80
centre-ville, s s 140
certificat en 84
César, les César 90
c'est – ce sont 143
c'est moi, c'est toi qui 128
c'est moi, c'est vous qui 152
césure 104
c'était – s'était 143
chaines de télévision 92
chambre (organisme) 81
chambre de commerce 87
chambre, dans adresse 74
champ, en informatique 14
championnat (sports) 85
chancelier (fonction) 96
chapeau dans un journal 15
chapelle (bâtiment) 83
chapitre et entête 29
chapitre, chif. romains 124
chapitre, pagination 17
charia, loi islamique 93
charte (texte juridique) 95
chasse ou échelle 11
château (bâtiment) 83
chats, races de 99
chef, en chef 143
chef-d'œuvre, s e 140
chemin (t.a.) 76
chemin de fer 15
cheminées, aspect visuel 33
Chemises noires 71
chercheur, dans internet 40
cheval-vapeur, aux r 140
chevau-léger, u s 140
chevaux, races de 99
Chevrolet, des Chevrolet 115
chevrons 172
chevrons simples 171
chiens, races de 99
chiffres arabes 121
chiffres romains 124
chiffres, lettres mélangés 118
chiite, chiites 93
chimie, symboles de 57
choc, avec t.u., var. 178
chou-fleur, x s 140
christ, casse 89
christianisme 93
ci – là 147
ci-annexé – ci-inclus 144
cible, sans t.u., var. 178
ci-joint 144
cime (t.n.) 76
cimetière (bâtiment) 83
cinéma (société) 86
circa, anglicisme 123
circonscription 87
circulaire en chiffres 121
circulaire, petites cap. 102
citation avec guillemets 173
citation en italique 94
citation en retrait 94
citation et nom d'auteur 94
civilisations 98
clarisses 93
classes d'école, de train 121
classicisme 93

clavier et accents, saisie   31
clé, sans ou av. t.u., var.   178
club (société)   86
Coca-Cola, inv.   115
code (organisme)   81
code (texte juridique)   95
code barres   15
code des mois, des jours   64
code postal dans adresse   74
col (t.n.)   76
col du Mont-Cenis (t.n.)   79
collectif, accord   148
collection, bibliographie   113
collectivités et doctrines   93
collège (enseignement)   84
colline parlementaire   139
colloque (manif. artist.)   95
colonne (bâtiment)   83
colonne de journal   33
colophon   14
cols blancs, cols bleus   71
combien en, accord avec   144
comédie music. (œuvre)   111
comité (organisme)   81
comité (réunion)   82
comité, nom collectif   148
commandes, liste   37
comme   144
commerces et sociétés   86
commission (organisme)   81
commission (réunion)   82
commission scol. (ens.)   84
communauté (organisme)   81
commune (t.a.)   76
communisme   93
compagnie (société)   86
compagnie, abréviation   63
compl. d'objet direct   127
compl. d'objet indirect   127
complexe (bâtiment)   83
compris, non compris   144
compris, y compris   144
compte-chèque, s s   140
compte-rendu, s s   140
comte (fonction)   96
comté (t.a.)   76
concert (manif. artistique)   95
concile (réunion)   82
concile, chiffres romains   124
conclave (réunion)   82
concours (manif. sportive)   95
concours, titres de   116
conditionnel   134
conférence (manif. éduc.)   95
conférence (réunion)   82
congrès (manifestation)   95
congrès (réunion)   82
conjonction, définition   126
conjugaison démodée   134
conseil (organisme)   81
conseil (réunion)   82
conseil de guerre   90
conseil, majuscule ou non   82
conseil, t.u. avant   177
consul (fonction)   96
consulat   87
conte (œuvre)   111
continuer *à* ou *de*   144
contraste d'image   15
convenir   144

copie d'un auteur   31
coq-à-l'âne, inv.   140
coquille   15
Cordillère centrale   79
Cordillère des Andes   79
corps ou taille   10
corps, choix du   32
correction d'épreuves   18
correction, signes de   20
correction, texte corrigé   23
correspondance, lettre   72
corrigeur ou corrigeuse   18
cortège, nom collectif   148
côte (t.n.)   76
côte atlantique   79
Côte d'Azur   79
Côte d'Ivoire   79
côte nord du fleuve (t.n.)   79
Côte-Nord (t.a)   79
Côte Vermeille   79
Côte-d'Or   79
Côtes-d'Armor   79
couche-tard, inv.   140
cou-de-pied, s d   140
couleur, adjectif de   129
couleur, sans t.u., var.   178
coupe (sports)   85
coupon-réponse, s e   140
coupure en fin de page   106
coupure en fin de paragr.   106
coupure malsonnante   105
coupures   103
coupures de mots   104
coupures en anglais   191
cour (organisme)   81
cour municipale   87
couronne, à la cour   139
courriel   73
courriel, esp. insécable   12
cours, titres de   116
court-circuit, s s   140
court-métrage, s s   140
court-vêtue, t s   140
couverture de livre, casse   70
couverture, ss t.u., inv.   178
couverture, terminologie   29
création commerciale   113
crénage   11
croc-en-jambe, s n e   140
crochets, emplois des   172
crochets, espacement   169
crochets, face   168
croisade   90
cubisme   93
cuillère à café, c. à c.   64
cuillère à thé, c. à t.   64
cul-de-lampe, s e e   140
cul-de-lampe, vignette   15
cul-de-sac, s e c   140
curatelle publique   87
curateur public (fonction)   96
curé (fonction)   96
curriculum vitae, CV   46
curseur   31
cyclone ou ouragan   113
dans – d'en   144
date en anglais   191
date en chiffres, lettres   48
dates, séparation des   106
davantage – d'avantage   144

de même que   145
de nouveau – à nouveau   144
de toute   153
de un, d'un   119
de, du, des, nom propre   94
de, noms liés par   144
débat (réunion)   82
débat, avec t.u., var.   178
déca- préfixe décimal da   55
déci- préfixe décimal d   55
décibel, dB   56
déclaration (texte jurid.)   95
décorations, casse   94
décret (texte juridique)   95
décret, petites capitales   102
défaite (guerres)   90
défense, dans un procès   139
définitivement   145
dégradé (imprimerie)   15
degré celsius, °C   56
degré d'alcool   122
degré de température   122
degré, signe de   122
déjà-vu, inv.   140
déjeuner   145
déléatur   15
délibération (réunion)   82
delta-plane, a s   140
demi, avec un nom   145
demi-cadratin   12
demi-cadratin, raccourci   37
demi-ton ou simili   15
démocrates   101
démocratie   93
dénomination   69
dénomination au pluriel   71
dénomination elliptique   71
dénomination trompeuse   71
dénominations historiques   89
densités   121
département, serv. int.   87
député (fonction)   96
des mieux   145
des plus, des moins   145
des, de, du, nom propre   94
dessin au trait   15
dessous-de-plat, inv.   140
dessus-de-lit, inv.   140
destinataire dans adresse   74
détacher un mot, ital.   116
déterminant, définition   126
détourage (imprimerie)   15
deux espaces de suite   185
deux espaces en anglais   192
Deux Montagnes, lac des   77
Deux-Montagnes, ville de   77
deux-pièces, inv.   140
deux-points, deux fois   172
deux-points, emplois   172
deux-points, espacement   169
deux-points, face   168
deux-points, inv.   140
devise, maxime   114
dialogue et ponctuation   185
dialogue, casse   51
dialogue, guillemets   173
diaspora   93
dieu, casse   89
différent – différend   145
difficultés orthogr.   142

diplômes universitaires	84
directeur (fonction)	96
direction, service admin.	87
Directoire, style	99
disc-jockey, c s	140
discussion (réunion)	82
division, service interne	87
docteur, abrév. et casse	63
doctorat	84
doctrines et collectivités	93
dollar canadien	62
domaine, dans internet	40
dont – d'on	145
dos d'un livre	29
dos-d'âne, inv.	140
double, accord	145
double-croche, s s	140
doublon	15
doyen (fonction)	96
drapeau, alignement en	24
Droits de l'homme	95
du, de, des, nom propre	94
duc (fonction)	96
duché (histoire)	92
é – er, part. passé, inf.	145
e muet	134
échappé belle	146
échapper	145
échelle ou chasse	11
éclair, sans t.u., inv.	178
écoles, nouveaux noms	85
édit (texte juridique)	95
éditions (société)	86
égaler – égaliser	146
église, casse	89
ellipse	180
ellipse (rhétorique)	141
elliptique, dénomination	71
Éminence, dans lettre	72
empagement	29
empattements	10
empereur (fonction)	96
empire (histoire)	92
Empire, style	99
en – en n'	146
en chef, chef	143
encart	15
enregistrée, enr.	65
enseigne et panneau	70
enseignement	84
ensemble, nom collectif	148
entête	29
entête aux chapitres	29
entretien (réunion)	82
énumér. horizontales	175
énumér. verticales	26
énumération, séparation	106
épair (imprimerie)	15
épicurisme	93
épine d'un livre	29
époques	93
époques et périodes	194
époques historiques	194
équipe, nom collectif	148
ère atomique	93
ère chrétienne	93
ères de la Terre	194
escadre	97
espac. de ponctuation	169
espace est féminin	12

espace fine	12
espace insécable	12
espace sécable, justif.	12
espacement ou approche	11
esperluette ou perluète	174
essai (œuvre)	111
est, ouest, point cardinal	80
et commercial	174
et surtout	146
et/ou	146
étage dans adresse, ét.	74
étant donné	146
état, casse du mot	99
État, nation	92
États amér. en anglais	190
États amér., capitales	101
etcétéra, etc.	64
étudiant, sans t.u., var.	178
euphémisme (rhétorique)	141
évêque (fonction)	96
excepté, préposition	142
exercices (corrigé)	206
exercices (questions)	202
exergue	15
existentialisme	93
expert-comptable, s s	140
explicatif ou restrictif	180
exposant dans courriel	45
exposant ou indice	45
exposition (manifestation)	95
expositions, titres d'	116
extra-utérin, a s	140
extrême droite	101
Extrême-Nord	80
Extrême-Orient	79
face ou style	11
face-à-face, inv.	140
faculté (enseignement)	84
fait-divers, s s	140
famille de caract., choix	32
famille de caractères	10
fan-club, s s	140
fantaisie, sans t.u., inv.	178
fantôme, sans t.u., var.	178
fascisme	93
faux-	146
favori, signet internet	40
fax, télécopieur	73
fédération (sports)	85
Femina, les Femina	90
féminins dans une liste	66
féminisation des textes	154
féminisation, fonctions	156
femto- préfixe décimal f	55
fer à droite, fer à gauche	25
FERR	53
festival (manif. artistique)	95
fête (manif. commerciale)	95
fêtes autres	100
fêtes et pratiques	100
fier-à-bras, s à s	140
filet	33
filet ou bordure	12
filet vertical	16
fils, filles, perluète	174
fin, adverbe	146
fins de lignes en saisie	31
fleurs, en	146
fleuve (t.n.)	76
fleuve Jaune	79

flexe, accent circonflexe	142
floralies (manif. artist.)	95
foire (manif. commerciale)	95
foire, sans t.u., inv.	178
folios	29
folios de chapitres	17
fonction du destinataire	72
fonction publique, la	139
fonctions au féminin	156
fonctions du nom	127
fonctions et titres divers	96
fond perdu	16
fonds (organisme)	81
fontaine (bâtiment)	83
fonte ou police	10
Forêt-Noire	79
forum (réunion)	82
foule, nom collectif	148
fournisseur d'accès	40
français courant	134
francophones	93
franc-parler, s s	140
franc-tireur, s s	140
frappe au kilomètre	31
frère, religieux	96
frère, sœur, perluète	174
Frigidaire, des Frigidaire	115
front commun	139
frontière, sans t.u., inv.	178
fureteur ou navigateur	40
galaxie, planète	98
galerie (bâtiment)	83
galerie (société)	86
gare (bâtiment)	83
Gazette, la	93
Gémeaux, inv., avec cap.	90
générique administratif	76
générique naturel	76
générique, définition	69
Génie, les Génies	90
génito-urinaire, o s	140
genre non marqué	146
gentilés ou habitants	98
giga- préfixe décimal G	55
gigadollar, milliard, G$	62
gigaoctet, Go	56
gloses	27
glossaire de la typo	10
glossaire de l'imprimerie	14
goal-average, l s	140
golfe (t.n.)	76
golfe Persique	71
Goncourt, les Goncourt	90
gothique, style	99
gouttière, définition	16
gouttière, déterminer	38
gouvernement	87
gouverneur (fonction)	96
gradation (rhétorique)	141
grades milit. canadiens	65
grades universitaires	84
graisse d'un filet	33
grammaire anglaise	188
gramme, g	56
Grammy, les Grammy	90
Grand Canyon	79
Grand Lac Salé	79
Grand Nord	79
Grand Rapids	79
grand(s)-mère, s	140

grand, accord 146
grandes invasions 90
grand-guignolesque, d s 140
grand-père, s s 140
Grands Lacs 79
gravure (œuvre) 111
groupe (organisme) 81
groupe, nom collectif 148
Guatemala 79
Guatémaltèques, les 59
guerre du Golfe 71
guerres 90
guet-apens, s s 140
guillemets 172
— anglais 172
— anglais, emploi 173
— avec incise 182
— citations 173
— de répétition 173
— dialogue 173
— doute 172
— droits 172
— droits, emploi 173
— espacement 169
— et autres ponctuations 185
— et interlocuteur 173
— et italique opposés 114
— et mots étrangers 114
— et ponctuation finale 172
— face 168
— limites 173
— ou italique 174
— titres de subdivision 173
habillage (imprimerie) 16
habitants ou gentilés 98
Haut-Canada (t.a.) 79
haut-commissaire, s s 140
Haute-Côte-Nord (t.a.) 79
Hautes-Laurentides (t.a.) 79
hauteur de page 29
Haute-Ville (t.a.) 79
haut-fourneau, s x 140
hébergement 40
HEC, sigle 53
hecto- préfixe décimal h 55
hélas, non exclamatif 175
hémisphère Sud 79
hésitation, av. t.u., var. 178
heure avec deux zéros 177
heure, écriture 49
heure, h 56
hiérarchie des titres 13
hindouisme 93
Hispaniques, les 79
histoire (œuvre) 111
histoire de France 198
histoire de l'écriture 194
histoire du Canada 196
histoire du Québec 196
histoire et régimes 92
Holocauste 92
homme-grenouille, s s 140
homme-sandwich, s s 140
Honda, des Honda 115
hôpital (société) 86
horaires de programmes 177
horaires de transports 122
hors-d'œuvre, inv. 140
hors-la-loi (n.), inv. 140
hôtel (société) 86

hôtel de ville (bâtiment) 83
Hôtel de Ville, côté moral 83
hymne (œuvre) 111
hyperbole (rhétorique) 141
idem, ibidem 109
ile d'Anticosti (t.n.) 79
Île-d'Anticosti (t.a.) 79
ile de Montréal (t.n.) 79
Île-de-Montréal (t.a.) 79
ile des Sœurs (t.n.) 79
Île-des-Sœurs (t.a.) 79
Île-Perrot (t.a.) 79
iles de la Madeleine (t.n.) 79
Îles-de-la-Madeleine (t.a.) 79
iles Sous-le-Vent 79
image (rhétorique) 141
image vectorielle 16
immeuble (bâtiment) 83
impasse (t.a.) 76
impératif, terminaison 134
impératif, trait d'union 179
importe (qu') 150
imposition (imprimerie) 16
impressionnisme 93
imprimerie (société) 86
Imprimerie nationale 51
imprimerie, glossaire 14
incidente, incise, ponct. 182
incise et incidente, déf. 127
incorporée, inc. 65
index et table, créer 34
indications à l'auteur 18
indications aux lecteurs 113
indice ou exposant 45
infinité, nom collectif 148
ingénieur-conseil, s s 140
initiales dans une lettre 73
Inquisition, époque 93
insectes, races d' 99
insertion automatique 35
insertion dans une saisie 31
inspection (organisme) 81
institut (enseignement) 84
institut (organisme) 81
interjection, définition 126
interjections, signif. 175
interligne 10
internet 40
intransitif 127
introduction d'un livre 116
Inuits, gentilé 98
invasion (guerres) 90
inversion (rhétorique) 141
islam 93
Israéliens, gentilé 98
israélites 93
italique 107
italique dans ce livre 116
italique en anglais 191
italique et romain 114
italique ou guillemets 174
jacquette 16
jadis – naguère – antan 147
jambage inférieur 10
jansénisme 93
jardin (t.a.) 76
jardin, écriture du mot 98
je-m'en-fichiste, s 140
jésuites 93
jeux (sports) 85

jour, j ou d 56
journaux, revues 93
jours et mois, abrév. 64
judaïsme 93
juif, de religion judaïque 98
Juifs, commun. israélite 98
Juno, les Juno 90
jupe-culotte, s s 140
Jupiter, les Jupiter 90
jusqu'au-boutiste, u s 140
justification 11
Jutra, les Jutra 90
kilo- préfixe décimal k 55
kilodollar, mille dollars, k$ 62
kilogramme, kg 56
kilohertz, kHz 56
kilomètre, km 56
kilooctet, ko 56
kilowatt, kW 56
là – ci 147
la plupart, pluriel avec 147
La Prairie, municipalité 79
La, Le, Les, nom propre 94
lac (t.n.) 76
lac Beauport (t.n.) 79
Lac-Beauport (t.a.) 79
lac Drolet (t.n.) 79
Lac-Drolet (t.a.) 79
laissé-pour-compte, s r e 140
laisser-aller, inv. 140
laissez-passer, inv. 140
langue, casse 98
langues étrangères 114
langues fr. parlées 195
Las Vegas 79
LaSalle, station de métro 91
latin francisé ou non 108
latitude, longitude 122
Le Gardeur (t.a.) 79
le mieux 147
le moins... que 147
le peu de 147
le plus, le moins 147
le plus... que 147
le premier qui 147
le seul qui 147
Le, La, Les, nom propre 94
Le, La, Les, titre d'œuvre 112
légende 16
légendes, point dans les 174
Les Éboulements (t.a.) 79
Les Escoumins (t.a.) 79
Les Méchins (t.a.) 79
lettre a) avec parenthèse 26
lettre d'affaires 72
lettres de l'alphabet 113
lettres semblables à la fin 32
lettres supérieures 45
lettrine 102
leur – leurs, leur – son 147
lève-tôt, inv. 140
lézardes, aspect visuel 33
libéralisme 93
libéraux 101
librairie (société) 86
Libye 79
licence en 84
lien hypertexte 40
lieu-dit, x s 140
lieux publics, casse 83

ligatures en saisie 31
ligne creuse, ligne pleine 12
ligne de base 10
ligne de rappel dans Word 36
ligne séparatrice 16
ligne, fortification 90
ligue (organisme) 81
ligue (sports) 85
liminaires, définition 116
liminaires, folios 102
limite, sans t.u., var. 178
limitée, ltée 65
linéales, famille de caract. 10
liste verticale, ponct. 26
litote (rhétorique) 141
litre, l ou L 56
littérature en français 200
livre blanc, le 139
livre, cahiers, papiers 28
livre, subdivisions 28
livre, terminologie du 29
locomotive, véhicule 115
logiciels, programmes 99
loi (texte juridique) 95
loi-cadre, s s 140
lois en italique 116
long-courrier, g s 140
longitude, latitude 122
long-métrage, s s 140
lot, nom collectif 148
Louis XV, style 99
l'un et l'autre 147
l'un ou l'autre 148
lycée (enseignement) 84
macro, définition 16
madame, monsieur 50
mademoiselle 50
magasin (société) 86
magazines 93
main-d'œuvre, s e 140
maire (fonction) 96
mairie 87
maison (histoire) 92
maison (société) 86
maison de la culture 87
maison, sans t.u., inv. 178
Maison-Blanche 79
maitre, abrév. et casse 63
maitres imprimeurs 177
maitrise en 84
majorité, en politique 101
majorité, nom collectif 148
majuscule ou capitale 69
maladies, casse 95
mal-en-point, inv. 140
mandat-carte, s s 140
manif. commerciale 95
manifestation en chiffres 124
maquette de l'imprimé 32
marché (organisme) 81
marche, en typographie 41
marge extérieure, intér. 29
marges, choisir les 34
marines, les 139
marsala, des marsalas 115
Martini, des Martini 115
marxisme 93
Masque, les Masques 90
masse, nom collectif 148
massif (t.n.) 76

Massif central 79
massif du Mont-Blanc 79
matérialisme 93
matin, sans t.u., inv. 178
maxime, devise 114
Mecque, La 79
médaille, récompense 90
médecin-conseil, s s 140
méga- préfixe décimal M 55
mégadollar, million, M$ 62
mégahertz, MHz 56
mégaoctet, Mo 56
mégapixel, Mpx 56
mégawatt, MW 56
même, accord de 148
menu, modifier un 35
mer (t.n.) 76
mer Morte 79
mer Rouge 79
mère, sans t.u., var. 178
messieurs, abrév. MM 50
mesures typographiques 11
métaphore (rhétorique) 141
métiers, trait d'union 177
métis, race 98
mètre, m 56
métro, stations de 91
meute, nom collectif 148
micro- préfixe décimal μ 55
militaires, unités 97
millénaire, chiffres rom. 124
milli- préfixe décimal m 55
milliard et million 119
milligramme, mg 56
millilitre, ml 56
millimètre, mm 56
million et milliard 119
millions de dollars 62
mines antipersonnel 139
ministère 87
ministère public, tout bdc 87
ministre (fonction) 96
ministre, sans t.u., var. 178
minuscule, bas-de-casse 69
minute d'angle, ' 56
minute de temps, min 56
minute, sans t.u., inv. 178
miroir, sans t.u., inv. 178
mise en forme de caract. 13
mise en forme de paragr. 13
mise en page 32
modèle, créer un 39
modèle, sans t.u., var. 178
modes et temps 134
moins de deux 148
moins-perçu, s s 140
moirage (imprimerie) 16
mois et jours en anglais 189
mois et jours, abrév. 64
Molière, les Molière 90
Mongolie-Intérieure 79
monnaies du monde 58
Monseigneur, dans lettre 72
monsieur, madame 50
mont (t.n.) 76
mont Blanc 79
mont Royal (t.n.) 79
Mont-Royal, avenue (t.a.) 79
mont Saint-Hilaire (t.n.) 79
Mont-Saint-Hilaire (t.a.) 79

mont Tremblant (t.n.) 79
Mont-Tremblant (t.a.) 79
Mont-Saint-Michel (t.a.) 79
montagne (t.n.) 76
montagnes Rocheuses 79
montre-bracelet, s s 140
monument (bâtiment) 83
monument, date sur un 124
moral ou physique, sens 70
Mort (allégorie) 97
mortaise 16
mort-né, mort-née, s s 140
moteur de recherche 40
mots coupés de suite 106
mots semblables de suite 32
mouvement (organisme) 81
Moyen Âge 93
moyen-courrier, n s 140
moyen-métrage, s s 140
Moyen-Orient 79
multiples, sous-multiples 55
multitude, nom collectif 148
municipalité (t.a.) 76
mur (bâtiment) 83
musée (société) 86
music-hall, c s 140
musulmans 93
nano- préfixe décimal n 55
Nations Unies 53
Nature, personnification 97
nature, sans t.u., inv. 178
naturisme 93
navette *Columbia* 115
navigateur ou fureteur 40
ne explétif 148
ne... que 148
néo- 98
néodémocrates 101
New York 79
New-Yorkais, les 79
ni – n'y 148
ni... ni, ni l'un ni l'autre 148
nid-d'abeilles, s s 140
nid-de-poule, s e 140
night-club, t s 140
NIP 53
Nobel, les Nobel 90
Noël, casse et pluriel 100
nom commun, propre 126
nom composé, casse 177
nom de famille, coupure 104
nom de quantité 149
nom déposé 115
nom géographique 76
nom propre, apposition 181
nom propre, casse 70
nom propre, séparation 106
nom propre, uniformité 19
nom, définition 126
nombre, nom collectif 148
nombres 117
— années 123
— de un à neuf inclus 120
— début de phrase 121
— emplois 120
— en anglais 192
— en chiffres, coupure 105
— en lettres 118
— espacement 121
nomenclature simplifiée 126

noms composés, plur. 140
non marqué, genre 146
non seulement..., mais 149
non-dit, inv. 140
nord, sud, point cardinal 80
Nord-Africains, les 79
Nordiques, les 79
nordistes, les 79
notes de musique 114
notes en petites cap. 102
notes en saisie 31
notes et appels de note 27
Notre-Dame 89
nous d'humilité 149
Nouveau Monde 79
Nouveau-Mexique 79
nouveau-né, u s 140
nouveau-née, u s 140
nouvelle (œuvre) 111
nouvelle orth., liste 162
Nouvelle-Calédonie 79
Nouvelle-Orléans, La 79
nuages, abrév. et casse 64
nuée, nom collectif 148
nue-propriétaire, s s 140
numérisation 17
numéro d'ordre, rang 121
numéro, n°, emplois 66
nu-pieds, inv. 140
nu-propriétaire, s s 140
observatoire (bâtiment) 83
Occident, l' 80
Occidentaux, les 79
Occupation, époque 93
océan (t.n.) 76
océan Atlantique 79
octet, définition 17
octet, symbole o 56
odonymes à Montréal 78
œ, ligature dans saisie 31
œ, ligature dans sigle 52
œil du caractère 11
œil, choix 32
œil-de-perdrix, s e x 140
office (organisme) 81
Office québécois (OQLF) 53
oiseau-mouche, x s 140
oiseaux, races d' 99
Olivier, les Olivier 90
on – on n' 149
on, accord avec 149
on-dit, inv. 140
onomatopée (rhétorique) 141
opéra-comique, s s 140
Opinel, des Opinel 115
opposition, en politique 101
orang-outan, s s 140
oratoire (bâtiment) 83
ordinal et cardinal 118
ordonnance (texte jurid.) 95
ordre (société) 86
organisation 81
organisme ou réunion 82
organismes 81
Orient, l' 80
Orientaux, les 79
orpheline et veuve 33
orthographe 125
Oscar, les Oscars 90
ôté, préposition 142

ou – où 149
ou, accord avec 149
ouragan ou cyclone 113
pacte (texte juridique) 95
page impaire, belle page 29
page paire, fausse page 29
page, espac. du folio 121
page, séparation du mot 106
pages de garde 29
pages liminaires 116
pagination 17
paix 90
palais (bâtiment) 83
palais de justice 87
palier – pallier 149
palindrome (rhétorique) 141
panneau et enseigne 70
pantone (imprimerie) 17
pape (fonction) 96
papier-émeri, s i 140
papier-filtre, s s 140
papiers d'impression 28
paquet, nom collectif 148
par ce que – parce que 150
par, accord avec 149
paragraphe dans Word 13
paragraphe tout en cap. 71
paragraphe, abréviation § 47
paragraphes, blanc entre 33
paragraphes, séparer 36
parenthèses 174
— casse à l'intérieur 174
— espacement 169
— et autres ponct. 185
— face 168
— pour les prénoms 174
— s'adresser au lecteur 174
Parlement (organisme) 81
paroisse 76
participe passé, accord 130
participes passés invar. 132
particule nobil. étrangère 94
particule nobil. française 94
particule, définition 94
partis politiques 101
pas, pluriel avec 150
pas-de-porte, inv. 140
pas-grand-chose, inv. 140
passage (t.a.) 76
passé, préposition 150
pause-café, s s 140
pavé, en 24
Pays basque 79
pays de Galles 79
pays du monde 58
péninsule (t.n.) 76
péninsule Ibérique 79
pensées (œuvre) 111
péquistes 101
père, religieux 96
périodes d'art archit. 195
périodes de l'humanité 194
perle 15
perles en traduction 186
perles précieuses 42
perluète ou esperluette 174
personne 150
personne morale 70
personne physique 70
personne-ressource, s s 140

personnification, allégorie 97
péta- préfixe décimal P 55
petit-beurre, s e 140
Petit-Champlain (t.a.) 79
petites capitales 102
petit-four, s s 140
pétrolière – pétrolifère 151
peu importe, qu'importe 150
peut – peu 151
peut-être – peut être 150
pharmacie (société) 86
photo, sans t.u., inv. 178
photo-finish, s h 140
photo-roman, s s 140
photos, mise en page 32
physique ou moral, sens 70
pica typographique 11
pica, point, syst. décimal 11
picas, travailler en 34
pico- préfixe décimal p 55
pied de page 36
pied-à-terre, inv. 140
pied-de-mouche 13
pied-de-poule (adj.), inv. 140
pied-de-poule (n.), s e e 140
pilote, sans t.u., var. 178
pis-aller, inv. 140
piscine (bâtiment) 83
pixel, px 56
place (immeuble) 76
place (t.a.) 76
Place-des-Arts 76
Place-Ponaventure 76
plan (texte juridique) 95
planètes 98
Plateau-Mont-Royal (t.a.) 79
plein 150
plein-temps, s s 140
pléonasme (rhétorique) 141
plupart, pluriel avec la 147
pluriel des adj. composés 140
pluriel des noms comp. 140
pluriel des noms propres 150
pluriel en -*als* 150
plus d'un 150
plusieurs capitales 95
plusieurs ponctuations 185
plutôt – plus tôt 150
plutôt que 151
poésie (œuvre) 111
poésie, nombre dans 122
poignée, nom collectif 148
point 174
— avec tiret long 174
— dans les exemples 174
— dans les légendes 174
— dans un titre 175
— de suite 174
— espacement 169
— face 168
point d'exclamation 175
— casse après 175
— espacement 169
— et interjection 175
— face et casse après 168
— virgule ou point après 175
point d'insertion 31
point d'interrogation 175
— casse après 175
— espacement 169

— face et casse après 168
— virgule ou point après 175
point typographique 11
pointe (t.n.) 76
points cardinaux 80
points de conduite 174
points de suite 38
points de suspension 176
— à la place de *etc.* 176
— casse après 176
— espacement 169
— et virgule 176
— mutisme 176
— point d'interrogation 176
— pour marquer un effet 176
— pour tourner la page 176
point-virgule 175
— énumér. horizontales 175
— espacement 169
— et mot suivant 175
point-virgule, s s 140
poissons, races de 99
pôle Nord, pôle Sud 79
police ou fonte 10
police, choix 32
polices, écriture des 99
polyvalente (enseign.) 84
ponctuation 167
— basse 168
— double 168
— en anglais 192
— en saisie 31
— espacements 169
— fautive 184
— finale, casse après 70
— finale, une espace 174
— haute 168
— plusieurs de suite 185
pont (bâtiment) 83
pont-l'évêque, des 115
porte (bâtiment) 83
porte dans une adresse 74
porte-à-porte, inv. 140
possible 151
postscriptum, abrév. PS 47
postscriptum, ponct. 172
pot-au-feu, inv. 140
pot-de-vin, s e n 140
pour cent 151
pourcentage, nombre 123
pourparlers (réunion) 82
pourquoi – pour quoi 151
préface 116
préfixe devant préfixe 55
préfixes des symboles 55
premier min. (fonction) 96
premier, abréviation 47
premiers min. Canada 197
premiers min. Québec 197
prénom abrégé, espace 179
prénoms, abréviation 63
préposition, définition 126
près – prêt 151
président (fonction) 96
président-directeur gén. 47
prêt-à-manger, s à r 140
prêt-à-porter, s à r 140
prières en italique 88
prince (fonction) 96
prison (bâtiment) 83

prix (sports) 85
prix et récompenses 90
proche-oriental, adj. 79
procureur (fonction) 96
produits et spécialités 115
professeur, abrév., casse 63
programmes, logiciels 99
programmes, titres de 116
projet de loi, numéro 121
pronom, définition 126
pronominaux, verbes 134
propositions 127
— circonstancielle 127
— incise ou incidente 127
— participiale 127
— relative explicative 127
— relative restrictive 127
propre-à-rien, s n 140
protecteur du citoyen 96
protocole de composition 41
Provençal, un 79
proverbe, devise 114
proverbes, nombre dans 121
pro-vie, inv. 140
pro-vie, pro-choix 159
provinces can. en angl. 190
provinces canadiennes 65
provincial, un 79
PS, CC, PJ, *NB* 45
puce verticale, ponct. 26
punching-ball, g s 140
pur-sang, inv. 140
QC, symbole de Québec 74
quadrichromie 17
quai (t.a.) 76
quant à – tant qu'à 151
quantité, espacement 121
quantité, nom collectif 148
quartier (t.a.) 76
quartier Latin 79
quatre-saisons, inv. 140
quatre-vingt, accord de 119
que élidé 183
quelque – quel que 151
quelquefois 151
quelques fois 151
queue-de-cheval, s e l 140
qui après pronom pers. 152
quoique – quoi que 152
raccourci pour caractère 35
raccourci pour police 35
races 98
radio et télévision 92
raison sociale, casse 71
raison sociale, nouv. orth. 71
rallye (manif. sportive) 95
ramadan, pratique relig. 100
rang, numéro de 121
rappeler (se) 152
raz-de-marée, inv. 140
réalisme 93
recettes de cuisine 64
rechercher ou remplacer 36
récit (œuvre) 111
réclame, sans t.u., var. 178
récompenses et prix 90
record, sans t.u., var. 178
recouvrement (imprim.) 17
recteur (fonction) 96
rectifications orth. 160

reçu, accord 152
redondance expressive 181
REER 53
régie (organisme) 81
régime politique 92
régime politique, chiffres 124
régiment 97
régimes et histoire 92
règlement (texte jur.) 95
règlement, petites cap. 102
règles typo anglaises 189
reine, sans t.u., var. 178
religion, termes religieux 89
remercier *de* ou *pour* 152
Renaissance, style 99
renfoncement ou retrait 13
renvoi en italique 114
renvoi, créer un 38
repérage (imprimerie) 17
repères (imprimerie) 17
répétition de symboles 123
reptiles, races de 99
république 92
ressource, avec t.u., var. 178
restaurant (société) 86
retrait ou renfoncement 13
retraite (guerres) 90
réunions de personnes 82
Révérend Père 72
révolution (histoire) 92
revues, journaux 93
rez-de-chaussée, inv. 140
rhétorique 141
rive (t.n.) 76
rive sud du fleuve, la 79
Rive-Sud (t.a.) 79
Riviera, la 79
rivière (t.n.) 76
rivière des Mille Îles 79
Rocheuses, les 79
rognage 29
roi (fonction) 96
romain, caractère 11
roman (œuvre) 111
roman, la langue romane 8
roman, style 99
roman-feuilleton, s s 140
romantisme 93
rondpoint (t.a.) 76
route (t.a.) 76
royaume (histoire) 92
rue (t.a.) 76
rue dans une adresse 74
Ruée vers l'or 93
rues, aspect visuel 33
saint en anglais 191
saint ou sainte, liste 88
saint-honoré, inv. 140
saisie 31
saisie-exécution, s s 140
salon (manif. artist.) 95
salon rouge 139
salutation dans une lettre 73
sans, pluriel avec 150
saturation (imprimerie) 17
saut de ligne 13
saut de page 17
saut-de-lit, s e t 140
second – deuxième 152
second, seconde, abrév. 47

seconde d'angle, ″ 56
seconde de temps, s 56
secondes décimales 48
secrétaire général 96
secrétariat (organisme) 81
section, définition 36
section, service interne 87
sélection verticale 36
self-service, f s 140
séminaire (réunion) 82
séminaires, titres de 116
sénat (organisme) 81
sénateur (fonction) 96
sensé – censé 143
séparations de mots 106
série, nom collectif 148
sérif et sansérif 10
serment (texte juridique) 95
serments de Strasbourg 8
serveur en informatique 40
service (société) 86
services administratifs 87
services internes 87
shoah, extermin. de juifs 100
si (concordance) 152
sic, romain, parenthèses 172
Siècle des Lumières 93
siècle, abréviation 47
siècle, chiffres romains 124
Sierra Leone 79
sierra Nevada, la 79
sigles en anglais 189
sigles et acronymes 52
sigles, coupure des 106
signes du zodiaque 97
signet, créer un 37
signification des signes 30
s'il vous plait, SVP, s.v.p. 47
simili ou demi-ton 15
site ou courriel, coupure 73
site, adresse de 73
sobriquet 71
société au nom spécial 86
société, abréviation 47
sociétés et commerces 86
sociétés, accord 87
soir, sans t.u., inv. 178
sommaire multiple, align. 38
sommaire simple, align. 25
sommes d'argent 62
sommet (organisme) 81
soulignement 11
soulignement, correction 19
soussigné 152
sous-titre en fin de page 33
sous-titre, alignement 33
soutien-gorge, s e 140
souvenir (se) 152
souverain, chif. romains 124
soyons, soyez, pas de *i* 139
spécifique admin., règle 77
spécifique naturel, règle 77
spécifique nouveau 69
spécifique, définition 69
spectacle, avec t.u., var. 178
sport, sans t.u., inv. 178
sports, casse 85
square (t.a.) 76
stade (bâtiment) 83
standard, sans t.u., var. 178

stations de métro 91
statistiques de ce livre 41
statistiques, en chiffres 121
statue (bâtiment) 83
statuts, petites capitales 102
stoïcisme 93
strip-tease, p s 140
style ou face 11
style, créer un 38
styles artistiques 99
subdivisions d'un livre 28
subdivisions en anglais 28
subdivisions militaires 97
subdivisions policières 97
subjonctif, terminaison 134
Sud-Est, non suivi de *de* 80
sudistes, les 79
Sud-Ouest américain 79
suicide, sans t.u., var. 178
suite dans une adresse 74
sujet, trouver le 127
sulpiciens 93
sunnite, sunnites 93
supérieures 45
sûreté (organisme) 81
surnoms 100
surprise, avec t.u., var. 178
surréalisme 93
syllabe muette 134
symboles de chimie 57
symboles des monnaies 58
symboles des pays 58
symboles du syst. intern. 56
symboles, répétition 123
symboles, séparation 106
symbolisme 93
symposium (réunion) 82
syndicat (organisme) 81
synode (réunion) 82
synthèse, sans t.u., var. 178
système impérial anglais 190
système intern. anglais 190
système international 54
systèmes, casse des 100
t euphonique 153
table et index, créer 34
tabulations, créer des 37
taille ou corps 10
talibans 93
talus 10
tant qu'à –quant à 151
tas, nom collectif 148
tel – tel que – tel quel 153
tel que je 153
tél. cell. 47
télécopieur, fax 73
téléphone 73
téléroman (œuvre) 111
télévision et radio 92
témoin, sans t.u., var. 178
température 122
température sous zéro 122
temple (bâtiment) 83
temps des fêtes 100
Temps modernes 194
téra- préfixe décimal T 55
terre Adélie, la 79
Terre de Feu, la 79
Terre, astre 98
Terre, planète 98

tête-à-tête, inv. 140
texte à corriger 22
texte dans mise en page 32
texte en fin de chapitre 33
textes juridiques 95
théâtre (société) 86
théâtre, italique 116
théâtre, petites capitales 102
tierce (imprimerie) 14
tiers-monde 79
tiers-mondiste 79
timbre-poste, s e 140
tiret court, demi-cadratin 177
tiret court, emplois 177
tiret long, emplois 176
tiret long, énumération 174
tiret long, espacement 169
tiret long, nullité 173
tiret long, ponctuation 176
tiret long, tiret cadratin 176
tiret, énum. verticale 26
titres 13
— courants 29
— créer un style de 39
— dans la mise en page 32
— de civilité 50
— de concours 116
— de cours 116
— de programmes 116
— de séminaires 116
— de subdivision 173
— d'expositions 116
— d'œuvres à la télé 92
— d'œuvres, écriture 110
— hiérarchie 13
— honorifiques 72
— ponctuation 175
— religieux 72
— subdivisions 28
— tout en capitales 71
titres d'œuvres en gras 112
tome et volume 29
tonne, t 56
toponyme administratif 76
toponyme naturel 76
toponyme surcomposé 177
toponymes à retenir 79
toponymes, abréviations 77
toponymie 76
toponymie, règles 77
Tora, bible juive 100
totalité, nom collectif 148
touche Alt de gauche 35
touches à retenir 36
tour (bâtiment) 83
tour (sports) 85
tour Sud, tour Nord 80
tournoi (sports) 85
tout 153
toute-puissante, s s 140
tout-petit, t s 140
tout-puissant, t s 140
tout-terrain, t s 140
traduction, perles 186
trains, face des noms de 115
trait d'union 177
— apposition attachée 178
— avec un chiffre 179
— conditionnel 104
— dans un spécifique 179

— entre prénom et nom 179
— espacement 177
— et capitale 177
— fonctions et métiers 177
— horaire de programme 177
— impératif 179
— insécable 104
— né 179
— noms de peuples 177
— préfixes et suffixes 179
— prénoms 179
— sécable 104
— surnoms 100
— toponymes 77
traité (texte juridique) 95
traité de Verdun 8
trame (imprimerie) 17
tranche d'un livre 29
transitif direct 127
transitif indirect 127
tri dans Word 39
tri, exemple de 39
tribunal (organisme) 81
troncation ou apocope 66
tronquées, formes 154
tsunami, des tsunamis 139
type, sans t.u., var. 178
typographie anglaise 187
typographie, glossaire 10
un de ceux qui 153
un des... qui 153
un et une, élision de 119
un quart de un 123
un, traits d'union avec 119
union (organisme) 81
Union européenne 61
unités de mesure 56
unités milit. canadiennes 97
Université, tjs avec cap. 85
ursulines 93
Val-d'Or (t.a.) 79
valise, avec t.u., var. 178
Val-Saint-François 79
vedette dans une lettre 72
vedette, avec t.u., var. 178
véhicules, face 115
Venezuela 79
Vénézuéliens, les 79
vents 101
verbe, définition 126
vérificateur général 96
Vérité (allégorie) 97

vermouth, s 115
Verts, les 139
veuve et orpheline 33
victoire (guerres) 90
Victoire, Victoires, prix 90
Vieille capitale, la 79
Vietnam, le 79
vieux port, endroit 79
Vieux-Montréal, le 79
Vieux-Port (t.a.) 79
Vieux-Québec, le 79
vignette 17
villas, face des noms de 115
ville (t.a.) 76
ville dans une adresse 74
Ville éternelle 79
Ville lumière 79
Ville reine, la 79
Ville, personne morale 83
villes francisées 153
villes, genre des 153
Virginie-Occidentale 79
virgule 180
— adjectif 180
— adresse 74
— ainsi 183
— ainsi que 182
— apostrophe rhétorique 181
— apposition détachée 181
— aussi 183
— autrement dit 183
— avec 183
— car 182
— casse après la virgule 168
— cependant 183
— certes 183
— c'est 182
— c'est-à-dire 182
— d'autre part 183
— de 183
— de plus 183
— décimale, espacement 169
— décimale, non le point 54
— donc 183
— dont 180
— du reste 183
— d'une part 183
— ellipse 180
— en outre 183
— enfin 183
— entre nom et prénom 180
— entre sujet et verbe 180

— entre verbe et c.o.d. 180
— espacement 169
— et 183
— et autres ponctuations 185
— et ce 183
— face 168
— hélas 175
— incidente 182
— incise 182
— incise avec guillemets 182
— index 183
— inversion du sujet 181
— mais 182
— menus 75
— néanmoins 183
— ni 183
— nom 180
— nom propre apposé 181
— or 183
— ou 183
— où 180
— parenthèses 183
— participe passé 180
— participe présent 180
— point d'exclamation 182
— point d'interrogation 182
— pourtant 183
— puis 183
— que 180
— *que* élidé 183
— qui 180
— redondance express. 181
— sans doute 183
— sinon 182
— soit 182
— sub. circonstancielle 181
— sub. participiale 181
— tête de phrase 183
— toutefois 183
vive 153
vodka, des vodkas 115
Voie lactée, astre 98
volume et tome 29
votes, nombre dans les 122
vous de politesse 153
vu, préposition 142
web 40
whisky, des whiskys 115
Word facile, conseils 34
wysiwyg 17
zodiaque 97

Tableaux

Abréviations courantes 46
Correction d'épreuves : signes 20
Espacements de la ponctuation 169
États américains 190
Faces de la ponctuation 168
Féminisation des fonctions 156
Genres à retenir 138
Latin, mots francisés 108
Nomenclature simplifiée 126
Noms en apposition attachée 178
Noms et adjectifs composés 140
Nouvelle orthographe : liste 162

Nouvelle orthographe : règles 160
Odonymes à Montréal 78
Orthographes à retenir 139
Participes passés invariables 132
Plusieurs ponctuations de suite 185
Préfixes des mots 158
Provinces et territoires du Canada 65
Signification des signes 30
Symboles de chimie 57
Symboles des pays et des monnaies 58
Symboles du système international 56
Toponymes à retenir 79

Achevé d'imprimer à l'imprimerie Marquis à Montmagny (Québec) en juin 2008